KB042196

한국과 베트남,
두 나라 이야기

시련에 굴하지 않고 일어나는 칠전팔기의 역사

한국과 베트남, 두 나라 이야기

초판 1쇄 발행일 2018년 12월 10일
초판 2쇄 발행일 2019년 12월 10일

지은이 허주병
펴낸이 양옥매
디자인 표지혜
교 정 조준경

펴낸곳 도서출판 책과나무
출판등록 제2012-000376
주소 서울특별시 마포구 방울내로 79 이노빌딩 302호
대표전화 02.372.1537 **팩스** 02.372.1538
이메일 booknamu2007@naver.com
홈페이지 www.booknamu.com
ISBN 979-11-5776-650-5(03910)

이 도서의 국립중앙도서관 출판시도서목록(CIP)은
서지정보유통지원 시스템 홈페이지(http://seoji.nl.go.kr)와
국가자료공동목록시스템
(http://www.nl.go.kr/kolisnet)에서 이용하실 수 있습니다.
(CIP제어번호 : CIP2018039181)

시련에 굴하지 않고 일어나는
칠전팔기의 역사

한국과 베트남, 두 나라 이야기

/ 허주병 지음 /

두 나라를 둘러싼 세계,
그리고 한국의 미래까지

책과나무

머리말

한국과 베트남은 여러 면에서 많은 공통점과 함께 매우 비슷한 역사를 갖고 있다. 역사의 고비마다 같은 운명을 겪기도 하고 때로는 다른 길을 선택하여 다른 운명을 겪기도 하면서 파란만장한 역사의 시련을 이겨 냈기 때문에 두 나라가 미래를 통찰할 때 서로 좋은 참고가 될 수 있다. 두 나라 간의 교류가 여러 면에서 크게 확대되어 가고 있어 두 나라 국민들이 서로에 대한 이해를 넓혀 가는 것이 매우 중요하다는 생각에서 천학비재를 부끄러워하지 않고 졸저를 써 볼 용기를 내게 되었다.

필자는 역사학자가 아니고 아마추어 역사학도이기 때문에 이 책은 학술서가 아니다. 틈틈이 썼던 세계 역사의 흐름에 대한 단상을 엮은 것이지만 사실 확인 작업에 최선을 다하였기 때문에 결코 픽션은 아니다. 필자는 "정사 믿지 말고 야사 무시 말라."는 명제를 역사 공부하는 자세로 삼아 왔기 때문에 학계에서 충분히 검증된 역사적 사실을 바탕으로 하되, 인물과 사건에 대하여 나름의 시각으로 해석한 결과를 제시하였다.

오늘날 많은 신진학자들과 일선 교사들의 노력으로 고려-조선시대의 사대주의 사관과 일제강점기 이후의 식민사관 극복에 큰 결실이 있었지만 이제는 지나친 국수주의 역사관도 경계해야 할 시점이 되었으며 세계사적인 시각에서 우리 역사와 이웃 나라들의 역사를 객관적으로 이해해야 할 필요가 있다. 이 점은 민주국가의 유권자로서 나라의 장래가 걸린 중요한 문제에 대하여 올바른 판단을 하기 위한 필수 자격 요건이라고 할 수 있다.

학창 시절 네루의 『세계사편력』을 읽으면서 은퇴 후에 '한국을 둘러싼 세계사'에 대한 책을 써 보겠다는 생각을 하였는데 여러 친구들의 격려와 도움으로 뜻을 이루었다. 먼저 필자에게 '이야기 한국사'를 써 보라는 숙제를 내준 임양운 전 검사장께 10년 만에 결과를 제출하게 되어 기쁘게 생각하며, 시골 누거를 찾아와 여러 차례 토론을 하면서 많은 깨달음을 준 배준호 한신대 명예교수(『역사의 품격』 저자, 2017, 도서출판 책과나무)와 정병석 한양대 특임교수(『조선은 왜 무너졌는가』 저자, 2016, (주)시공사), 특히 초고를 정밀 검토하여 자세하고도 깊이 있는 지적을 해 준 김길종 친구에게 감사드린다. 그리고 졸고를 정성껏 교정하여 준 조준경 선생과 도서출판 〈책과나무〉의 양옥매 대표를 비롯한 직원 여러분께 감사드린다.

서기 2018년 12월

전남 화순, 운월재에서

道菴 許桂炳

목차

3장 유럽의 세계 정복과 두 나라의 운명

4장 세계대전과 두 나라의 남북전쟁

5장 대한민국의 기적과 통일 전망

1장

한국과 베트남의 유사점

1 | 아시아 대륙의 동쪽 끝에 있는 두 나라
2 | 프랑스보다 인구가 많은 두 나라
3 | 대표적인 한자 문명권
4 | 2천 년 만의 문자 교체
5 | 종교와 사상

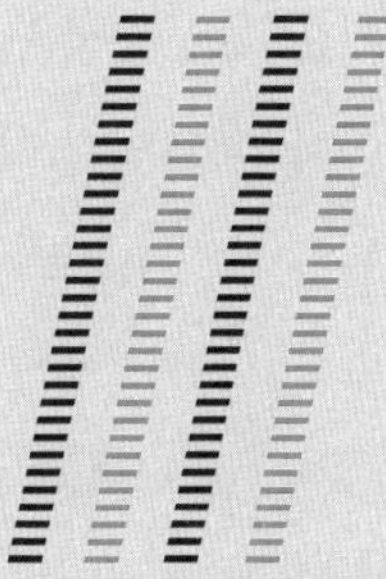

KOREA
VIETNAM

1 ······················ 아시아 대륙의 동쪽 끝에 있는 두 나라

지구 육지의 30% 이상을 차지하는 아시아 대륙에는 전 세계 인구의 60% 이상이 살고 있는데 이 대륙에서 인류의 4대 고대 문명 중 서아시아의 메소포타미아 문명, 동아시아의 중국 문명, 남아시아의 인도 문명 등 3개가 일어났고 4대 종교인 불교, 기독교, 힌두교, 이슬람교가 모두 이 대륙에서 생겨났다.

광대한 아시아 대륙의 동북 지역 끝에 위치한 한국의 영토는 220,258㎢(남북한 전체)로 세계 200여 개 나라 중 85위이다. 그중 대한민국(남한)은 99,720㎢로 세계 109위, 북한은 120,538㎢로 세계 99위이다. 한국의 국토 면적이 세계 중위권이지만 작은 나라처럼 보이는 것은 중국, 러시아, 일본 등 큰 나라들에 포위된 형상이기 때문이다. 베트남은 아시아 대륙의 동남 지역 끝에 위치하고 있는데 영토는 331,210㎢로 세계 66위이며 남북한 전체보다 1.5배 정도 넓고 동남아시아에서 인도네시아 다음으로 큰 나라이다.

한국과 베트남 두 나라 모두 고대에는 남부와 북부에 다른 나라가 있다가 남북통일 과정을 거쳤고, 태평양전쟁이 끝난 후 외세에 의하여 남북이 분단되었다. 이는 국토가 남북으로 길기 때문에 겪게 된 지정학적 공통점이다.

또한 한국과 베트남은 북쪽으로 중국과 접하고 있는데 베트남과 중국의 국경은 1,400㎞에 이르고 한국(북한)과 중국과의 국경도 이와 비슷한 1,300㎞ 가까이 된다. 따라서 한국과 베트남의 역사와 문화

▶ 한국과 베트남

는 중국의 영향을 가장 많이 받았다. 오랜 역사와 세계 최대의 인구를 가진 중국의 영토는 러시아, 캐나다, 미국에 이어 세계 4위인 약 960만㎢로서 베트남의 29배이고 한반도(남북한 전체)의 43배이며 대한민국(남한)의 96배에 달한다.

한국의 수도 서울은 중국의 수도 베이징(北京)과 일본의 수도 도쿄(東京)의 중간쯤 되는 거리에 위치하고 있다. 한국과 북한은 한국전쟁 후 한반도의 중간을 가로지르는 250㎞(약 155마일) 휴전선을 사이에 두고 무려 65년 동안 대치하고 있는데 북한은 긴 국경을 접하고 있는 중국과 동맹 관계이고 한국은 멀리 태평양 건너 미국과 동맹 관계를 맺고 있다.

2 …………………… 프랑스보다 인구가 많은 두 나라

대한민국(남한) 인구는 5,175만 명으로 세계 27위, 북한은 2,525만 명으로 세계 51위인데 남북한 전체는 7,700만 명으로 세계 200여 개 나라 중 20위의 인구대국이다(2017년). 강대국인 프랑스, 영국, 이탈리아보다 많고 독일, 터키, 이란보다 조금 적다.

한국은 공식적인 소수민족이 없는 단일민족국가이다. 오랜 역사에서 수많은 이민족의 침입과 망명이 있었고 오늘날에는 동남아시아인들의 귀화가 많아지면서 단일민족론에 대한 반론이 많아졌지만 남북한 모두 뿌리 깊은 혈연사회이며 단일 언어와 단일 문자를 사용하는 문화공동체로서 '고도로 동질적인 사회(highly homogeneous society)'인 것은 분명하다.

오늘날 한국의 주요 성씨는 본관이 있는 지역 외에도 전국 각 지역에 골고루 분포하고 있다. 그리고 누구나 모계로 거슬러 올라가면 많은 성씨와 혈연관계가 연결되므로 모든 한국인은 DNA를 나누어 가진 친척이 되는 것이다. 북한의 김일성 가계도 전주김씨이므로 옛날 언젠가 전주에 살던 조상이 북한 지역으로 이주한 것이다. 족보가 없는 상민이나 천민의 후손도 기록이 없을 뿐 혈연관계는 마찬가지이다.

최근에는 '다문화가정'이란 신조어가 널리 쓰이고 있는데 이 역사도 매우 오래되었다. 한국 최대의 성씨인 김해김씨는 2천 년 전 김수로왕이 인도에서 온 허씨 공주와 국제결혼하여 이룬 다문화가정의 후손이며 여산송씨, 은진송씨, 남양홍씨(당홍), 연안이씨, 신안주(朱)씨, 해주오씨, 나주나씨, 나주정(丁)씨는 중국인의 후손이고 덕수장씨는 위구르, 화산이씨는 베트남 왕족의 후손이다. 이와 같은 성씨들처럼 오늘날 다문화가정의 자손들도 3세 이후부터는 외모와 언어 등 모든 면에서 완전한 한민족의 일원이 될 것이다.

한편, 제주도 주민들은 남방계 혈통이 많이 섞여 있다는 주장이 있지만 대부분은 가까운 전남 지역 해안에서 이주한 것으로 보인다. 옛날에 오키나와 또는 필리핀 등 남방 사람들이 표류하다가 제주도에 들어왔을 가능성은 있으나 조선시대 박연과 하멜 일행을 제외하고는 역사 기록이 전혀 없고 전설도 없으므로 남방계의 유입은 극소수에 불과할 것이다. 탐라국 개국설화에 의하면 주민들의 시조인 양을나, 고을나, 부을나 등 세 명의 신인이 삼성혈에서 나왔고 벽랑국 공주 3명이 와서 각각 결혼하여 그 후손들이 번성하였다고 하는데 여기에서 벽랑국은 전남 완도 지역이라는 학설이 유력하다.

그런데 양(梁)씨는 고구려의 귀족인 양(楊)씨와 한자는 다르지만 어떤 연관이 있을 수 있으며 고(高)씨는 고구려의 왕족인 고씨와, 부(夫)씨는 백제 왕족인 부여(扶餘)씨와 관련이 있어 보인다. 백제와 고구려가 멸망할 때 많은 왕족과 귀족들이 바닷길을 통해 제주도로 이주하였을 가능성이 있는데 이에 대한 연구는 아직까지 전무한 실정이다.

베트남의 인구는 남북한 전체보다 많은 9,610만 명으로 세계 15위이며 독일, 터키, 이란보다 많다(2017년). 베트남의 인구 중 85퍼센트 이상이 비엣(越)족인데 중국의 춘추전국시대 월(越)나라 사람들의 후예라고 알려져 있다. 베트남은 비엣족 외에 53개의 소수민족이 전체 인구의 15퍼센트를 차지하고 있는 다민족국가인데 중국과 비슷한 성격의 인구 구성을 이루고 있다. 중국의 경우 인구의 91퍼센트가 한족이지만 나머지는 55개 소수민족으로 이루어져 있는데, 소수민족의 자치지역이 중국 영토 전체의 60퍼센트에 달한다.

그런데 세계적으로 보면 한국과 같은 단일민족국가는 많지 않고 대부분의 나라가 다민족국가이다. 미국이나 러시아는 물론이고 대표적인 다민족국가인 인도에서는 수백 개의 언어가 사용되고 있는데 그중에서 5천만 명 이상이 사용하는 언어가 10개나 되며 29개 주별로 언어가 달라서 각 주의 지역방송과 신문들은 고유 언어를 사용한다. 인도는 대외적으로는 하나의 국가이지만 인종과 언어 면에서 보면 비슷비슷한 나라들의 연합인 유럽연합과 같은 성격이다.

3 대표적인 한자 문명권

동아시아 나라들의 국명과 한자 문명

한국은 오랜 역사를 가진 나라이다. 지구상에 있는 200개가 넘는 나라 중에서 한국보다 더 오랜 독립국가의 역사를 가진 나라는 채 열 곳도 안 된다.

그런데 한국 역사상 최초의 나라인 조선('고조선')으로부터 시작하여 삼한, 고구려(장수왕 때 '고려'로 변경), 백제, 신라, 발해, 고려, 조선, 대한제국을 거쳐 오늘날 남북 분단 상황에서 남쪽의 대한민국과 북한('조선민주주의인민공화국')에 이르기까지 국명이 모두 한자어이다.

조선(朝鮮)의 어원에 대해서는 여러 가지 학설이 있으나 고대 한국어를 한자로 표기한 것으로 보이는데 '아침이 고운 나라'라는 아름다운 뜻이다. 중국의 북방민족으로 역사상 중국을 많이 괴롭혔던 흉노, 돌궐, 몽고에 비하면 이례적인 표기이다.

흉노(匈奴)는 자신들 스스로 일컬었던 종족 이름을 중국인들이 한자로 표기한 것인데 '오랑캐놈들'이라는 뜻이다. 돌궐(突厥, 중국어 발음 '투지에')은 '갑자기 튀어나온 그놈들'이라는 뜻인데 오늘날 터키 사람들의 조상이다. 터키 사람들은 자기 민족을 '투르크'라고 하고 투르크 땅을 '투르키예'라고 부르는데 자기 민족이 중국사에 나오는 흉노족의 후손이고 유럽사에 나오는 훈족은 흉노족이라고 학교에서 가르치고 있다. 또한 몽골 사람들은 예부터 자기 민족을 '몽골'이라고 하는데 중국인들이 '蒙古'(중국어 발음 '멍구', 한국어 발음 '몽고')라고 표기하였다. 이는 '멍청하고 촌스럽다'는 뜻이다. 1990년 한국과 몽골이 국교를 수립한 후 서울에 설치된 몽골대사관 측에서 한국의 정부기관과 언론기관에 '몽고'라는 국호 대신 '몽골'이라 불러 달라고 공식적으로 요청하였다.

고구려를 계승한 나라인 고려(高麗)는 '높고 아름다운 나라'라는 뜻이다. 고구려 장수왕때 국호를 '고려'로 바꾸었기 때문에 고려 태조 왕건은 고구려의 국호를 그대로 정한 것이다. 이 '고려'라는 나라 이름이 당시 고려와 무역을 하던 아랍 상인들을 통하여 유럽에 알려졌고 오늘날 국제사회에서 '코리아'는 한국을 지칭하는 나라 이름이 되었다. 국제사회에서 대한민국은 'South Korea', 북한은 'North Korea'라고 불리는데 대한민국의 공식 영문 표기는 'Republic Of Korea' 즉 '코리아 공화국'이고 북한은 'Democratic People's Republic Of Korea' 즉 '코리아 민주주의 인민공화국'으로 둘 다 코리아('고려')를 사용하고 있다. 그러므로 삼국시대 고구려는 멸망하였지만 그 나라 이름이 오늘날까지 남북한의 나라 이름에 함께 남아 있는 것이다.

한편, 한민족과 한국 또는 삼한의 '한'은 원래 순우리말로서 '하나' 또는 '크다'는 뜻인데 '한강(큰 강)', '한밭(대전)', '한아름', '한가위', '한글' 등에서 보는 바와 같고, 이 가운데 '한글'은 '큰 글', '세상에 하나밖에 없는 유일한 글'과 같은 뜻이다. 대한민국의 '대한'은 '크고 큰'이라는 뜻이 된다. 한국어와 함께 같은 알타이어족에 속하는 고대 거란족과 몽골족의 언어에서 왕을 '칸(汗, 한)'이라고 하였는데 한국어의 '한'과 같은 어원이다. 칭기즈칸(成吉思汗)의 '칸'을 몽골인들은 '한'이라고 발음한다. 몽골제국 시대의 여러 한국(汗國)들도 '칸(汗)의 나라', 즉 왕국이라는 뜻이다. 그들의 역사에서 '대칸'은 왕중왕, 즉 황제를 일컫는 말이다.

일본은 7세기 초 무렵부터 국호를 '日本'으로 정하여 오늘날까지 이어지고 있는데 '해의 뿌리'라는 뜻이다. 그런데 일본에서 보면 해가 일본의 동쪽 바다인 태평양에서 떠오르기 때문에 자기네 땅에 '해가 떠오르는 뿌리'라는 이름을 붙였다는 것은 이상하고, 고대한국(가야 또는 백제) 사람들이 볼 때 해가 떠오르는 방향에 있던 땅에 '해의 뿌리'라는 이름을 붙여 주었다는 가설이 훨씬 신빙성이 있어 보인다. '日本'의 중국 남부 지역 발음인 '짓뽕'이 13세기 마르코 폴로의 『동방견문록』에 '지빵구'로 소개된 후 대항해시대 포르투갈 사람들이 지빵구로 부르다가 후일 영국인들이 '저팬'이라 부르면서 오늘날 국제사회에서 일본의 국명이 되었다.

'越南'을 한국어로는 '월남'이라 읽지만 중국어 발음은 '위엔난'이며 베트남어 발음은 '비엣남'이다. '베트남'은 1802년에 들어선 응우옌(阮)씨 왕조가 국호로 정한 '越南'의 베트남어 발음을 프랑스인들이 'Vietnam'으로 표기한 것을 한국식으로 읽은 것이다.

한편, 한국이나 일본과 마찬가지로 베트남의 지명이나 인명 대부분이 한자이고 단어의 어원 중 한자어의 비중이 매우 크다. 베트남의 역대 왕조의 성씨인 응오(吳), 딘(丁), 레(黎), 리(李), 쩐(陳), 호(胡), 찐(鄭), 응우웬(阮) 등이 모두 한자이고 임금들의 묘호도 태종, 성종, 인종 등 중국식으로 고려왕조와 조선왕조 때와 똑같은 묘호가 많다. 현대 베트남의 국부인 호치민은 '胡志明'의 베트남어 발음이며 일반 국민들의 성과 이름도 대부분 한자를 사용하고 있다. 수도 하노이는 河內('하천, 즉 강의 안쪽'이라는 뜻)의 베트남어 발음이다. 하노이는 홍강(紅江)의 안쪽, 즉 내륙 쪽에 위치하고 있다.

'男女'를 중국어로는 '난뉘', 한국어로는 '남녀', 베트남어로는 '남너으', 일본어로는 '난뇨'로 발음하며 '大學'은 중국어로는 '따쉐', 한국어로는 '대학', 베트남어로는 '다이혹', 일본어로는 '다이가꾸'로 발음한다. 따라서 하노이대학의 베트남어 발음은 '하노이다이혹'인데 오늘날 베트남에서 하노이대학의 한자 표기인 '河內大學'을 아는 사람은 거의 없다. 하노이 일대의 지방인 '통킹'은 '東京'의 베트남어 발음이다. '東京'을 한국어로는 '동경', 일본어로는 '도쿄'라고 읽는다. 일본에서는 도쿄대학을 한자인 '東京大學'으로 표기하는데 일본어 발음인 '도쿄 다이가꾸'를 일본 문자인 가나로 표기하는 경우는 없다.

한국의 고려-조선시대와 마찬가지로 같은 시기 베트남도 공무원 채용시험인 과거제도를 시행하였는데 문제와 답안지는 모두 한문이었으며 주요 시험 과목은 대부분 중국의 철학인 유교와 중국의 역사와 문학이었다.

그런데 동남아시아에서 베트남을 제외한 다른 나라들은 중국과의 교통이 불편하여 고대 중국의 침략을 받지 않았기 때문에 한자 문명이 전파되지 못하였고 많은 인도인들의 도래에 의하여 고대인도 문명의 영향을 많이 받았다. 미얀마, 태국, 캄보디아, 라오스는 일찍이 불교국가가 되었고 말레이시아와 인도네시아 지역에는 힌두교가 전파되었으나 13세기 이후 진출한 아랍인들에 의하여 이슬람교가 전파되었다. 대륙에서 먼 바다에 떨어져 있는 필리핀은 16세기까지 중국 문명은 물론 인도 문명도 전해지지 않아 문자 문명이 없는 채로 소규모 원시국가만 존재하다가 전 지역이 스페인의 식민지가 된 후 아시아 유일의 가톨릭국가가 되었다.

한자의 탄생과 발전

중국의 고대역사는 사마천의 『사기』에 의하면 오제시대에서 시작하여 하, 은(상나라), 주, 춘추전국시대, 진시황의 통일을 거쳐 한나라로 이어지는데 오늘날 학계에서는 요순시대를 포함한 오제시대는 신화시대로 보는 반면 하나라는 실재했던 것으로 추측하고는 있지만 발굴된 유물이 없어서 당시에 문자가 사용되었는지는 알 수 없다.

그런데 하나라의 다음 왕조인 상나라의 유적 은허에서 15만 점이 넘는 갑골편이 출토되었다. 이 갑골편에 새겨진 갑골문자가 원시적인 문자 형태여서 한자의 시초라고 보는 것이 정설이다.

그 후 주나라 시대에 갑골문자를 발전시킨 전서체(篆書體)가 사용되었고 춘추전국시대에 여러 나라별로 변형되었다가 진시황의 중국 통일 이후 제국 통치의 기초를 확립하기 위하여 서체를 표준화하였는데 이를 '소전(小篆)'이라고 하고 이전 주나라 때의 서체를 '대전(大篆)'이라고 한다.

중국의 춘추전국시대와 같은 시기에 고조선에서 한자가 사용된 흔적은 아직 발굴되지 않았다. 전남 나주 일대에서 마한시대의 유물이 많이 발굴되었지만 문자 기록은 전혀 보이지 않고 중국의 문헌에 삼한의 존재가 나올 뿐이다. 공자와 맹자가 살던 춘추전국시대에 복잡한 모양의 문자로 기록된 서적이 머나먼 고조선이나 삼한에까지 전파되어 사용되었을 가능성은 거의 없다.

진나라의 뒤를 이은 한나라 초기부터 오늘날의 한자 모습을 갖추게 된 예서체(隸書體)가 출현하여 많이 사용되기 시작하였는데 이는 소전(小篆)을 더욱 간략화한 것으로, 중국에서 온 위만이 고조선 왕이 된 후 또는 한사군 시대에 이 예서체의 한자가 한반도에 전파되었을 가능성이 크다. 고대 베트남도 비슷한 시기에 중국인 찌에우다(趙陀 · 조타)가 '남월'의 왕이 되어 지배한 적이 있고 이어서 한나라의 지배를 받게 되는데 이 무렵에 한자가 전해졌을 것이다.

중국의 문자를 한자('한나라 문자')라고 부르게 된 것은 이때부터이며 한자로 쓴 글을 '한문', 한문으로 쓴 시를 '한시', 중국에서 발명한 종이를 '한지', 중국 전통의학을 '한의학', 중국의 주축을 이루는 민족을 '한족'이라고 하는 등 중국인들 스스로 한나라가 중국 문명의 원조라고 인식하는 것이 일반적이다.

한편, 한자 문명의 발달에 큰 공헌을 한 제지법은 후한 때 채륜이 발명했다는 기록이 있지만 한나라 초기에도 종이가 사용되었다는 학설이 있다. 종이에 필사된 공자의 저술이나 사마천의 『사기』를 비롯한 한문서적이 한나라가 지배하던 베트남과 고조선에 전해졌을 가능성이 매우 크다. 한나라 무제의 원정군에 의하여 남월이 멸망한 것은 BC 111년이고 3년 후인 BC 108년에 고조선이 멸망하였는데 그 후 17년이 지난 BC 91년에 나온 사마천의 『사기(史記)』에 「남월열전」과 「조선열전」이 있다.

고조선 멸망 후 건국된 고구려와 백제는 초기부터 임금의 칭호로 한자어인 '왕'을 사용하였기 때문에 관료제도를 비롯한 국가 경영에 한자를 사용한 것으로 보인다. 고구려 소수림왕은 서기 372년 국립 교육기관인 태학을 설립하였는데 기록으로 남아 있는 교육 내용은 없으나 대부분 한문 교재를 사용하였을 것이 틀림없다.

일본에 한자가 전해진 시기는 4세기인데 백제 근초고왕(재위 346년~375년)은 아직기와 왕인 박사를 일본에 파견하여 『논어』와 『천자문』 등 한자 문명을 전해 주었다. 중국 위진남북조시대에 남조에서 서해 뱃길로 백제에 들어온 한자 문명이 다시 남해 뱃길로 일본에 전해진 것이다. 일본은 7세기 초부터 중국 수나라에 사신을 파견하여 중국 문물을 도입하기 시작하였고 645년 다이카개신(大化改新)으로 정권을 잡은 중국유학파들이 당나라의 율령제를 도입하여 중국식 법치국가를 구축하였다.

신라는 건국 초기부터 임금의 칭호로 거서간, 차차웅, 이사금, 마립간 등 한자어가 아닌 고대 신라어를 사용하다가 560년이 지난 서기 503년 22대 지증왕 때부터 '왕'을 사용하고 나라 이름도 '신라'로 정하였다.

한나라 멸망 후 4세기 위진남북조시대 동진 사람인 왕희지에 의하여 행서(약간 흘려 쓴 필기체)와 초서(빠른 속도로 흘려 쓴 필기체)가 표준화되면서 한자는 예술로 승화되기 시작하였다. 당나라 시대에 이백과 두보를 필두로 한 시인들이 수많은 한시 작품을 남겼는데, 서예는 한시 문학과 결합되어 중국의 독특한 문자문화를 이루어 한국과 베트남과 일본에 전해졌다. 서예는 정성껏 먹을 갈아 고급 붓으로 종이에다 중국 고전 시문학이나 경전 문구를 써 내려가는 정신 수양 목적의 예술인데 한자 문명권 지배층의 필수 교양과목이 되었다.

오늘날의 한자 정자체인 해서체(楷書體)는 당나라 때 구양순, 우세남, 저수량, 안진경, 유공권 등 명필들에 의하여 완성되었다. 해서체는 위진남북조의 육조시대에 출현하였는데, 여기에서 '해(楷)'는 본보기, 모범 또는 변하지 않는 법이라는 뜻이다. 해서체는 공식 문서나 서적 출판에 주로 사용되고 문학이나 편지에는 거의 행서체 또는 초서체가 사용되었다.

고려시대와 조선시대에 중국에 간 사신들이 베트남 사신과 만나 한

:: **한자의 발달사** ::

서 체	형 태	주요 기록매체	출현 시기	한국의 시대
갑골문자		갑골편	상(은)나라	
전서(篆書)		청동기, 죽간, 목간	주나라	고조선
예서(隸書)		종이, 비석	한나라	
초서(草書)		종이	한나라	
행서(行書)		종이	위진남북조	삼국시대
해서(楷書)		종이, 비석	당나라	
간체자(簡體字)		종이, 컴퓨터	중화인민공화국	대한민국

문으로 필담하고 한시를 주고받은 기록이 있고 현대 베트남의 초대 대통령인 호치민은 뜻밖에도 조선의 학자인 다산 정약용의 『목민심

서』를 애독하였다고 하는데 한문세대인 그는 당시에 『목민심서』의 한문본을 읽은 것이다. 베트남이 프랑스의 지배를 받던 시기에 그가 조선 학자의 책을 입수한 경로는 알 수 없으나 아마도 중국에서 구한 것으로 보인다. 호치민은 정약용을 성현으로 숭배하여 기일에 제사까지 지냈다고 한다. 기제사도 중국에서 생겨난 유교풍습이다.

이와 같이 한자는 중국, 한국, 베트남, 일본의 공용문자로 무려 2천 년이나 사용되면서 한자 문명권을 형성하였다.

그러다 20세기 중반 국공내전에서 승리하여 중국을 통일한 마오쩌둥의 공산당 정부가 간체자를 제정하여 오늘날 중국에서는 공식 문자로 간체자만 사용하고 정자체인 '번체'는 학교에서 가르치지 않으므로 젊은 세대는 기본적인 수준의 정자체도 모르는 경우가 많다.

갑골문자 이후 한자의 간략화는 주나라의 전서체, 진나라의 소전, 한나라의 예서체에 이어 역사상 네 번째라고 볼 수 있으며 중국 역사상 대륙을 통일한 강력한 국가가 문자의 간체화를 시행한 공통점이 있다.

4 …………………… 2천 년 만의 문자 교체

한자 문명의 퇴조와 한글전용시대

오늘날 한국, 북한, 베트남은 한자 교육을 폐지하였고 신문과 공문서는 물론 각종 사문서에서도 한자를 거의 사용하지 않는다. 한국과 북한에서 거리의 간판은 대부분 한글로 되어 있으며 베트남의 간판들은 베트남문자로 씌어 있다. 동아시아의 한자 문명권에서는 유일하게 일본만 상용한자 교육을 계속하고 있고 신문이나 간판은 물론 일상생활에서 한자를 많이 사용하고 있으나 일본인 중에도 순한문으로 글을 쓰거나 읽을 수 있는 사람은 거의 없다. 이제 중국, 한국, 베트남, 일본의 지식인들이 옛날처럼 한문으로 의사소통을 하는 것은 거의 불가능한 일이 되었다.

100년 전 한국의 20대 시골 청년들은 어릴 때 초등학교도 없던 시대여서 동네 서당에서 배운 실력으로 한문 편지를 쓸 줄 알았는데, 50년 전인 1960년대에 고등학교를 졸업한 20대들은 학교에서 한문을 배우지 않았고 상용한자 1천~3천 자 정도 배운 실력으로 수첩이나 편지에 능숙하게 한자를 많이 섞어 썼다. 그러나 오늘날에는 대학을 졸업한 40~50대 중에 한문은 물론 한자를 사용하는 사람은 거의 찾아볼 수 없다.

19세기 말까지 중국은 물론 한국, 일본, 베트남 사람들이 모두 한문으로 편지를 썼던 것과 마찬가지로 루터의 성서 번역(1522년) 이전 유럽의 상류층들은 어느 나라 사람이건 라틴어로 편지를 썼다. 그러다가 금속활자의 상용화와 함께 독일어판 성경이 일반인들에게 보급되고 우편제도가 생겨나면서 라틴어를 모르는 일반인들이 자기 나라 말을 알파벳으로 표기한 편지를 쓰기 시작하였다.

한국어는 중국어와 어순이 다르고 토씨가 중요한 부분을 이루고 있어 세종대왕의『훈민정음』서문에 나오는 바와 같이 한문은 한국어를 표기하는 데 매우 불편하다. 그런데 한글은 한국어를 가장 정확하게

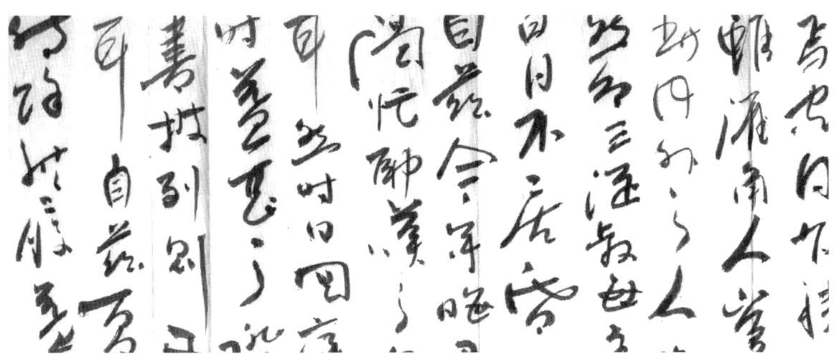

▶ 1925년 20대 후반 시골 청년의 편지, 완전한 한문으로 서체는 전형적인 초서체이다

지금 제가 있는 곳은 永登浦의 空軍士官學校
윗쪽에 位置하고 있읍니다.
그런데 웬 일인지 모르지만 날마다 學校에서
들려오는 소리가 樂隊들의 응원가, 행진곡, 가곡들을
練習하는 귀에 익은 曲들인데, 그 소리들을
듣고 있노라니깐 지난 날 옛때에 갔는데 親舊들과

▶ 1972년 20대 후반 고졸 여사원의 편지, 한자를 많이 섞어 썼다

No. 1

어머님 전상서
싱그러운 봄 바람이 볼을 스치면서 5月의
연가를 부르고 있읍니다. 그 동안 안녕하셨읍니까?
일전에 ○○이 아빠가 광주에 다녀와서 모두
안녕하시며 고모님 댁내에도 평안하시단 말
전해 들었읍니다.
5月 8日은 어버이 날인데 가 뵙지 못하고
이렇게 글로나마 소식 전해 드립니다. 저희들은

▶ 1981년 20대 후반 대졸 여성의 편지, 月 日 외에 한자가 전혀 보이지 않는다

표기할 수 있고 오늘날 정보화 사회에서 위력을 발휘하고 있어 한글 창제(1443년)는 한국 역사상 최대의 문화적 업적으로 꼽히고 있다.

그러나 한글은 조선시대의 공식 문자로 지정되지 않아서 지배세력인 지식인층에서 기피하고 주로 여성들이 사용하다가 1896년 서재필이 창간한 최초의 민간신문인 「독립신문」이 한글 전용으로 발간되었는데, 이는 한글 창제 이후 453년 만의 일이다. 당시 독립신문 직원이던 주시경은 한글을 깊이 연구하여 한글 문법과 맞춤법을 체계화하였고 그의 제자들인 김윤경, 이윤재, 최현배 등이 일제강점기에 조선어학회(현재 한글학회)를 창립하여 일제의 탄압에도 굴하지 않고 한글을 학문적으로 크게 발전시켰다.

1898년 창간된 「황성신문」은 한문이 아닌 한국어 문장을 사용하였지만 토씨만 빼고 나머지는 대부분 한자를 사용한 국한문혼용으로 발간되었고, 그 후 일제강점기를 거쳐 해방 후 1990년대 초반까지 대부분의 중앙 일간지는 국한문혼용이었다. 오늘날 한글 전용과 가로쓰기의 효시는 1988년 창간된 「한겨레신문」인데 그 후 대부분의 신문이 이 방식을 채택하였다.

해방 후 한자 교육의 필요성에 대하여 격렬한 찬반 논쟁이 수십 년 동안 지속되었지만 한글 전용이 돌이킬 수 없는 대세가 되었고 결국 한자 교육은 완전히 폐지되었다.

오늘날 컴퓨터와 휴대전화가 일반화되면서 한글의 과학적 우수성이 새롭게 조명되고 있고 한국은 한글 덕분에 정보 유통의 생산성이 세계 최고 수준에 이르게 되었다.

한자 문명이 퇴조하고 미국 문명 시대가 도래하면서 지식인의 무기가 한자 대신 영어로 바뀌었다. 북한에서도 초등학교부터 적국의 언어인 영어를 가르치고 있다.

베트남의 문자

베트남도 한국과 마찬가지로 19세기까지 2천 년 이상 한자를 공식 문자로 사용하였으나 민간에서는 고유 문자인 '쯔놈'(字喃 · 자남)이 함께 사용되었다. 한자를 바탕으로 만들어진 이 문자가 언제 누구에 의하여 만들어졌는지는 확실히 알려진 바가 없으나 쩐(陳)씨 왕조(1225년~1400년) 시대에 널리 사용되었으며 그 후 근세에 이르기까지 쯔놈 문학이 발달하였다. 호(胡)씨 왕조(1400년~1407년)와 떠이선(西山) 왕조(1778년~1802년) 때에는 단기간이었지만 공식 문자로 채택된 적도 있다.

그런데 1624년에 베트남에 들어온 최초의 선교사인 프랑스 출신 알렉상드르 드 로데 신부가 성경 번역과 유럽인 선교사들의 베트남어 학습을 위하여 베트남어를 로마자로 표기하는 체계를 만들었다. 이 표기법으로 번역된 성경을 통하여 베트남의 기독교 신자들이 새로운 문자를 접하게 되었다. 당시 베트남에서는 상류층만 한자를 사용하고 자체 문자인 쯔놈을 아는 사람도 드물었기 때문에 대부분 문맹인 일반 백성들 사이에 이 문자가 보급되기 시작하였고, 나중에 프랑스 식민시대의 공식 문자로 사용된 후 해방 후에도 그대로 베트남의 공식 문자가 되었다. 오늘날 한문과 쯔놈은 공식 문서나 일상생활에서 사용되지 않는다.

5 .... 종교와 사상

한국과 베트남의 불교

한국에 처음 불교가 전해진 것은 서기 372년 중국 5호16국 시대의 전진 왕이 고구려 소수림왕에게 보낸 승려 순도가 절을 짓고 왕자와 귀족들에게 불교경전을 가르치기 시작한 시기이며, 서기 384년에는 중국의 남조 동진에서 백제에 온 인도 승려 마라난타가 침류왕의 후원으로 절을 짓고 불교를 전파하였다.

그러나『삼국유사』「가락국기」에 의하면 그보다 300년 이상 앞선 서기 48년 인도 아유타 왕국의 공주 허황옥이 가락국에 와서 김수로왕과 결혼하였는데 입국할 때 파사석탑을 가지고 왔다는 기록이 있다. 이때 허황옥과 함께 온 오빠 장유화상이 가락국에 불교를 전파하였으며 김수로왕과 허황옥에서 태어난 왕자 10명 중 7명이 외삼촌인 장유화상의 가르침으로 불교에 귀의하였다는 전설이 지리산에 있는 칠불암의 창건설화에 전한다.

이와 같이 가야, 고구려, 백제가 국제 관계와 국내 정치적인 목적에서 왕의 관심과 후원으로 불교를 도입한 반면에 신라에는 고구려를 통하여 민간에 불교가 들어왔으나 귀족들의 반대로 불교를 금지하다가 서기 527년에 이르러서야 이차돈의 순교 이후 불교를 인정하고 절을 짓기 시작하였다.

삼국시대부터 고려에 이르기까지 1천 년 동안 불교는 한국의 국교로서 호국사상의 주축을 이루었으나 이성계가 건국한 조선에서 숭유억불정책을 채택하면서 쇠퇴하였다. 임진왜란 때 승병들의 큰 무공에도 불구하고 유교국가인 조선에서 불교가 예전의 세력을 되찾지는 못하였으나 한국인의 정신세계에 큰 영향을 끼쳤으며 한국의 문화유산 가운데 불교유산이 가장 큰 비중을 차지하고 있다.

베트남에 불교가 들어온 시기는 한나라의 지배를 받던 기원 전후로 한국의 고구려와 백제보다 앞선다. 베트남 북부에는 중국 승려가 들어와 부처님의 가르침을 전하였고 남부에는 인도 승려가 와서 불교를 전파하였다. 고구려에 중국 승려가 들어오고 백제에 인도 승려가 들어온 것과 같은 경로이다.

한국의 삼국시대부터 남북국시대(통일신라와 발해)를 거쳐 고려시대까지 천 년 동안 불교가 융성했던 것처럼 같은 시기 일본과 베트남에서도 집권세력이 여러 차례 바뀌면서도 불교가 융성하여 수많은 사찰이 세워졌다. 그 천 년 동안 유럽은 기독교가 지배하였고 서아시아는 이슬람교가 지배하고 있을 때 동아시아는 불교의 전성시대였으며 불교의 발상지인 인도에서는 4세기에 성립된 힌두교가 대세로 되었다.

한국에서 조선왕조가 출범한 시기에 베트남에서는 조선과는 달리 국가 차원의 불교탄압은 없었지만 유교의 영향이 확대되면서 불교가 쇠퇴하기 시작하였다. 그 후 프랑스 강점기를 거치면서 불교는 더욱 쇠퇴하였고 해방 후 남베트남에서는 불교가 반독재투쟁에 강력한 구심점이 되기도 하였으나 사회주의 국가인 북베트남이 통일하면서 불교는 다른 종교들과 마찬가지로 쇠퇴하였다.

두 나라의 천주교 전래와 박해

베트남을 찾아온 최초의 유럽인 선교사는 프랑스 신부 알렉상드르

드 로데이다. 그는 1624년에 베트남에 입국하여 1650년까지 체재하는 동안 베트남어를 배워 최초의 베트남어 교리문답을 썼고 베트남어를 로마자로 표기하는 법을 창안하였다. 그 후 신자가 크게 증가하였으나 중국이나 조선에서와 마찬가지로 뿌리 깊은 유교 전통 때문에 많은 갈등이 일어났다.

17세기에 베트남에 갔던 이탈리아 선교사 크리스토퍼 보리 신부는 시골 서당에서 소리 높여 중국 고전을 외우는 학생들의 모습을 매우 인상 깊었던 광경으로 기록하고 있는데 조선의 서당과 똑같은 모습이다. 그 후 응우옌(阮)씨 왕조 초부터 천주교 박해가 시작되어 1858년에는 프랑스와 스페인 출신 선교사 25명과 베트남인 성직자 300여 명을 비롯한 2만 명이 넘는 신자가 처형되었다.

한편, 한국의 천주교는 세계 가톨릭 역사상 유일하게 유럽인 선교사의 입국 없이 국내 지식인들이 중국에서 가지고 온 천주교 서적을 공부하면서 자생적으로 생겨났다. 한국 최초로 천주교 세례를 받고 신자가 된 사람은 이승훈인데 1784년 중국 북경에 외교관으로 갔다가 프랑스 선교사인 장 그라몽 신부에게서 세례를 받고 귀국하는 길에 십자고상, 교리서, 묵주 등을 가져왔고 이벽, 정약전, 정약용에게 세례를 주어 이들을 중심으로 천주교가 전파되기 시작하였다.

그러다가 천주교 북경교구장 구베아 주교의 제사 금지령에 따라 신자들이 조상의 신주를 불사르는 사건이 일어나자 조정에서는 그들을 처형하였다. 당시 정조는 천주교에 대하여 비교적 관대한 입장이어서 더 이상 탄압은 하지 않았으나 그 후 순조가 왕위에 오르면서 수렴청정을 하던 정순왕후는 천주교 금지령을 내리고 대대적인 천주교 박해에 나서 1801년 중국인 주문모 신부와 이승훈, 정약종 등 100명이 넘는 천주교 신자들을 학살하였다(신유박해). 이승훈은 다산 정약용의 매부이며 정약종은 형인데 정약용은 처형을 면하고 경북 포항으로 유배되었다가 9개월 만에 전남 강진으로 옮겨져 18년 동안의 귀양살이(1801년~1818년) 끝에 풀려나 경기도 양주 집으로 돌아왔다.

조선에 온 최초의 유럽인 선교사는 1836년에 입국한 파리 외방전교회 소속 피에르 모방 신부이다. 유럽인 선교사의 입국은 베트남보다 212년이 늦고 중국에 비해서는 254년, 일본에 비해서는 287년이나 늦은 시기였다. 이와 같은 시차는 유럽인들의 관심도를 보여 주는 측면이 있는데, 유럽인들이 15세기부터 일본에 대하여 큰 관심을 가지고 있었던 데 비하여 한국은 관심 밖이었다.

그 후 1839년(헌종 5년), 헌종의 외척인 풍양조씨가 안동김씨로부터 권력을 탈취하는 과정에서 대규모 천주교 박해가 일어나 조선교구장 프랑스인 앵베르 주교, 피에르 모방 신부, 자크 샤스탕 신부 등 외국인 3명과 국내 천주교 신자 100여 명이 처형되었다(기해박해).

한국인 최초의 천주교 사제가 된 김대건 신부는 1846년 체포되어 처형되었다. 이러한 박해에도 불구하고 천주교 신자가 계속 증가하여 흥선 대원군 시대에는 12명의 프랑스 선교사들이 국내 각지에서 암약하고 있었고 대원군의 부인 민씨도 극비리에 신자가 되어 있었다. 대원군은 천주교를 뿌리 뽑기로 하고 대대적인 탄압에 나서 1866년 프랑스인 선교사 9명과 8천 명이 넘는 신자들을 처형하였다(병인박해).

당시 중국 천진에 있던 프랑스 극동함대 사령관이 이 소식을 듣고 보복하기 위하여 함대를 이끌고 강화도에 침입하였으나 조선군의 완강한 저항에 수십 명의 사상자가 발생하자 퇴각하였는데 이때 강화도에 있던 많은 문화재를 약탈해 갔다(병인양요).

그런데 천주교 박해와 쇄국정책은 조선뿐만 아니라 동아시아 한자 문명권 4개국에서 공통적으로 일어난 동서 문명의 충돌 현상이었다.

동아시아 한자 문명권에 최초로 그리스도교를 전파한 사람은 스페인 출신 선교사인 프란시스코 사비에르 신부로, 중국에 앞서 일본을 선교 대상 지역으로 택하였다. 그는 1540년 로욜라와 함께 예수회를 창립하고 교황의 특사 자격으로 동아시아 선교에 나서 1541년 리스본을 출발하여 아프리카 남단 희망봉을 돌아 1년 만에 인도 서해안의 포르투갈 식민지인 고아에 도착하여 8년간 체류하면서 동아시아 선교를 위한 준비를 하였다. 그 후 역시 포르투갈의 식민지인 말레이 반도의 말라카와 인도네시아의 동쪽 끝 지역인 몰루카제도를 거쳐 1549년 8월 일본의 최남단인 가고시마에 도착하였다.

사비에르 신부는 일본에서 2년 3개월간 체재하면서 주로 규슈 지역 영주 가문을 대상으로 선교 활동을 하였다. 그러다가 일본인들의 정신세계에 큰 영향을 준 중국에 대한 선교의 필요성을 느껴 1552년 중국으로 갔는데 당시 명나라의 쇄국정책 때문에 상륙하지 못하고 광동성 상천도(上川島)에 머물던 중 병사하였다.

그가 일본을 떠난 후 그리스도교 신자('기리시탄')가 늘어나자 일본을 통일한 도요토미 히데요시는 금교령을 내려 박해를 시작하였으며 뒤를 이은 도쿠가와 막부도 1612년 금교령을 내리고 박해를 계속하였다. 당시 일본 전역의 그리스도교 신자가 수십만 명에 달할 정도였는데, 금교령에 대한 반발로 그리스도교도의 반란(1637년)이 일어나자 박해는 더욱 심해져 십자가에 못 박힌 예수와 성모 마리아가 그려진 목판이나 금속판을 밟고 지나가는 사람은 살려 주고 밟지 못하고 돌아가는 사람은 처형하였다(후미에 제도).

도쿠가와 막부는 불교를 국교화하여 모든 국민이 불교 교적을 갖도록 하고 그리스도교에 대한 박해를 계속하여 200년 동안 20만 명이 넘는 신자들이 목숨을 잃었고 박해를 피한 소수의 신자들은 신분을 숨기고 살아야 했다. 그러던 중 1873년 메이지 정부가 유럽 열강과 미국의 압력에 굴복하면서 금교령을 해제하였다.

중국에 그리스도교가 전해진 시기는 1557년 포르투갈이 명나라로부터 무역권을 획득하고 마카오에 최초의 유럽인 거점을 마련한 때였다. 1575년에는 로마 교황이 포르투갈의 지원으로 마카오 관구를 설치하였고 그 후 유럽의 항해술과 세계지도 및 대포 제조기술 등 선진 문물이 마카오를 거쳐 중국으로 전해지기 시작하였다. 1582년에는 예수회 소속 마테오리치 신부가 교황의 특사 자격으로 마카오에 입국하였는데 그가 중국에 온 최초의 그리스도교 선교사이다. 사비에르 신부의 일본 입국보다 33년 늦은 시기이다.

마테오리치는 선교를 서두르지 않고 중국어와 한문 공부에 열중하여 『포르투갈어-중국어 사전』을 편찬하고 유교의 경전인 사서(四書)를 라틴어로 번역하여 유럽에 보냈다. 그는 유학자 복장을 하고 유창한 중국어를 구사하며 유교경전에 대한 깊은 지식과 수준 높은 한문 실력에다 온화한 인품까지 지니고 있어 고위층에 많은 친구를 얻었다. 그는 세계지도와 기하학 등 신기한 유럽 문명을 중국 지식인들에게 소개하였는데, 당시 명나라 황제는 마테오리치가 선물한 자명종을 보고 신기해하며 자주 불러 유럽에 관한 이야기를 경청하였다.

그가 한문으로 번역한 가톨릭 교리서인 『천주실의』가 1603년 북경에서 출간된 후 한국(당시 조선)에 전해지면서 중국과 한국에서 로마 가톨릭교회를 '천주교'라고 부르게 되었다. 그는 그리스도교의 교리를 중국인들이 거부감 없이 받아들일 수 있도록 유일신인 여호와를 중국인들이 말하는 하늘(天)과 일치시켜 '천주(하늘에 계신 주님)'로 번역하였다. 중국 고대의 천명사상에서 천(天)이 조물주이자 절대자에 해당하므로 그리스도교의 여호와와 같은 존재로 본 것이다. 마테오리치는 중국인들이 공자를 신이 아닌 성현으로 숭상하는 것이 천주교 교리에 어긋나는 것이 아니라고 판단하여 공자와 조상에 대한 제사를 용인하였다.

마테오리치는 중국에서 28년간 살다가 1610년에 사망하여 명나라 황제가 마련해 준 베이징 근교의 묘지에 안장되었다. 마테오리치 사후에 중국에서 명나라가 멸망(1644)한 후 청나라 정부에서 선교를 금지하였는데 로마교황이 천주교 신자들의 제사를 금지함으로써 교세가 더욱 위축되었다.

현대 한국과 베트남의 종교 현황

한국의 3대 종교는 가장 오랜 역사를 가진 불교와 18세기에 들어온 천주교, 19세기에 들어온 개신교 등 외래 종교이고 국내에서 생겨난 종교로는 천도교, 대종교, 원불교, 통일교 등이 있다. 천도교는 19세기 후반에 최제우가 서양사상에 대항하여 창시한 동학을 모태로 하며 동학농민혁명(1894년)의 사상적 바탕이었고 일제강점기에는 독립운동에 참여하였다. 대종교는 일제강점기 시절 나철이 창건한 민족종교로서 독립운동의 정신적 지주 역할을 하였다.

현재 한국의 종교인구는 무종교 56.1%, 개신교 19.7%, 불교 15.5%, 천주교 7.9%, 기타 종교 0.8% 순이다(2015년 통계청 인구주택총조사). 한국의 역대 대통령 중 이승만, 김영삼, 이명박은 개신교 장로이고 김대중, 문재인과 제2공화국 총리 장면은 독실한 가톨릭 신자이며 전두환, 노무현, 박근혜도 천주교 세례를 받았지만 신앙생활을 하지는 않았다. 전두환은 집권 후 로마 교황이 방한할 때는 신자로서 극진히 대접하는 한편 불교를 탄압하였는데('10 · 27 법난') 퇴임 후에는 국민들에 쫓겨 설악산 백담사에 거주한 적도 있다.

베트남은 사회주의 국가이기 때문에 모든 종교가 위축되었으나 베트남인들의 정신세계는 중국, 한국, 일본과 마찬가지로 유교, 도교, 불교의 영향을 많이 받았다. 베트남에서 발생한 종교로는 까오다이(高臺)교와 호아하오(和好)교가 있는데 이들은 프랑스 압제기에 민족정신을 고취시키는 역할을 하였다. 까오다이교는 유교, 불교, 도교, 기독교, 이슬람교를 혼합한 성격이며 호아하오교는 한국의 원불교처럼 불교의 교리를 바탕으로 베트남화한 종교이다.

오늘날 베트남에서 독실한 불교신자는 전 인구의 10퍼센트 정도이며 프랑스 강점기를 거치면서 가톨릭 신자가 늘어나 전 인구의 6퍼센트 정도를 차지하는데 개신교 신자는 전 인구의 1퍼센트 정도로 매우 적은 편이다.

유독 한국에서만 미국계 개신교가 번성한 이유

예수 그리스도를 구세주라고 믿는 모든 종교를 그리스도교(기독교)라 하는데 세계적으로 로마가톨릭, 동방정교회, 개신교 등 3대 교파가 있다. 그런데 한국에서는 로마가톨릭교회를 천주교라 하고, 기독교라고 하면 개신교를 지칭하는 경우가 일반화되었다. 천주교의 신부들도 '기독교'와 '교회'라는 용어를 사용하지만 한국 사회에서 '교회'는 대부분 개신교를 의미한다.

16세기경부터 로마가톨릭교회 산하 예수회 선교사들이 일본, 중국, 베트남에 와서 선교를 하였으나 모두 극심한 탄압과 쇄국정책으로 위축되었고 19세기 조선에서도 마찬가지로 박해를 받았다. 그러다가 19세기 후반에 이들 네 나라가 열강의 압력에 굴복하여 개항을 한 후 선교가 허용되었는데 그때부터 미국의 개신교 선교사들이 동아시아를 찾아오기 시작하였다.

맨 먼저 일본 도쿠가와 막부가 미국의 페리 제독이 이끌고 온 함대의 무력시위에 굴복하여 개항(1854년)한 후 미국의 개신교 선교사들이 일본에 와서 선교를 시작하였으나 불교와 전통신앙인 신도의 뿌리가 너무 깊어 선교가 부진하였다. 오늘날 일본에서 미국의 주요 스포츠인 야구와 골프는 큰 인기를 누리고 있는 반면에 기독교 신자는 가톨릭과 개신교 합하여도 전체 인구의 2퍼센트 미만이다.

조선에서는 대원군 실각(1873년) 후 고종이 일본의 무력 도발(운양호 사건)에 굴복하여 강화도조약(1876년)을 체결하고 이어서 미국, 영국, 러시아, 프랑스와 잇달아 통상조약을 체결하여 선교를 허용하자 미국의 개신교 선교사들이 잇달아 국내에 들어오기 시작하였다. 미국의 선교사들은 본격적인 선교에 앞서 전국 각지에 많은 학교와 병원을 설립함으로써 한국의 근대화에 크게 기여하였다.

1885년 감리교 선교사 아펜젤러가 세운 배제학당을 필두로 1886년 북감리교 여선교사 메리 스크랜튼이 설립한 이화학당(1912년에 설치한 대학부가 이화여자대학교의 전신)과 북장로교 선교사 언더우드가 세운 경신학교(1915년에 설치한 대학부가 연세대학교의 전신), 1897년 북장로교 선교사 베어드가 평양에 설립한 숭실학당(1905년에 한국 최초의 근대식 대학 설치), 1899년 남감리교 여선교사 캐롤이 설립한 개성여학당(대전 호수돈여고의 전신), 1907년 남장로교 선교사인 벨이 광주에 설립한 수피아여학교 등이 신학문과 함께 기독교(주로 미국계 장로교 또는 감리교) 신앙을 전파하였다.

또한 미국 선교사 알렌이 1885년 한국 최초의 근대식 병원인 광혜원(세브란스 병원의 전신)을 설립하였는데 일본 최초의 서양식 병원보다 무려 328년이나 늦은 시기였다. 1557년 포르투갈 출신 선교사이자 의사인 알메이다가 사재를 기부하여 규슈에 병원을 세운 것이 일본 최초의 서양식 병원이고 그 이후에 네덜란드인들이 여러 곳에 병원을 세워 운영하였다.

일제강점기에도 미국 선교사들은 활발한 활동을 계속하여 신자가 크게 늘어나 삼일운동 민족대표 33인 중 16명이 기독교 대표였다. 해방 후 남북 분단과 함께 38선 이남에 미군이 진주하고 곧이어 북한의 남침으로 6·25전쟁을 겪은 후 미국유학붐이 일어났다. 이때 유학생 대부분이 미국 체류 중 미국 사회와 대학에 대한 동경으로 기독교 신자가 되었으므로 친미사대주의자가 되는 것은 자연스런 현상이다. 마치 조선시대에 중국 문명을 공부한 상류층이 중국에 대한 사대주의자가 되는 것과 마찬가지 이치이다.

미국유학파는 주요 대학의 교수, 재벌 2세, 유력 정치인, 고위관료, 군수뇌부, 대형교회 목사 등 사회지도층에서 강력한 세력을 형성하여 정치적으로 막강한 영향력을 행사하고 있다. 천주교와 개신교는 박정희-전두환 독재정권 시대에는 독재에 항거하는 민주 진영의 주축을 이루었으나 그 후 개신교가 친미반공을 앞세운 보수 세력으로 성장하여 2007년 대통령 선거에서는 대형교회의 장로인 이명박 후보의 당선에 일등공신이 되었다.

한국의 개신교는 외형 면에서 괄목할 만한 발전을 이루어 세계 10대 교회에 포함되는 초대형 교회가 다수 등장할 정도가 되었지만 마치 중세유럽의 로마가톨릭교회처럼 타종교에 대한 극단적인 배타성과 일부 목사들의 추악한 범죄 등 타락상을 보여 주는 사례가 빈발하고 있다. 그럼에도 불구하고 한국의 개신교가 다른 어느 종교보다 한국의 근대화와 사회봉사에 큰 공헌을 한 것은 분명하다.

2장

두 나라 그리고 중국

1 | 고조선과 고대 베트남
2 | 한국의 삼국과 중국 여러 나라와의 전쟁
3 | 거란을 격퇴한 고려
4 | 송나라를 물리친 베트남
5 | 몽골이 가장 고전한 나라 고려
6 | 몽골을 물리친 베트남과 일본
7 | 명나라에 대한 한국과 베트남의 다른 선택
8 | 일본의 통일과 조선 침략
9 | 청나라의 조선과 베트남 침공

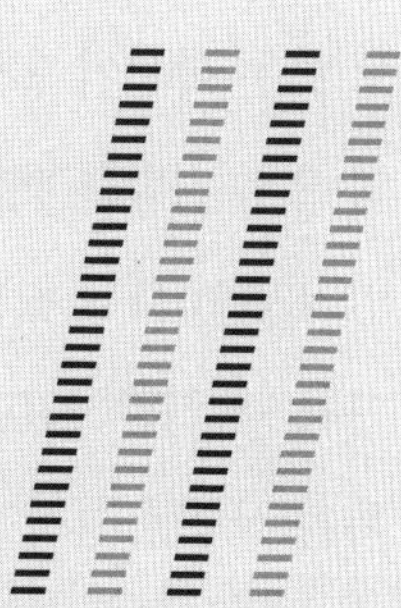

1 ······················ 고조선과 고대 베트남

한국 역사상 최초의 나라인 고조선의 건국은 단군 신화로 전해 오고 있지만 BC 7세기 무렵부터 중국 문헌에 나오기 때문에 그 이전부터 존재하였다는 사실은 확실하고 위치는 중국 전국시대 연나라의 동쪽에 있었던 것이 분명하다. 연(燕)나라는 오늘날 베이징 일대에 있던 나라이며 수도인 옌칭(燕京)이 오늘날 베이징(北京)이 되었다.

고조선의 강역에 대해서는 여러 학설이 있으나 중국의 요서 지방부터 요동반도와 압록강 북쪽 지역을 포함하여 한국의 평안도 황해도에 걸쳐 있었고 멸망 당시 수도인 왕검성은 현재의 평양이었을 것으로 보는 학설이 유력하다. BC 4세기에 연나라의 침공으로 요하 서쪽의 요서 지방을 빼앗기고 BC 194년에 중국에서 망명 온 연나라 유민인 위만이 조선 왕인 준왕을 쫓아내고 왕위를 찬탈한 후 그의 손자 우거왕 때 멸망하였다는 사실이 중국 문헌에 나오지만 스스로 남긴 기록은 전무한 실정이다.

중국 최초의 나라인 하나라가 멸망한 후 상(은)나라의 뒤를 이은 주나라가 서쪽 이민족의 침공에 밀려 동쪽으로 천도한 후 시작된 춘추 전국시대는 무려 700년 동안 수많은 제후국들이 난립한 전쟁의 시대인데, 진시황이 BC 230년부터 BC 221년까지 불과 10년 만에 여섯 나라를 멸망시키고 중국 대륙을 통일하였다.

진시황 사후에 진나라를 멸망시키고 한나라를 세운 고조 유방은 흉노를 정벌하러 갔다가 도리어 포위되어 위기에 처했다가 몰래 흉노 왕비에게 금은보화를 주고 포위를 풀게 하여 구사일생으로 풀려난 후 흉노와 형제 관계를 맺는 수모를 겪었다.

그로부터 60년이 지나 만 15세에 황제가 된 무제는 명장들을 기용하여 흉노를 격파(BC 119년)함으로써 조상의 치욕을 설욕하였다. 이 흉노족 정벌은 중국사뿐만 아니라 세계사를 바꾼 중요한 사건이다. 먼저, 실크로드 지역을 차지하고 있던 흉노족을 몰아냄으로써 중국과 파르티아제국(고대 이란의 제국)과 로마제국이 연결되는 실크로드의 번성을 가져와 중국과 로마의 교류가 활발해졌다. 그리고 한나라에 쫓긴 흉노(Hun)족이 서쪽으로 이동하여 유럽에 침입함으로써 이들에게 밀린 게르만족이 남쪽으로 내려가면서 유럽 대륙 전체가 대혼란에 빠지게 되고 결국 그 여파로 서로마제국이 멸망하였다.

무제는 후궁의 아들로 태어났지만 모후의 치밀한 모략으로 즉위한 후 54년이나 재위하면서 한나라를 유교국가로 만들고 동서남북 사방으로 영토를 크게 확장하여 대제국을 이룩하였다. 그는 중국의 최대 위협이던 북방의 흉노족을 정벌한 후 서역에 원정군을 보내 타림분지와 투르판분지에 산재한 36개 나라들을 복속시켰고, 장강(양자강) 남쪽으로 원정군을 보내 남월(南越)을 정복하여(BC 111년) 그 땅에 9군을 설치하였다. 그리고 3년 후에는 동쪽 요하를 건너 고조선을 공격하여 멸망시키고(BC 108년) 4군('한사군')을 설치하였다.

남월은 진시황 때 옛 월나라의 남부 지방(지금의 광동성 일대) 일대를 지배하던 총독 찌에우다(趙佗)가 진나라가 망한 후 한나라에 복속하지 않고 베트남 북부 지역에 있던 어우락 왕국을 정복하여 세력을 확

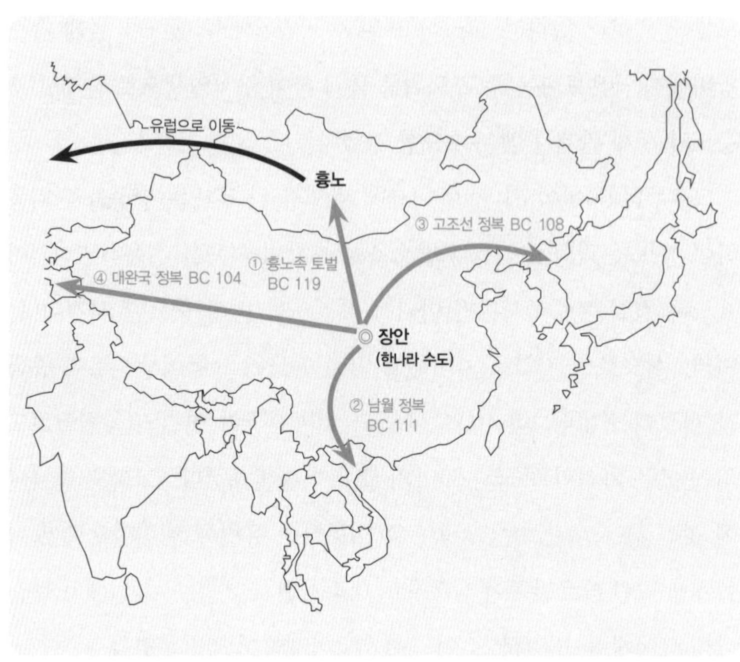

▶ BC 2C 중국 한(漢)나라 무제의 정복

대하면서 독립국으로 존속하던 나라였다.

남월과 고조선이 한나라에 멸망한 당시 두 나라의 왕이 모두 중국인이었다는 공통점이 있는데 위만은 원래 고조선 사람으로 연나라에서 살다가 다시 고조선에 입국하였다는 학설도 있다.

고조선 멸망 후 그 땅에서 고구려가 건국되어(BC 37년) 한나라가 설치한 4군 중 임둔군과 현도군을 북쪽으로 몰아내고 낙랑군과 대방군을 모두 정복(서기 313년)함으로써 고조선의 광활한 옛 땅을 대부분 수복하였다.

한편, 한나라가 남월을 정복한 후 중국 남부 지역과 베트남 북부 지역에 설치한 9군은 한나라 멸망 후 위촉오 삼국시대에 강남(양자강 남부 지역)을 차지한 오나라의 영토가 된 이래 동진, 송, 제, 양, 진 등 육조를 거쳐 중국을 통일한 수나라와 뒤를 이은 당나라까지 무려 1천 년이 넘게 중국 역대 왕조의 지배를 받았다.

베트남은 당나라가 멸망한 후 혼란기인 5대10국 시대인 서기 939년에야 응오꾸엔(吳權)에 의한 독립국가가 들어서면서 중국의 지배에서 벗어났다.

중국의 지배 기간에 끊임없이 독립운동이 일어났는데 그중에서 쯩(徵) 자매의 반란(서기 40년)이 가장 유명하다. 쯩(徵) 자매는 한나라(후한)의 지배하에 있던 베트남(당시 남월)의 유력 가문에서 쌍둥이로 태어났는데 언니인 쯩짝(徵側)의 남편이 처형당하자 동생 쯩니(徵貳)와 함께 군사를 모아 수십 개의 성을 점령하여 베트남 북부와 중국 광동성 일대를 석권하고 언니인 쯩짝이 왕위에 올라 왕궁을 짓고 독립국가를 세웠다. 그러나 한나라(후한) 광무제가 보낸 토벌군에 패하여 처형됨으로써 쯩 자매가 세운 독립국가는 3년 만에 막을 내렸다. 쯩(徵) 자매는 베트남 역사상 전설적인 영웅으로 꼽히고 있다.

2 .... 한국의 삼국과 중국 여러 나라와의 전쟁

고구려와 중국의 9차례 전쟁

중국에서 한나라(후한)가 멸망하고(220년) 위촉오 삼국시대로 접어들 무렵, 위나라와 국경을 접한 고구려는 위나라와의 전쟁(244년~245년)으로 수도인 환도성이 함락되면서 국가 존망의 위기에 처하였으나 천신만고 끝에 기사회생하였다.

그 후 중국은 삼국시대가 끝나고 짧은 통일시대(서진)를 거쳐 5호16국시대와 남북조시대에 이르는 대혼란기가 시작되는데, 이 시기에 한때 북부 지역을 석권한 선비족 모용황이 고구려에 침입하여 환도성이 함락되면서(342년) 왕모와 왕비를 비롯한 5만 명이 납치되고 당시 고국원왕의 선왕인 미천왕의 유골까지 탈취당하는 등 큰 위기를 겪었다. 이듬해에 조공을 바치고 부왕의 유골과 왕비를 찾아왔고 왕모는 계속 인질로 잡혀 있다가 무려 13년 만에 찾아왔다.

서기 371년에는 고국원왕이 백제와의 두 차례 전쟁에서 잇달아 패하고 평양성에서 전사하였는데 두 아들인 소수림왕(재위 371년~384년)과 고국양왕(재위 384년~391년)이 국가를 재건한 후 광개토대왕(재위 391년~412년)과 장수왕(재위 412년~491년) 때 전성기를 구가하게 된다.

그러다가 중국에서 한나라 멸망 후 무려 368년 동안 지속되어 온 위진남북조시대에 종지부를 찍고 다시 중국을 통일(589년)한 수나라가 여세를 몰아 고구려를 네 차례나 침공하였으나 모두 실패하였다.

제1차 전쟁은 고구려가 수나라 영토인 요서 지방을 선제공격하자 수나라 고조(문제)가 30만 대군을 보내 고구려를 공격(서기 598년)한 때인데 악천후와 질병, 태풍으로 병력 대부분을 잃어 전투다운 전투도 해 보기 전에 퇴각하였다. 그 후 수나라의 2대 황제인 양제는 친히 113만 명의 대군을 이끌고 고구려를 침공(612년)하였으나 살수대첩에서 을지문덕에게 대패하였고 이듬해인 613년과 614년 다시 고구려 침공에 나섰다가 모두 패배하였다. 대운하 건설과 고구려와의 전쟁으로 국력을 소모하게 된 수나라는 도처에서 일어난 반란으로 중국을 통일한 지 불과 30년 만에 멸망(618년)하고 당나라가 뒤를 이었다.

당나라의 태종은 동돌궐을 정복(630년)한 후 친히 대군을 이끌고 고구려를 침공하여 요동반도의 여러 성을 점령하였으나 안시성 전투(서기 645년)에서 패배하여 물러갔다. 당나라는 그 후 2차(647년), 3차(648년)에 걸쳐 고구려를 침공하였으나 모두 실패하였다. 단재 신채호는『조선상고사』에서 안시성 전투 때 황제가 눈에 화살을 맞아 중상을 입고 급히 퇴각하였으며 그때 부상이 악화되어 30개월간 투병 끝에 사망한 것이 분명하다는 논거를 제시하였다.

백제와 고구려의 멸망과 고구려를 계승한 발해

당나라 태종이 고구려 원정에서 패한 후 다음 황제인 고종 때에도 고구려와 당나라의 적대 관계는 계속되었지만 백제 의자왕과 신라 선덕여왕은 당나라에 여러 차례 사신을 보내 우호적인 관계를 수립하였다. 특히 신라의 권력자 김춘추(후일 태종무열왕, 재위 654년~661년)의 두 아들을 당나라 황실 근위대에 파견하여 더욱 밀접한 관계로 발전시켰다.

그런데 백제와의 전쟁('대야성 전투', 642년)에서 딸과 사위를 잃은 김춘추가 당나라에 가서 나당동맹을 성사시킴으로써 백제는 서해를 건너온 13만 명의 당나라군과 동쪽에서 소백산맥을 넘어온 신라군 5만 명의 협공을 받아 멸망하였다(660년).

이때 1,900척이 넘는 배를 이끌고 서해를 건너온 당나라군의 총사령관인 소정방은 그 전에 동돌궐 정벌(630년)에 참전하였고 서돌궐 정벌(657년) 때는 총사령관으로 무공을 세운 바 있는 68세의 노장이었다. 당나라에 멸망당한 돌궐족(투르크)은 서쪽으로 이동하여 셀주크투르크 제국과 오스만투르크 제국을 건설하였고 오늘날 터키를 비롯하여 우즈베키스탄, 카자흐스탄 등 여러나라를 세웠다.

의자왕은 당나라로 잡혀간 지 넉 달 만에 병사하고 태자 부여융은 당나라의 웅진도독이 되어 고국 땅에 부임하였다.

백제가 멸망한 후 왕족과 귀족들이 일본에 체류 중이던 의자왕의 아들 부여풍 왕자를 왕으로 추대하고 부흥군을 일으켰다. 그러자 일본의 여왕인 사이메이(齊明) 천황은 백제부흥군을 지원하기 위하여 아들인 나카노오에 왕자(후일 덴지天智 천황)를 데리고 규슈로 가서 출정 준비를 하였으나 다음 해인 661년 7월 백제 구원의 꿈을 이루지 못한 채 병사하였다. 나카노오에 왕자는 즉위를 미루고 상복을 입은 채 백제부흥군 파병을 지휘하였다. 1차로 부여풍 왕자에게 5천 명의 군사를 주어 출발하도록 하고 다음 해에 2만7천 명을 추가로 파병하였다. 그러나 백촌강전투(663년)에서 일본에서 온 구원군이 나당연합군에 참패함으로써 백제부흥운동은 실패로 끝났다.

백제부흥에 사력을 다한 사이메이(齊明) 천황은 백제 귀족의 후손이었다. 일본과 백제의 왕실 및 귀족 간 혈연관계에 대해서는 여러 학설이 있지만 많은 결혼이 있었다는 것은 분명하다.

1990년 일본 국왕 아키히토는 일본을 방문한 한국의 노태우 대통령과 만난 자리에서 일본 왕실이 고대 한국과 깊은 혈연관계가 있다고 공개적으로 밝힌 바 있고 2001년 생일 기자회견에서 자신의 선조

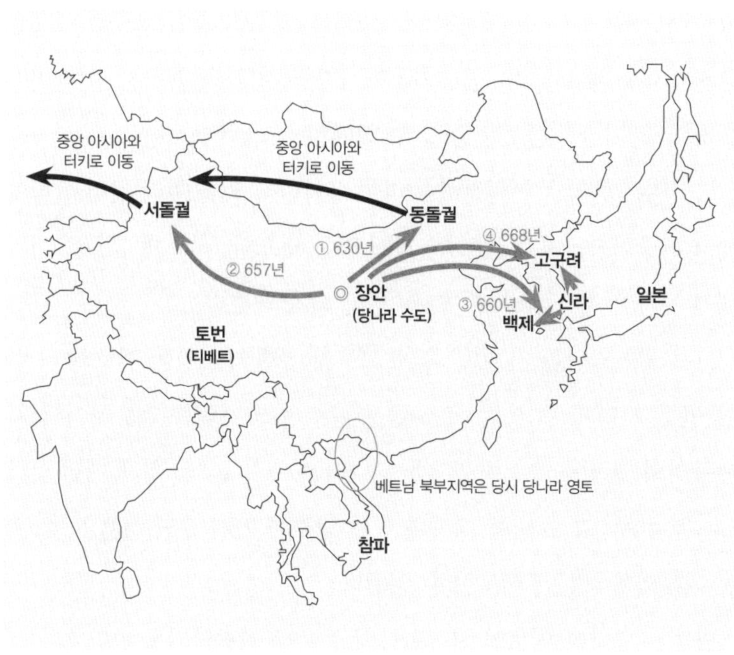

▶ 돌궐 · 백제 · 고구려의 멸망

인 간무 천황의 어머니인 다카노노 니가사(高野新笠)가 백제 무령왕의 10세손이라는『속일본기』의 기사를 인용했다.『속일본기』는 797년 간무천황(桓武天皇)의 명으로 편찬된 고대일본의 역사서이다. 일본의 왕실뿐만 아니라 고대 귀족들도 백제계가 많았다.

백제 멸망 이듬해인 661년 당나라 소정방과 신라 김유신이 지휘하는 나당연합군이 고구려 평양성을 포위 공격하였으나 실패한 후, 668년에 설인귀와 이적이 이끈 당나라 50만 대군과 신라 김인문이 이끈 27만 대군이 고구려를 협공하여 평양성이 함락되고 왕이 사로잡혀서 고구려까지 멸망하였다. 당나라 황제 고종은 고구려의 보장

왕을 '요동주 도독 겸 조선왕'에 봉하였는데 보장왕이 고구려 부흥을 추진하자 유배 보냈다. 중국인들이 고구려 지역을 고조선 시대 이래 통칭 '조선'이라고 불렀음을 알 수 있다.

고구려는 중국을 통일한 수나라와 당나라의 일곱 차례 침입을 막아 내고 나당연합군의 협공도 한 차례 막아 냈으나 두 번째 침공을 이겨 내지 못하여 결국 건국 후 705년 만에 막을 내렸다.

고구려가 멸망한 지 30년 후에 고구려 유민 대조영이 옛 고구려 땅인 만주 지역에 세운 발해(698년~926년)가 고구려를 계승하여 점차 고구려의 옛 땅을 수복하였는데 당나라는 측천무후의 황제 재위 기간(690년~705년 주나라) 중 계속된 궁중 암투와 안사의 난(755년~763년) 등 내우외환 때문에 대응할 수 없었다.

발해는 당나라 영토인 산동반도의 등주를 침공하기도 하였으나 그 후 친선 관계를 유지하였고 일본과도 우호적인 관계를 유지하였는데 신라와는 국경을 접하고 있으면서도 교류가 거의 없었고 전쟁도 없이 남북국시대를 유지하였다. 발해는 일본(나라시대부터 헤이안시대 초기)에 35차례 사신을 보냈고 일본에서는 발해에 13차례 사신을 보낸 반면, 신라는 발해에 단 두 차례 사신을 보낸 적이 있을 뿐이다.

백제와 고구려가 멸망하면서 당나라는 동서남북 방면의 이민족에 대한 정복을 완료함으로써 측천무후가 통치하던 시기에 한나라 무제 이후 최대 판도를 이룩하였다.

당나라는 정복한 이민족들의 땅에 여섯 개의 도호부를 설치하여 통치하였다. 그중 안동도호부는 평양에 설치하여 고구려, 백제, 신라 땅을 통치하도록 하고 안남도호부는 하노이에 설치하여 오늘날의 중

▶ 돌궐 · 백제 · 고구려 멸망 후 당나라의 6도호부

국 남부 지역과 베트남 북부 지역을 통치하였으며 안서도호부는 타림 분지 서쪽의 실크로드 지역을 관장하고 안북, 북정, 선우도호부는 북쪽의 돌궐족을 몰아낸 지역을 통치하였다.

동돌궐과 서돌궐이 모두 당나라에 멸망당한 후 많은 돌궐족(투르크족) 유민들이 서쪽으로 이동하여 후일 이슬람세계 대부분을 정복하면서 셀주크제국과 오스만제국을 건설하였고 동로마제국까지 멸망시킴으로써 유럽세계를 공포에 떨게 하였다.

결국 서로마제국과 동로마제국 모두 중국 북방의 유목민족 때문에 멸망했는데, 흉노(Hun)족과 그 후예인 돌궐(Turk)족은 중국의 한나라와 당나라에게 망하여 서쪽으로 이동한 끝에 유럽에 침입하였던 것이다. 중국 대륙을 통일한 강력한 제국의 출현이 머나먼 유럽에 지각변동을 일으킨 것이다.

당나라를 몰아낸 신라

나당연합군이 백제와 고구려를 잇달아 멸망시킨 후 당나라는 즉시 백제 땅에 웅진도독부를 비롯한 5개 도독부를 설치(660년)하여 독차지하고 신라왕(문무왕)을 계림주 대도독에 임명(663년)함으로써 신라까지 공식적으로 당나라 영토에 편입하였다. 또한 의자왕과 함께 당나라로 압송해 간 백제 왕자 부여융을 웅진도독에 임명하여 옛 백제 땅을 다스리게 함으로써 신라의 침공을 막아 내게 하는 교활한 술책을 썼다. 그 후 고구려를 멸망(668년)시키고 나서는 평양에 안동도호부를 설치하여 설인귀를 도호(총독)에 임명하고 고구려, 백제, 신라의 영토 전체를 통치하도록 하였다.

이에 신라는 670년부터 옛 백제 땅을 지배하고 있던 당나라군을 공격하여 웅진도독부를 몰아내고 백제 땅 대부분을 차지하였다. 웅진도독부는 요동 지역으로 옮겼다가 나중에 폐지되었다.

그 무렵 고구려 유민들이 부흥군을 일으켜 각지에서 당나라군을 공격하자 당나라 고종은 진압군을 보내 요동 지방의 안시성을 평정한 후 평양을 거쳐 672년 강원도 평강 지역의 석문전투에서 고구려 부흥군을 궤멸시켰는데, 이때 고구려 부흥군을 지원하던 신라군도 당나라군에 패하여 큰 피해를 입었다.

당나라는 신라를 정복하기 위하여 674년 신라 문무왕을 폐하고 당나라에 있던 그 아우 김인문을 신라왕에 책봉한 후 설인귀와 이근행이 이끄는 신라 정벌군을 보냈다. 설인귀 군대는 서해를 건너 황해도에 상륙하였는데 천성전투에서 신라군에 패하였고(675년 천성전투), 이근행이 이끈 20만 대군은 경기도 연천 지역에서 신라군에 대패하였다(675년 매소성전투). 이듬해에 설인귀 군대는 다시 금강 하구에 침입하였으나 신라군에 또 패하였다(676년 기벌포전투). 고구려 정복에 공을 세우고 고구려 땅을 통치하던 당나라 설인귀는 670년 토번(티베트) 원정에 나섰다가 패하여 해임된 후 다시 신라원정군 사령관으로 기용되었는데 신라와의 두 차례 전투에서 모두 패한 것이다. 한편, 676년 토번이 당나라를 공격하자 당나라가 동서 양쪽에 전쟁을 수행하면서 전력이 분산되어 신라에 패하였다는 해석도 있다.

신라와의 7년 전쟁에서 패한 당나라는 평양에 있던 안동도호부를 요동으로 옮겼고 신라는 대동강과 원산 이남의 영토를 차지하게 되었다. 나중에 발해가 발전하여 만주와 한반도 북부에서 당나라를 몰아내면서 이 선을 경계로 신라와 발해가 공존하는 남북국 시대를 맞이하게 된다.

3 거란을 격퇴한 고려

7세기부터 290년 동안 아시아의 초강대국이던 당나라가 쿠데타로 멸망(907년)하자 중국 대륙은 다시 극심한 혼란기에 접어들었다(5대10국 시대). 이 시기에 중국의 남쪽 베트남 지역에서 응오꾸엔(吳權)이 중국 세력을 몰아내고 독립을 쟁취함으로써 베트남은 드디어 천 년에 걸친 중국 지배에서 벗어났고(939년) 북방에서는 유목민족인 거란족의 지도자('가한') 야율아보기가 거란국을 세우고(916년) 발해를 멸망시켜(926년) 만주 전역을 차지하였다.

고구려를 계승한 발해가 멸망할 무렵에 한반도 중부 지방에서 또 고구려를 계승한 고려가 일어났다. 고구려가 다시 부활한 것이다. 고려는 신라와 후백제를 멸망시켜 후삼국을 통일한 후 거란과 대치하였다.

발해가 멸망한 후 만주의 주인은 거란족(요나라), 여진족(금나라), 몽골족(원나라), 한족(명나라), 여진족(후금, 청나라), 일본에 이어 현대 중국으로 바뀌면서 만주는 한민족과 멀어졌으나 고려 태조 왕건부터 묘청, 최영에 이어 조선왕조가 들어선 이후에도 정도전과 효종에 이르기까지 만주 땅을 되찾기 위한 시도가 여러 차례 있었다.

한편, 최근 지질학계의 연구에 의하면 발해에 거란이 쳐들어오기 직전에 백두산이 폭발하였다는 사실이 밝혀졌다. 백두산이 폭발하면 화산재가 수천 미터를 치솟은 다음에 고공에서 일 년 내내 부는 편서풍을 타고 대부분 일본의 홋카이도(北海道)와 도호쿠(東北)지방으로 날아가 떨어지게 되는데, 그 지역의 지층에서 당시의 화산재가 퇴적된 지층이 발견된 것이다. 당시 거란이나 고려에서는 피해가 없어 백두산 폭발 사실을 알 수 없었을 것이고 큰 피해를 입은 홋카이도와 도호쿠 지방은 당시 일본 정부의 지배가 미치지 못한 미개 상태여서 백두산 폭발 사실을 몰랐던 것으로 보인다.

이렇듯 상상을 초월한 자연재해로 발해의 국가 기능이 마비상태에 빠졌을 때 거란의 대군이 쳐들어갔기 때문에 손쉽게 정복하였을 것으로 추정된다. 최근에도 백두산 폭발 가능성을 제기하는 과학자들은 만약에 다시 폭발한다면 한반도 지역보다 일본 홋카이도와 도호쿠 지방에서 큰 피해를 입을 것으로 예상한다.

한국 역사상 거란이라 불리는 종족은 중국인들이 '契丹'(중국어 발음 '치단', 한국어 발음 '계단')으로 표기하였는데 거란인들이 스스로를 가리키던 명칭은 '키탄'으로 알려졌다. 고려 사람들이 야만인으로 생각하던 거란족이 중국의 북부 지역을 정복하여 북아시아 대부분을 차지한 대제국을 건설했을 때, 유럽인들은 중국을 거란으로 잘못 알고 중국을 '키탄', '키타이,' '캐세이' 등으로 불렀다. 이 때문에 오늘날에도 중국을 '캐세이'라고 부르는 명칭이 남아 있다. 홍콩을 거점으로 한 영국계 항공사인 캐세이 퍼시픽 항공은 '중국-태평양 항공'이라는 뜻이며 대만 최대의 금융그룹인 캐세이 파이낸셜 홀딩은 '중국금융지주회사'라는 뜻이다.

마르코 폴로의 『동방견문록』에 "키타이를 통치하는 황제는 타타르인이다. 인구가 적은 타타르인들이 수십 배의 인구를 가진 키타이를 지배하고 있다."라는 대목이 있는데 여기에서 '키타이'는 거란이 아니라 중국을 지칭하고 '타타르'는 달단(韃靼)족이 아니라 몽골족을 지칭하고 있다. 즉, 몽골이 중국을 지배하고 있다는 뜻인데 마르코 폴로는 중국인을 거란족으로, 몽골인을 타타르족으로 잘못 알고 있었던 것이다.

또 "키타이 사람들은 대부분 공자를 숭배하고 타타르인들 대부분은 우상숭배자다."라는 대목도 있는데 이는 거란족이 공자를 숭배하고

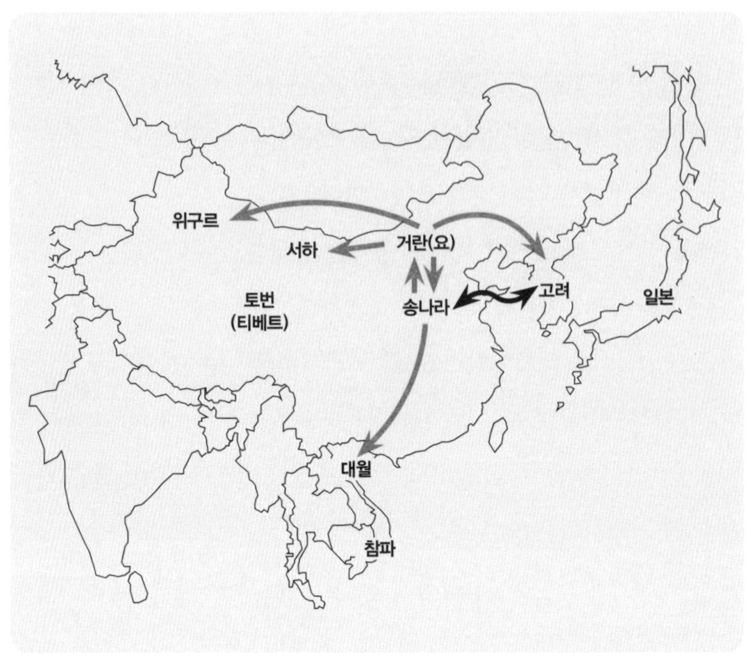

▶ 11세기 동아시아

타타르인들은 샤머니즘을 믿는다는 뜻이 아니라 중국인들 대부분은 공자를 숭배하고 몽골 사람 대부분은 불교신자라는 뜻이다. 당시 유럽인들은 불교신자를 '우상숭배자'라고 하였는데 당시 원나라의 국교가 티베트계 불교인 라마교였다.

칭기즈칸의 손자 바투칸이 러시아 정복에 나설 때 주로 타타르인 병사들을 데리고 갔기 때문에 러시아인들은 몽골군을 타타르인으로 알았던 것이다. 그러나 타타르(韃靼)족은 몽골족과는 누대에 걸친 원수지간으로 칭기즈칸이 정복한 종족이었다. 러시아 역사에서 몽골족의 지배를 받은 시기를 '타타르의 멍에'(1240년~1480년, 240년간)라고 한다.

야율아보기가 거란족을 통일해 나라를 세운 후 발해 정복을 준비하면서 남쪽의 고려에 사신을 보내 수교를 요청하였으나(922년) 고려 태조 왕건이 응하지 않았으며 그 후 거란이 선물로 보낸 낙타 50마리를 굶겨 죽이고 사신 30인을 귀양 보냈다(942년 만부교 사건).

반면에 고려는 송나라와는 사신 교환, 교역, 유학생 파견 등 정치 · 경제 · 문화 등 다방면의 교류를 확대하면서 친선 관계를 맺었다. 송나라는 중국에서 5대10국시대를 종식시키고 다시 대륙을 통일(979년)한 한족의 나라이다. 고려는 국경을 접하고 있는 군사대국인 거란을 무시하고 바다 건너 있는 문화선진국인 송나라를 택한 것이다. 결국 거란은 고려를 정복하기 위하여 993년부터 1019년까지 25년 동안 세 차례 고려에 침입하였으나 모두 고전하다가 마지막 전쟁에서 대패하여 물러났다.

제1차 침입(993년)과 서희의 담판

거란의 대군이 고려에 침입하였으나 고려군의 저항에 진격을 못하고 전선이 교착 상태에 빠지자 협상이 시작되었다. 고려 왕의 특사 서희는 거란 장수 소손녕과 담판하여 압록강 동쪽 280리의 땅을 얻는 대신 송나라의 연호를 폐지하고 거란의 연호를 사용하는 것에 합의함으로써 거란군은 철수하였다.

제2차 침입(1010년)

중국을 통일한 송나라 태종은 곧이어 북방의 거란을 공격하였으나 참패(979년)한 후 두 나라 간에 여러 차례 충돌이 일어났다. 그러다가 거란의 어린 황제 성종을 대신하여 섭정하던 모후 승천태후가 51세의 여성으로서 갑옷을 입고 말에 올라 친히 20만 대군을 이끌고 송나라 수도를 향하여 진격하였다. 이에 전세가 불리해진 송나라는 거란과 굴욕적인 강화조약('전연의 맹', 1004년)을 맺음으로써 거란은 동북아시아 최강의 제국이 되었고 다시 고려 침공을 추진한다.

그런데 고려에서 목종의 모후인 천추태후가 세도가이던 김치양과 정을 통하여 그들 사이에 태어난 아들을 목종의 후계자로 세우려고 하자, 무신 강조가 쿠데타를 일으켜 태조 왕건의 손자인 왕순을 즉위시키고(현종) 김치양 일당 7명을 처형한 후 곧바로 천추태후를 귀양 보내고 목종을 시해하였다.

거란의 성종은 국왕을 시해한 강조를 처벌한다는 구실로 친히 40만 대군을 이끌고 고려를 침공하였다. 거란군은 강조가 지휘하는 30만 군대를 격파하여 강조를 죽인 후 수도 개경을 함락하였다. 고려 왕 현종은 전라도 나주까지 피난 갔으나 전국 각지에서 고려군의 필사적인 저항으로 거란군의 피해도 커지고 겨울철에 피로가 누적되어 쌍방 간에 화의 협상이 진행되었다. 결국 고려 왕이 거란에 입조하여 군신 관계를 맺기로 합의하면서 거란군은 철수하였다.

제3차 침입(1018년)과 강감찬의 귀주대첩

고려 왕이 거란에 입조하겠다는 약속을 지키지 않고 거란의 침입에 대비하는 태세를 취하자 1017년 거란은 정병 5만 5천으로 침입하였으나 고려군에 패하였다. 그리고 이듬해 소배압이 10만 병력을 이끌고 고려에 침입하였으나 강감찬이 지휘하는 20만 군대에 패하여 거의 전멸에 가까운 피해를 입었다(귀주대첩, 1019년).

이후에 거란은 고려 정복을 포기하고 두 나라 사이에 국교가 회복되어 거란(요나라)이 여진족(금나라)에 멸망당할 때(1125년)까지 약 1백 년에 걸쳐 고려, 요나라, 송나라 등 동북아시아 세 나라 사이에 긴장 속의 평화공존시대가 유지되었고 특히 고려와 송나라의 우호친선 관계는 더욱 발전하여 교역이 크게 증가하였으며 고려는 송나라의 서적과 인쇄술 등 선진 문물을 많이 수입하였다.

4 .... 송나라를 물리친 베트남

베트남에서 중국의 천 년 지배에서 벗어나 독립을 쟁취한 응오(吳)씨 왕조(939년~967년)가 불과 28년 만에 멸망하고 '12사군(使君)의 난'을 평정한 딘보린(丁部領)이 황제를 칭하며 중국에서 새로 일어난 송나라에 사신을 보내 송 태조로부터 교지군왕으로 책봉되었다. 그런데 딘보린 황제가 장남을 제치고 막내아들을 후계자로 세우자 쿠데타가 일어나 황제와 장남 딘리엔이 살해당한 사건이 발생하였는데(978년) 송나라는 그것을 구실로 베트남을 침공하였다(981년).

송나라 태조의 뒤를 이어 즉위한 태종은 친히 북쪽의 거란 정벌에 나섰다가 참패하여 구사일생으로 탈출한 바 있는데 이번에는 남쪽의 베트남에 원정군을 보낸 것이다. 그러나 송나라가 침입하기 전에 딘(丁)씨 왕조의 어린 황제(6세)를 폐하고 스스로 황제가 된(980년) 레호안(黎桓)이 송나라 군대를 격퇴하였다. 레호안은 송나라를 물리친 후 송나라에 사신을 보내 송나라 태종으로부터 '교지군왕'에 책봉됨으로써 두 나라 간에 형식적인 군신 관계가 이루어져 국교가 수립되었다. 레(黎)씨 왕조 다음의 리(李)씨 왕조 때에 송나라는 재상 왕안석의 주도로 다시 베트남 침공을 준비하였는데 베트남이 선제공격을 감행하여(1075년) 승리한 후 송나라와 평화조약을 맺어 유리한 조건으로 국경을 확정하였다.

고려 중기인 12세기 초 중국 북방에서 여진족 아구다(阿骨打)가 세운 금나라가 요나라 정복에 앞서 고려에 형제 관계를 맺자고 요구해 왔으나 고려가 응하지 않았다. 이후 금나라가 요나라를 멸망시키고(1125년) 곧이어 송나라(북송)까지 멸망시킨 후(1127년) 고려에 복속(군신 관계)을 요구하자 고려는 상대가 되지 않는 전쟁을 피하기 위하여 하는 수 없이 금나라의 요구에 응하였고, 그 대가로 거란에 빼앗겼던 의주를 되찾는 실리를 챙겼다(1131년).

금나라 군대가 송나라(북송) 수도 개봉을 함락시킬 때 황제 흠종과 상황 휘종은 사로잡혀 금나라로 끌려가고 흠종의 동생이 탈출하여 강남 지역의 임안(현재의 항저우)에 도읍을 정하고 송나라를 부활시켰다(남송, 1127~1279). 그러나 남송도 결국 금나라의 압박에 굴복하여 군신 관계를 맺고(1142년) 금나라의 속국으로 전락하여 매년 은 25만 냥과 비단 25만 필을 바치기로 하였다.

송나라가 금나라에 비하여 훨씬 많은 인구를 가지고 풍부한 경제력과 함께 높은 수준의 문화를 이룩했지만 군사력의 열세로 야만족에게 두 차례나 씻을 수 없는 굴욕을 당한 것이다.

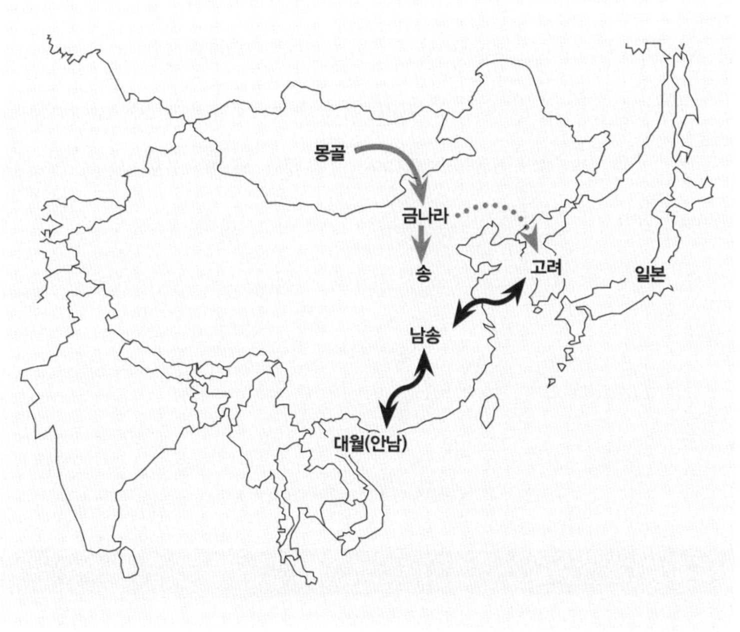

▶ 12세기 동아시아

그러나 남송은 베트남 왕을 안남국왕으로 책봉(1174년)하여 그 후 두 나라 간에 우호 관계가 지속되었다.

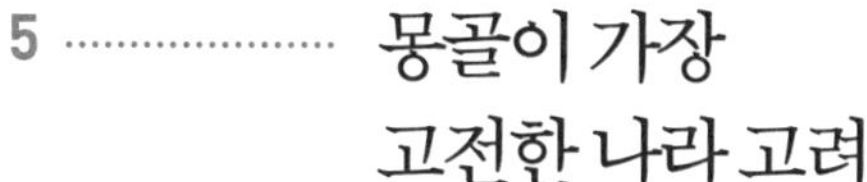

5 몽골이 가장 고전한 나라 고려

몽골족의 세계 정복

세계 역사상 전무후무한 대제국을 건설한 몽골족은

중국, 러시아, 서아시아, 폴란드, 헝가리를 지배하였고 나중에는 그 후손들이 인도까지 지배하였다. 몽골족을 통일하고 세계 정복에 나선 테무진(1162년~1227년)은 어린 시절에 아버지가 타타르족에게 독살당하고 그 자신도 위험에 처하였으나 나중에 20여 년 동안 전쟁을 승리로 이끌면서 몽골 민족 전체를 통일하여 초대 황제('칭기즈칸')가 되었고(1206년) 이웃 나라들을 차례로 정복해 가면서 대제국을 건설하였다.

그때부터 몽골족의 세계 정복 과정은 다음과 같다.

:: 몽골족의 세계 정복 과정 ::

시기	사건
1209년	몽골의 남쪽 서하(실크로드 지역) 정복.
1215년	동쪽의 금나라 수도 연경(지금의 베이징) 함락. 금나라는 남쪽 카이펑으로 천도.
1221년	서쪽으로 진격하여 중앙아시아의 호라즘 정복.
1227년	칭기즈칸이 귀환 길에 65세로 병사. 넷째 아들인 툴루이칸이 임시 대칸이 됨.
1229년	오고타이칸이 몽골제국의 제2대 대칸(황제)에 즉위.
1231년 ~1259년	고려 침입(7차).
1234년	금나라 수도 카이펑 함락, 멸망.
1238년	모스크바 함락.
1240년	키예프, 신성로마제국, 폴란드, 헝가리 정복.
1240년 ~1480년	러시아 전역 240년 지배. (러시아 역사상 '타타르의 멍에')
1241년	신성로마제국과 폴란드 연합군 격파.
1241년	제2대 대칸 오고타이칸 사망으로 동유럽에서 철수. 이후 몽골의 유럽 정복 포기.
1253년	토번(티베트) 정복.
1257년	베트남 원정(1차) 패퇴.

1258년	훌라구칸(칭기즈칸의 손자) 바그다드 함락. 이슬람제국 압바스 왕조 멸망.
1271년	쿠빌라이칸(칭기즈칸의 손자)이 원나라 건국. 4한국 분리. 오고타이한국(몽골 지역) 킵차크한국(러시아 지역) 차가타이한국(중앙아시아 지역) 일한국(중동 지역)
1274년, 1281년	일본 원정 실패.
1279년	남송 멸망시켜 중국 정복 완료. 1368년까지 90년 동안 중국 전 지역 지배.
1285년, 1288년	베트남 원정(2차, 3차) 실패.

칭기즈칸과 휘하 장수 대부분이 문맹이었으나 천재적인 기억력과 전광석화 같은 군사전략으로 대제국의 발판을 마련하였고 그 자손들이 세계 정복을 계속하여 중국, 러시아, 중앙아시아, 서아시아, 나중에는 인도까지 지배(무굴제국)하였다. 칭기즈칸은 문자의 효용성을 깨닫고 위구르 학자에게 명하여 몽골문자를 만들도록 하여 신하들에게 배우라고 지시하였다.

몽골 기병들은 한 명당 말 3~5마리를 끌고 다니며 고속주행 중에 말 위에서 갈아타기 때문에 장시간 주행이 가능하였다. 남녀가 모두 걸음마 뗄 때부터 말을 타고 모든 남자는 사냥과 전투훈련을 받고 자라나기 때문에 상대방이 수적으로 훨씬 우세해도 순식간에 격파한다. 또한 최초로 죽인 적병의 팔을 잘라 그 가죽으로 만든 화살통을 안장에 매달고 다니는 전통이 말해 주듯이 잔인성은 상상을 초월하여 상대를 공포에 질리게 한다.

식량은 하루치를 각자 지참하는데 말고기 육포나 말젖 요구르트를 주행 중에 말 위에서 먹기 때문에 식사 시간을 절약하고 용변이 적어 휴식 시간도 많이 필요 없는 데다 병참 지원이 최소화되어 부대의 기동성이 타의 추종을 불허하였다. 적군의 전령이 이웃 마을에 도착하기 전에 몽골의 선발대가 먼저 도착하여 기습하기 일쑤였다.

고려의 필사적인 항전

몽골군의 세계 정복 과정에서 가장 고전한 나라가 고려로서 28년 동안에 무려 7차례나 침공하였다. 한국은 산이 많아 대초원에서 잔뼈가 굵은 몽골군의 기병대가 기동력을 발휘할 수 없었다. 그들에게는 산속의 복병이 큰 위협이었으며, 평야는 대부분 논인데 봄·여름에는 물이 차 있어서 진흙탕이 되므로 말을 타고 지나가기 어렵다.

고려 정부가 강화도로 들어간 후 세계 최강의 몽골군이 좁은 바다를 건너지 못하여 눈앞에 보이는 강화도에 30년 동안 침입하지 못하였다. 강화도는 물산이 풍부하여 육지와 단절되어 고립되어도 장기간 충분히 버틸 수 있었으며, 항해에 능한 고려는 강화도에 있으면서도 몽골군의 눈에 띄지 않게 야간에 뱃길로 전국의 고려군과 연락하고 있었다.

1차 침입(1231년) 몽골제국의 2대 대칸(황제)에 즉위한(1227년) 오고타이칸은 살리타이에게 고려 정벌을 명하였다. 살리타이가 이끄는 몽골군이 압록강을 넘어 의주성을 공격하였는데 고려군 장수 홍복원이 투항하여 몽골군에 협조하였고 그 후 몽골군을 따라 여러 차례 고려에 침입하였다. 그의 집안은 아버지 홍대순부터 아들 홍다구까지 3대에 걸쳐 몽골에서 대우받으며 고려를 괴롭힌 민족 반역을 자행하였다. 몽골군은 의주성을 함락한 다음에 귀주성을 공격하였는데 대형

공성무기를 동원하여 한 달간 맹공을 하였으나 박서와 김경손이 지휘하는 고려군의 결사 항전으로 포기하고 서경(평양)을 함락한 후 남진을 계속하여 개경(개성)을 포위하여 항복을 요구하자 고려가 응하여 공물을 바치고 화의가 성립되었다. 살리타이는 평안도와 황해도 지역에 72명의 다루가치(지방행정관)를 설치하고 철수하였다.

2차 침입(1232년) 고려 무신정권의 실권자인 최우는 몽골에 대한 항전을 결정하고 왕과 정부를 강화도로 옮겼다. 그러자 살리타이가 다시 침입하여 개경을 점령한 후 남경(서울)을 지나 한강을 넘어 처인성(지금의 용인시 처인구)을 공격하다가 승병 김윤후가 지휘하는 고려군의 화살에 맞아 전사하자 몽골군이 철수하였다. 강화도 정부에서는 김윤후에게 상장군 벼슬을 내렸으나 김윤후는 병사들에게 공을 돌리고 사양하였다.

3차 침입(1235년) 중국 북부를 차지한 금나라를 멸망시킨(1234년) 몽골은 남쪽의 송나라(남송)를 치기 전에 우선 고려를 정복하기 위하여 제3차 침입을 하였는데 5년 동안 전국을 초토화하였고 경주까지 내려가 황룡사 목탑을 불태웠다. 고려는 부처님의 힘으로 몽골을 물리치고자 강화도에서 대장경 제작에 착수하였는데 결국 몽골에 항복 의사를 표명하자 몽골군은 고려 왕의 입조를 조건으로 하여 철수하였다(1239년). 고려는 왕 대신에 태자를 몽골에 인질로 보내기로 합의하였으나 왕족 한 명을 태자로 가장하여 보냈다가 들통나는 바람에 몽골은 4차 침입을 하게 된다.

4차 침입(1247년) 몽골제국의 3대 대칸(황제)에 즉위한(1246년) 귀위크칸이 고려 원정군을 파병하였는데 이듬해에 귀위크칸이 사망하자 몽골군은 철수하였다.

5차 침입(1253년) 몽골군이 남진하여 충주성을 포위하였으나 2차 침입 때 적장 살리타이를 사살한 김윤후가 지휘하는 고려군이 70여 일간 결사 항전으로 충주성을 사수하여 몽골군은 포위를 풀고 철수하였다.

6차 침입(1254년) 몽골군이 전국을 휩쓸고 다니면서 막대한 피해를 입히고 20만 명이 넘는 포로를 잡아 1256년 철수했다. 몽골군은 이번에도 김윤후가 지키는 충주성을 함락하지 못하였다.

7차 침입(1257년)과 항복(1259년) 몽골군이 일곱 번째 침입한 이듬해 고려에서 정변이 일어나 최씨 정권의 4대 수장 최의(최우의 손자)가 피살되고 정권을 잡은 유경이 몽골에 화의를 요청하였으나 무신들이 항복을 거부하는 등 혼선이 있었다. 결국 고려의 태자가 몽골에 가서 대칸(황제)인 몽케칸을 알현하고 항복함으로써 1231년 몽골의 최초 침입부터 시작된 28년에 걸친 항전은 끝이 났다. 그로부터 석 달 후 고려 왕 고종이 죽고 이듬해 태자가 귀국하여 왕위에 올라 원종이 되었는데 새로 책봉한 태자를 몽골에 인질로 보냈다. 그 후 정권을 잡은 임연이 친몽파 원종을 폐하고(1269년) 원종의 동생인 안경공 창을 왕으로 즉위시켰으나 몽골의 압력으로 다시 원종이 복위되었다.

끝까지 항복을 거부한 삼별초의 저항

원종은 강화도에서 개경으로 복귀하고(1270년) 강화도의 고려군에 출륙명령을 내렸으나 배중손이 이끄는 정예부대인 삼별초가 왕족인 왕온을 왕으로 옹립하고 몽골에 굴복한 개경 정부에 반기를 들었다. 그들은 1천여 척의 선박으로 진도로 이동하여 성을 쌓고 항전 태세를 취하였으나 몽골-고려 연합군에 패하였고 일부는 다시 제주도로 옮겨 김통정의 지휘 아래 항쟁을 계속하였으나 제주도에서 전멸하여(1273년) 대몽항쟁은 모두 끝나고 그 후 고려는 몽골의 내정간섭을 받게 된다.

멸망을 면한 고려

고려왕조는 건국 이후 474년 동안 여러 차례 이민족의 침입에 시달려 건국 당시의 꿈인 고구려 옛 땅 수복은 이루지 못했지만 중국 대륙의 북방을 통일한 막강한 거란족의 세 차례 침입을 막아 내었으며 세계 역사상 최대의 제국을 이룩한 몽골의 침입을 6차례나 막아 내는 기적의 투혼을 발휘하였다. 결국 일곱 번째 침입에서 내부정변으로 항복은 하였지만 나라가 망하는 것은 면하고 원종의 아들인 충렬왕부터 원나라 공주를 왕비로 맞이함으로써 원나라의 부마국(사위 나라)이 되어 내정간섭을 받았지만 독립은 유지하였다.

6 몽골을 물리친 베트남과 일본

몽골의 베트남 정복 실패

몽골제국 제4대 대칸인 몽케칸은 고려와의 전쟁이 막바지에 이를 무렵 베트남 원정군을 보냈으나 베트남의 쩐(陳)씨 왕조(1225년~1400년)는 몽골의 세 차례 침입을 모두 물리쳤다.

1차 침입(1257년) 몽골이 송나라(남송)를 치기 위하여 먼저 남쪽의 베트남을 침공하였다. 몽골군 3만 명이 바닷길로 베트남에 상륙하여 수도 하노이를 함락하였으나 왕족인 쩐흥다오(陳興道, 1228년~1300년)가 지휘하는 베트남군이 반격에 나서 하노이를 수복하였다. 그 후 쌍방은 전투를 중단하고 평화조약을 맺어 베트남이 3년마다 몽골에 조공을 바치기로 하였다.

2차 침입(1284년) 쿠빌라이칸이 세운(1271년) 원나라가 남송을 멸망시킨(1279년) 후 일본 정복에 실패하자(1281년) 베트남 정복에 나섰다. 베트남 왕 인종은 몽골군에 수도 하노이를 빼앗긴 후 항복 여부를 결정할 회의를 소집하였는데, 이 자리에서 쩐흥다오(陳興道)는 "항복하시려면 그 전에 제 목부터 베어 주소서."라고 결의를 표하여 인종은 항복 대신 결사 항전을 결정하였다. 이때 쩐흥다오(陳興道)는 격장사(檄將士 '선비들에게 고하는 글')라는 유명한 격문을 전국에 붙여 국민들의 사기를 북돋아 전세를 반전시킴으로써 몽골군을 격퇴하였다.

3차 침입(1288년) 쩐흥다오(陳興道)는 60세의 노구를 이끌고 베트남군을 지휘하여 바익당강(白藤江) 전투에서 만조를 이용해 몽골군을 끌어들였다가 간조 때 적군을 궤멸시켜 대승을 이루었다. 몽골의 침입을 물리친 이후 쩐(陳)씨 왕조는 원나라와의 조공 관계를 회복하고 독립을 지켰다.

3차에 걸친 몽골의 베트남 침공이 실패한 원인으로는 정글이 많아 몽골군에 불리하였고 몽골군의 대다수가 송나라(남송) 패잔병 출신들이어서 이들은 필승의 투지보다는 도망가기에 급급했던 것이 꼽히기도 한다. 베트남군은 주로 유격전술로 몽골군을 괴롭혔다. 쩐흥다오(陳興道)는 평생을 몽골군 격퇴에 바친 베트남 역사상 위대한 영웅으로 꼽힌다.

몽골의 일본 정복 실패

몽골제국 제4대 대칸인 몽케칸이 고려의 항복을 받은 후 친히 대군을 이끌고 송나라(남송) 원정에 나섰다가 진중에서 병사(1259년)하고 뒤를 이어 5대 대칸에 오른 쿠빌라이칸은 남송 원정에 앞서 여러 차례 일본에 사신을 보내 복속을 요구하였다. 그러나 일본의 중앙정부인 가마쿠라 막부의 실권자였던 호조 도키무네는 항복을 거부하고 몽골의 침입에 대비하였다. 일본 역시 고려와 베트남과 마찬가지로 결사 항전을 택한 것이다.

당시 일본을 통치하는 정부는 가마쿠라(지금의 도쿄 근처)에 있던 무가정권인 막부였으며 교토(京都, '수도'라는 뜻)에 있던 일본의 임금('天皇')은 막부의 감시를 받는 무력한 존재였고 막부의 수장인 '쇼군(將軍)'이 일본의 최고통치자였다. 그런데 쇼군이 세습제이다 보니 당시 쇼군은 직위에 어울리지 않게 세 살에 취임하여 이제 11세가 된 어린 아이였고 모든 권력은 '싯켄(執權)'직을 세습해 온 호조씨 가문이 독차지하면서 일본을 통치하고 있었다.

당시 싯켄인 호조 도키무네는 17세에 취임하여 이때 나이가 23세였는데 전국의 지방영주('슈고守護')들에게 동원령을 내려 무사와 인부들을 몽골군의 상륙 예상 지역인 하카타만 해안에 집결시키도록 하였다. 전국 각지에서 인부들이 출발할 때 일정한 규격의 돌을 가져오

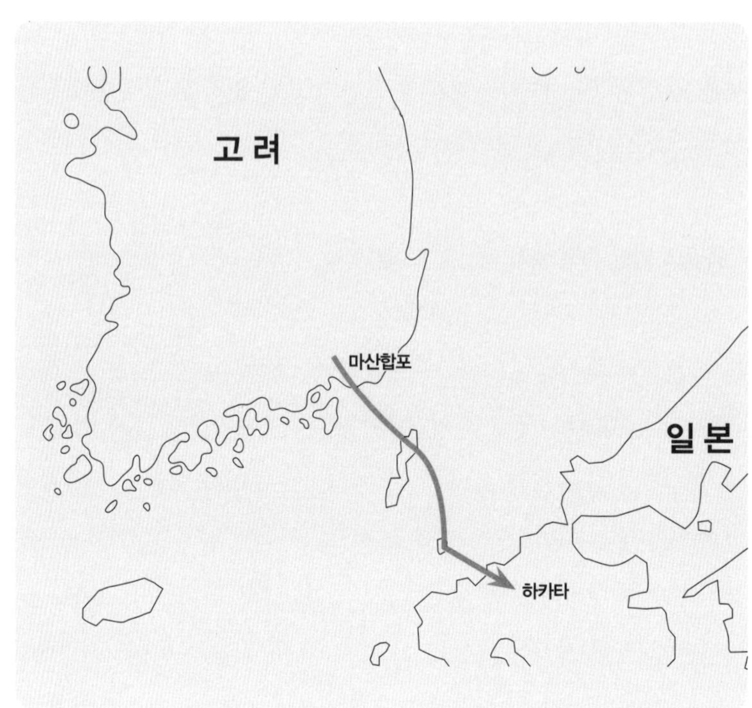

▶ 1274년 몽골·고려 연합군의 일본 침공로

도록 하여 해안에 몽골의 기병부대가 말을 탄 채 넘을 수 없는 높이의 방벽을 쌓는 등 철저한 방비 태세를 갖추었다.

1차 침공(1274년) 몽골 황제 쿠빌라이칸(세조)은 중국을 통치하기 위하여 원나라를 세운(1271년) 후 일본 정벌을 위하여 고려에 900척의 병선 건조를 요구하였다. 고려가 삼별초의 난을 제주도에서 평정한 후 마산에서 선박 건조 작업을 완료하자 1274년 10월 몽골군 25,000명, 고려군 8,000명, 사공 6,700명 등 도합 39,700명의 연합군이 마산을 출항, 대마도를 거쳐 하카타만에 도착하였다. 낮에는 상륙하여 일본군과 교전하고 밤에는 정박 중인 선박으로 돌아와 숙박하다가 한밤중에 폭풍우가 몰려와 많은 선박이 침몰하고 절반에 가까운 병사를 잃어 연합군은 마산으로 철수하였다.

2차 침공(1281년) 여몽 연합군을 물리친 호조 도키무네는 이듬해 복속을 요구하러 온 원나라 사신들을 모두 처형하였다(1275년). 원나라는 송나라(남송)를 멸망시키고(1279년) 다시 사신을 보냈으나 일행은 규슈에 도착하자마자 현지에서 모두 처형당하였다. 원나라는 새로 정복한 남송에서 병선 3,500척을 건조하고, 고려에 또 900척을 요구하였으며 병력 2만 5천 명과 군량까지 강요하였다. 원나라와 고려 연합군 4만 명이 마산을 출항하고 중국 강남 지역에서 10만 대군이 출발하여 규슈에 상륙한 후 합류하여 진격하였으나 60여 일간 일본의 완강한 저항에 막혀 진전이 없다가 또다시 태풍이 불어닥쳐 큰 피해를 입고 반격을 받아 패퇴했다. 억지로 끌려온 고려와 송나라 출신 병사들이 도망가기에 급급하여 몽골군만으로 일본의 결사 항전을 돌파하기 어려운 데다 태풍 때문에 이번에도 몽골의 일본 정복은 실패하였다.

일본에서는 두 차례의 몽골군 격퇴에 결정적인 도움을 준 태풍을 '신의 바람(神風, 가미가제)'이라고 부른다. 한편 몽골군을 물리친 호조 도키무네에 대한 일본 역사상의 평가는 크게 엇갈리는데 나라를 구한 영웅이라는 평가가 지배적이지만, 당시 세계 최강의 제국이었던 몽골의 사절을 살해하여 전쟁을 자초하고 그 후 일본의 고립을 초래하였다는 비판도 있다. 19세기 후반 조선에 침입한 강대국 프랑스와 미국을 잇달아 물리친 대원군이 한국 역사에서 영웅이란 평가보다 쇄국을 고수하여 근대화에 뒤지게 했다는 비판을 받는 것과 비슷하다.

두 차례의 일본 원정에 실패한 쿠빌라이칸(원나라 세조)은 다시 3차 정벌을 준비하였으나 베트남 정벌 실패와 국내에서 일어난 반란 때문에 연기되었고 그의 사후에 원나라는 일본 정벌을 포기하였다.

그런데 몽골의 침입을 막아 낸 일본의 가마쿠라 막부도 그 후유증으로 멸망(1333년)하고 일본은 다시 60년에 걸친 남북조 내전시대로 접어든다.

고려는 원나라의 일본원정을 지원하면서 극심한 경제적 피해를 입어 백성들의 형편은 극도로 피폐해졌다.

7 명나라에 대한 한국과 베트남의 다른 선택

홍건적과 왜구의 고려 침입

쿠빌라이칸이 세운 원나라가 중국 전 지역을 정복(1279년)한 지 70년이 지나 몽골족의 지배에 항거하는 한족(漢族)들의 반란이 각지에서 일어났는데, 그중 가장 큰 것이 농민반란군인 홍건적이었다. 홍건적은 '송(宋)'이라고 국호까지 정한(1355년) 후 화북 지방 전체로 세력을 확장하고 요동 지방을 점령하여 원나라 수도 대도(오늘날의 베이징)를 위협하다가 원나라의 토벌군에 쫓기게 되자 겨울에 결빙된 압록강을 건너 고려에 침입하였다(1359년). 4만 명의 홍건적은 의주, 정주, 철주, 서경(현재 평양)을 연이어 함락하고 수도 개경(현재 개성)을 향하여 진격하였는데 고려가 반격에 나서 이들을 모두 압록강 이북으로 몰아냈다.

그러나 2년 후 다시 10만 대군이 침입하여 개경이 함락되고 공민왕은 경상도 안동으로 피난하였다. 고려는 전국에서 20만 명의 군사를 소집하고 상원수 안우의 지휘로 개경을 탈환하고 적을 압록강 이북으로 쫓아냈다.

그런데 이 홍건적 토벌에 공을 세운 안우를 비롯한 여러 장수들이 간신 김용에게 살해당한 사건이 일어났다. 공민왕의 두터운 신임을 받던 김용은 권세를 이용하여 온갖 악행을 일삼고 수많은 사람을 죽였는데 결국 공민왕마저 암살하려다가 실패한 후 모든 범죄가 드러나 처형당하였다(1363년, 공민왕 12년).

홍건적을 물리친 고려는 그후 왜구의 침입으로 더 큰 고난을 당하였다. 당시 왜구는 일본 남북조 내전시대에 대마도와 규슈 일대를 근거지로 하여 크게 세력을 확대한 해적집단인데 고려와 중국(당시 원나라) 해안 지방에 침입하여 노략질을 일삼았다.

경상도, 전라도, 충청도의 해안 지역은 물론이고 경기도의 덕적도, 영종도, 강화도까지 점령하고 수도인 개경을 위협할 정도였고 해안 지방 대부분의 민가가 황폐화되었다. 지방에서 세금으로 거둔 곡식을 개경으로 나르는 조운선과 조창이 수시로 약탈당하여 관리들의 녹봉도 제대로 지급하지 못하고 군량미 확보에도 차질을 빚을 정도가 되었다.

우왕 재위 기간 14년 동안에 278회나 침입하였는데 우왕은 왜구 격퇴에 혼신의 힘을 다하였다. 연안 지역 산성 축조 및 병선 건조에 박차를 가하고 일본의 중앙정부인 무로마치 막부에 사신을 보내 왜구 토벌을 요청하였으며 최무선의 건의를 받아들여 화통도감을 설치하여 화포를 대량 생산하였다.

1376년(우왕 2년)에는 충청도 홍산(지금의 부여지역)에 침입한 왜구를 최영이 격퇴하였고(홍산대첩), 1380년(우왕 6년) 금강 하구의 진포(군산 서천 일대)에 침입한 왜선 500여 척을 나세, 심덕부, 최무선 등이 지휘하는 해군이 화포공격으로 대부분 격침시켰는데(진포대첩) 퇴로를 차단당한 왜구들이 내륙으로 침투하였다.

왜구 토벌에 나선 고려군이 사근내역(경남 함양 지역)에서 패배하여 지휘관 박수경을 비롯한 고려 병사 5백여 명이 전사한 후 이성계가 이끄는 토벌군이 황산(남원시 아영면)에서 왜구의 대부대와 격전을 벌였다. 이성계가 쏜 화살에 왜구 두목 아지발도의 투구가 벗겨지고 뒤이어 이지란이 쏜 화살이 그의 얼굴에 명중하여 즉사하자 왜구는 궤멸되었다(1380년 황산대첩).

이 전투에서 이성계도 다리에 화살을 맞았으나 수만 명의 왜구들이 거의 전멸되었고 포획한 말이 1,600여 필이나 되었으며 수많은 무기를 획득하였다. 이후 왜구의 대규모 침입은 없어졌으나 소규모 침입은 오랫동안 지속되었다.

우왕의 요동정벌 명령에 반기를 든 이성계의 쿠데타

고려가 북쪽에서 침입한 홍건적과 남쪽에서 침입한 왜구 때문에 큰 고난을 당하고 있을 때 설상가상으로 중국에서 새로 일어난 명나라의 압박을 받게 되고 명나라에 밀려 북쪽으로 이동한 원나라(북원)의 압박도 계속됨으로써 그야말로 사방의 적을 맞아 국력이 쇠퇴하고 있었다.

홍건적 장수였던 주원장이 강남(양쯔강 남쪽) 지역을 평정하고 난징

(南京)에서 명나라를 세운(1368년) 후 북벌에 나서 원나라 수도 대도(지금의 베이징)를 함락하여 원나라를 북쪽으로 몰아냈다. 명나라는 여세를 몰아 요동 지역으로 영토를 확장하면서 고려를 압박하였는데 해마다 금 100근, 은 1만 냥, 말 100필, 고급 옷감 1만 필을 보내지 않으면 침공하겠다고 위협하였다(1379년, 우왕 5년).

당시 고려는 왜구의 침입으로 한창 고통을 겪고 있던 때라 하는 수 없이 요구에 응하였으나 명나라는 이에 만족하지 않고 계속 영토 야욕까지 드러내 고려 영토인 철령(금강산 서쪽 강원도 안변과 회양 사이) 이북의 땅을 직할령으로 하여 행정관청('철령위')을 설치하겠다고 통보해 오자(1388년, 우왕 14년) 우왕은 최영과 함께 명나라에 대한 선제공격('요동정벌')을 추진하였다. 그리고 최영을 총사령관('팔도도통사'), 조민수를 좌군도통사, 이성계를 우군도통사로 임명하여 5만여 명의 군사로 정벌군을 편성했다.

우왕은 최영과 함께 서경(평양)에 머물고 조민수와 이성계가 군대를 이끌고 서경을 떠나 19일 만에 압록강 하류의 위화도에 도착하였다. 그곳에서 압록강의 물이 불어나 강을 건너기 어렵다며 진군을 중단하고 14일을 머물렀다. 그리고 이성계는 조민수와 의논 끝에 '4불가론'을 주장하며 우왕에게 요동정벌을 중단하고 철수명령을 내려 달라고 상소하였다. '4불가론'은 "첫째, 작은 나라가 큰 나라를 거스르는 것은 옳지 않다. 둘째, 농사철에 군사를 동원하는 것은 옳지 않다. 셋째, 온 나라 병사를 동원해 요동으로 출전하면 왜구가 그 틈을 타서 침범할 우려가 있다. 넷째, 장마철이라 활의 아교가 풀어지고 병사들도 전염병에 걸릴 염려가 있다."는 내용이었다.

그러나 서경에 있던 우왕과 최영은 이를 허락하지 않고 도리어 속히 진군하라는 명령을 내렸다. 그러자 이성계와 조민수는 왕명을 거역하고 반란을 일으켜 회군을 결행(1388년, '위화도 회군')하였다. 우왕과 최영은 서경을 떠나 수도인 개경으로 돌아가 반란 진압을 준비하였으나 반란군은 위화도를 떠난 지 9일 만에 개경에 도달하여 이틀 만에 우왕과 최영을 사로잡았다. 평양을 출발하여 위화도까지 갈 때 200㎞ 거리를 19일 걸린 것에 비하면, 올 때는 위화도에서 개경까지 350㎞ 거리를 9일 만에 왔으니 쉬지 않고 강행군하여 네 배나 빠른 속도로 온 것이다.

이성계와 조민수는 우왕을 폐위시키고 아홉 살 난 우왕의 아들(창왕)을 즉위시켜 정권을 장악한 후 최영을 처형하고 우왕을 유배 보낸 후 살해하였다. 그 후 이성계 일파는 쿠데타 동지인 조민수마저 유배 보낸 후 창왕도 폐위시키고 먼 왕족인 공양왕(재위 1389년~1392년)을 왕으로 세웠다가 또 폐위시킨 후 스스로 왕위에 올라 조선왕조를 열었다(1392년). 그 후 창왕과 공양왕도 유배지에서 살해당하였다.

만약에 이성계가 요동반도로 진격했다면 명나라와 전면전을 치러야 하는데 당시 군사력으로나 경제력으로 고려가 명나라에 승리할 가능성은 크지 않았기 때문에 이성계가 패할 경우 우왕이 명나라에 항복하였거나, 아니면 18년 후의 베트남처럼 명나라의 침입으로 멸망하였을 가능성도 배제할 수 없다. 이성계의 고조인 이안사가 전주에서 만주로 이주한 후 아버지까지 3대째 원나라의 벼슬을 지냈기 때문에 이성계는 원나라를 제압한 명나라의 군사력을 잘 알고 있었을 것이다. 이성계와 주원장이 청년 시절 만주 주막에서 우연히 만나 서로 주고받았다는 시가 전한다.

> 庭前松柏衝天心 (뜰 앞의 소나무는 하늘을 찌를 생각이 있고)
>
> 巖下細流歸海意 (바위 밑의 가는 물줄기는 바다로 갈 뜻이 있다)
>
> – 이성계

> 未離海底天山暗 (아직 바다 밑을 떠나기 전에는 천산이 어둡더니)
>
> 纔到天中萬國明 (잠깐 사이에 중천에 도달하니 만국이 밝아졌다)
>
> – 주원장

주원장은 1328년생이고 이성계는 1335년생이니 비슷한 연배인 셈인데 두 사람이 큰 뜻을 품고 있는 것이 각자가 읊은 시에 드러나 있다. 이성계는 작은 소나무나 실개천처럼 오랜 세월 꾸준히 성장하여 최후의 목표를 이루겠다는 원대한 포부를 보여 주고 있는 반면에 주원장은 자신을 생략된 주어인 태양에 비유하면서 머지않아 황제가 되겠다는 야망을 드러낸 것이다. 주원장이 나중에 중국을 통일하자 국호를 이 시에 나오는 대로 '대명(大明)'으로 정하고 주위의 모든 나라(萬國)에 복속을 요구하였다. 주원장은 30세에 중국을 통일하여 황제가 되었는데 이성계는 젊은 시절 20년 동안 홍건적과 왜구 토벌로 전쟁터에서 보내다가 57세에 왕이 되었다.

이성계는 조선왕조 창건과 함께 스스로 명나라를 황제국으로 섬기면서 주원장의 신하를 자처하였다. 조선이 중국(명나라와 청나라)의 속국이었는가에 대한 논란이 있는데 공식적으로는 제후국이었지만 사실상 독립국이었던 것은 분명하다. 오늘날 캐나다, 오스트레일리아, 뉴질랜드의 명목상 국가원수가 영국의 국왕이고 각 나라에 있는 영국의 총독이 군대의 최고사령관을 겸임하고 있는데, 이 나라들이 영국의 속국이 아닌 완전한 독립국임을 자타가 공인하고 있다. 그런데 조선에는 중국에서 보낸 총독이 없었고 조선 국왕이 통치하였으며 군통수권자도 국왕이었다.

굴복을 거부한 베트남의 멸망과 부활

중국의 한나라 이후 수, 당, 요(거란족), 송(한족), 금(여진족), 원(몽골족), 명(한족), 청(여진족)에 이르기까지 중국을 통일한 제국은 어김없이 이웃 나라들에 복속을 요구하였고 이에 응하지 않을 경우 항상 쳐들어갔다. 고려 때 금나라의 압박에 굴복하여 군신 관계를 맺음으로써 전쟁을 피한 적이 있는데 조선왕조는 건국 초기부터 자발적으로 명나라에 대한 사대외교를 택한 결과 전쟁을 피하고 독립을 지켰다.

반면에 베트남에서는 쩐(陳)씨 왕조(1225년~1400년)를 찬탈하여 스스로 황제를 칭한 호꾸리(胡季犛)가 명나라에 대항하다가 명나라 영락제가 보낸 대군의 침입으로 멸망하여(1406년) 베트남은 명나라의 영토가 되었으며 호꾸리(胡季犛)와 아들 호한뜨엉(胡漢蒼)은 명나라에 압송된 후 처형되었다.

나라가 망한 후 농민 출신인 레러이(黎利)가 군대를 일으켜 독립전쟁을 시작하였는데(1418년), 초기에는 잇달아 패하다가 점차 반격에 나서 나중에는 명나라 군대를 모두 몰아내고 황제가 되었다('후레後黎' 왕조, 1428년~1788년). 그는 명나라에 사신을 보내 조공하기로 하고 명나라로부터 안남국왕에 책봉됨으로써 국교를 수립하였다. 레러이(黎利)는 국내에서는 황제를 칭하면서도 명나라에는 군신 관계를 인정한 것이다.

이전 호꿔리가 조선의 이성계처럼 자발적으로 명나라에 사대정책을 택하였다면 전쟁을 피할 수 있었을 텐데 무모한 자존심 때문에 황제를 칭하다가 아들과 함께 비참한 최후를 맞이하고 두 나라 젊은이들만 수없이 희생된 끝에 조선과 같은 신하국이 된 것이다. 후레(後黎)왕조는 조선왕조와 마찬가지로 유학을 숭상하고 과거제도를 시행하였는데 이에 따라 불교 세력은 상대적으로 위축되었다.

8 일본의 통일과 조선 침략

임진왜란 전 조선과 일본의 정세

이성계가 고려왕조를 멸망시키고 조선왕조를 창건한 해(1392년)에 일본에서는 쇼군 아시카가 요시미츠가 남북조를 통일하여 무로마치 시대를 열었다. 이로써 천황과 쇼군의 60년에 걸친 싸움에서 쇼군이 승리함으로써 또 무가정권이 일본을 통치하게 된다. 교토 근교에 있던 무로마치는 아시카가 막부의 본거지로 사실상 일본의 수도가 되었다. 일본의 무가정권 시대에 '막부(幕府)'는 군정 사령부인데 막부의 수장인 '쇼군(將軍)'은 같은 한자어인 한국이나 중국의 장군과 달라서 일본을 통치하는 유일무이한 존재이며 세습직이기 때문에 다른 나라의 왕에 해당된다. 쇼군 가문의 성씨에 따라 부르는 '아시카가 막부'는 본거지의 지명을 따라 '무로마치 막부'라고도 불린다.

아시카가 요시미츠는 국내에서의 공식 직위는 '정이 대장군(征夷大將軍, 약칭 '將軍', 일본어 발음 '쇼군')'이지만 임금인 '천황'을 허수아비로 만든 후 중국(당시 명나라)에 사신을 보내 신하를 자처함으로써 '일본 국왕'에 책봉되었는데 그 후 동북아시아에 평화가 유지되었다. 이에 따라 세 나라 간에 교역이 활발하게 이루어져 조선의 삼포를 드나드는 일본 무역선이 1년에 200척이 넘을 정도였다.

그러다가 악명 높은 폭군인 제6대 쇼군 아시카가 요시노리가 살해당하는 사건이 발생하였는데 그 아들이 8세의 나이에 쇼군이 되었다가 8개월 만에 병사하고 그 동생이 7세의 나이에 쇼군이 되면서 막부의 지배체제가 흔들리게 되었다. 이에 따라 전국의 영주들이 동군과 서군으로 나뉘어 전쟁을 시작함으로써 남북조 내전이 끝난 지 75년 만에 일본은 또다시 대규모 내전('오닌의 난' 1467년~1477년)에 휩싸이게 된다. 동군은 16만, 서군은 11만 이상의 대병력을 규합하여 교토에서부터 전투가 벌어졌고 전국으로 확산되었다. 이 내전은 11년 만에 동군의 승리로 일단 끝났으나 교토는 황폐화되었고 무로마치 막부의 권위는 돌이킬 수 없을 지경으로 쇠퇴하여 지방 영주들이 독립국의 군주와 같은 존재가 되었다. 그 후 120년 이상 전국의 영주들 간에 사활을 건 이전투구가 계속된다('센고쿠戰國시대', 1467년~1590년).

한편, 조선왕조는 건국 초기부터 명나라에 대한 사대정책을 택하였기 때문에 명나라와의 우호 관계가 확립되었다.

이와 같은 국제 정세 덕분에 조선은 200년 동안 중국과 일본의 침입을 겪지 않았다. 남쪽과 북쪽의 이민족의 침입에 시달렸던 고려 때와는 달리 백성들은 전쟁의 참화를 겪지 않고 대대로 생업에 종사하면서 평화롭게 지냈다. 권력층에서는 왕자의 난, 세조의 왕위 찬탈, 연산군의 폭정, 중종반정, 4대 사화 등 혈투가 끊이지 않았으나 백성들은 권력 투쟁과는 거리가 멀었다.

고려 무신정권이 초강대국 몽골에 굴복을 거부하고 결사 항전하는 28년 동안에 전국이 초토화되고 백성들이 엄청난 고통을 겪었던 상황과 극명한 대비를 보인다.

그런데 일본에서 123년에 걸친 내전을 종식시키고 일본의 최고통치자가 된(1590년) 도요토미 히데요시는 많은 병력을 보유한 지방 영주들의 반란을 막기 위하여 명나라 정복을 구상한다. 그는 포르투갈 상인들로부터 선물로 받은 지구의, 망원경, 권총 등을 만지면서 인도까지 정복하겠다는 야망을 품었다. 당시 조선에는 포르투갈 상인들이 오지 않아서 이와 같은 유럽의 문물을 본 사람은 아무도 없었다. 일본에 온 포르투갈 상인들은 포르투갈 식민지인 인도 서부의 고아를 거쳐 왔기 때문에 도요토미 히데요시는 그들로부터 인도에 대한 이야기를 듣고 인도 정복까지 생각한 것이다.

도요토미 히데요시의 주군이었던 오다 노부나가가 일본에 온 포르투갈 전문가로부터 총기 제조법을 전수받아서 조총으로 무장한 보병을 주축으로 하는 병법을 개발함으로써 칼과 활로 무장한 적들을 모두 격파하고 전국을 제패하였다. 그 뒤를 이은 도요토미 히데요시 역시 명나라 침공을 위하여 조총을 대량 생산하도록 하였다. 임진왜란 직전 일본의 조총 생산량이 유럽 전체보다 많았다는 연구도 있다.

도요토미 히데요시는 몇 차례 조선에 특사를 보내 통신사 파견을 요청하였으나 조선에서는 결정을 못 내리고 있다가 선조는 일본 정세를 파악하기 위하여 황윤길을 정사, 김성일을 부사, 허성을 서장관으로 하는 통신사를 일본에 파견하였다(1590년 3월, 선조 23년). 선조는 공정을 기하기 위하여 정사에 서인을 기용하는 대신에 부사와 서장관에 동인을 임명한 것이다. 허성은 동인의 영수를 지낸 허엽의 아들로 허난설헌의 오빠이자 허균의 형이다.

통신사 일행은 10개월 만에 귀국하여 선조에게 보고하였는데 정사 황윤길은 일본이 침입할 것이 틀림없으니 대비할 것을 주장한 반면 부사 김성일은 침입 가능성이 없다고 상반된 보고를 하였다. 이에 선조가 서장관 허성에게 하문하니 그는 김성일과 같은 동인임에도 불구하고 서인인 정사 황윤길과 같은 의견이었다. 당시 집권세력이던 동인과 선조는 황윤길과 허성의 보고를 무시하고 김성일의 보고를 믿어 별다른 대비를 하지 않았다.

그 후 일본의 사신이 조선 측에 일본의 명나라 침공을 위한 길을 빌려 달라는 통고를 하였으나 묵살하였다. 이후 임진왜란이 일어나자 김성일은 파직되었으나 류성룡의 탄원으로 다시 기용되어 왜군과 싸우다 진중에서 병사하였다. 류성룡과 김성일은 퇴계 문하에서 동문수학한 사이로 고향도 가깝고 같은 동인으로 당파도 함께한 사이였다.

임진왜란 발발과 조선군의 결사 항전

작은 어촌이었던 부산 앞바다에 어느 날 오후 갑자기 7백여 척의 배가 새까맣게 나타났다(1592년 음력 4월 13일). 고니시 유키나가가 이끄는 왜군 선발대 1만 8,700명이 상륙하여 바로 부산진성을 함락하였다. 부산진성을 지키던 첨절제사(정3품) 정발은 불과 1천여 명의 병력으로 18배나 되는 적군을 상대로 용감무쌍하게 싸우다 전사하였다.

다음 날 동래성을 포위한 왜군이 "戰則戰矣 不戰則假道(싸우려면 싸우고 싸우지 않으려면 길을 빌려 달라)."고 쓴 깃발을 걸어 놓자 조선군은 "戰死易 假道難(싸우다 죽기는 쉽지만 길을 빌려주기는 어렵다)."는 깃발로 응하였다. 적병이 성안으로 쇄도하자 지휘관인 동래 부사(정3품) 송상현은 갑옷을 벗고 조복(朝服, 고위관리의 예복)으로 갈아입은 다음 서울의 임금을 향하여 네 번 절하고 정좌하여 적의 칼을 기다렸다. 적장은 그 의연한 자세에 경의를 표하여 장례를 치러 주었다.

경상좌수사 박홍과 경상우수사 원균의 함대는 초반에 거의 궤멸되었고 육지의 조선군은 대부분 도주하였다. 왜군 후속부대들이 부산, 울산, 김해로 속속 들어와 도합 15만 명이 파죽지세로 북상하였다.

도요토미 히데요시는 조선에 침입한 15만 명 외에도 10만 명 이상의 병력을 규슈 북단의 나고야(名護屋, '히젠 나고야'라고 하며 교토 동쪽에 있는 나고야名古屋와 다른 지역임)에 대기시켜 놓고 명나라 침공을 준비하고 있었다.

왜군 선발대가 부산에 상륙한 지 불과 보름 만에 경상도를 통과하여 조령을 넘었고 충주 탄금대에서 왜군을 기다리던 신립이 이끄는 조선군 8천 명은 전멸하였다. 왜군은 산세가 험한 조령 산길을 통과할 때 틀림없이 복병이 있을 것으로 예상하고 사주경계를 철저히 하면서 행군하였으나 이상하게 한 번도 복병을 만나지 않고 무사히 조령을 넘었다. 그런데 넓은 강가에서 대기하던 조선군을 본 왜군 장수가 조선군 장수는 병법의 기초도 모르는 사람이라고 비웃었다.

신립은 함경도에서 여진족을 격퇴하여 여러 차례 공을 세운 바 있으나, 이번에 거느리고 온 조선군 중에는 정예 기병대가 5백 기에 불과하였고 나머지 대부분은 전투 경험이 거의 없는 농사꾼 출신 오합지졸이었다. 신립은 험한 산길에서 기병을 활용하기 어렵고 복병 임무를 맡길 만한 명사수가 부족하여 차라리 배수진을 치고 결사전을 벌이는 것 외에는 방법이 없다고 판단했을지 모른다. 류성용은『징비록』에서 신립의 사람됨이 경솔하고 남의 말을 듣지 않는 교만한 성격으로 서술하였다. 신립은 선조와 사돈지간이었는데 신립의 딸이 선조가 총애하던 아들 신성군과 결혼하였던 것이다.

신립의 전사 보고를 받은 선조는 급히 서울을 버리고 피난길에 올라 평양으로 갔다가 다시 압록강에 접한 의주로 옮기고 명나라에 특사를 보내 지원을 요청하였다.

왜군은 부산 상륙 후 불과 20일 만에 무주공산이 된 수도 한양을 점령하였다(5월 2일).

그런데 이 무렵 남해안에서 전멸 위기에 처한 경상우수사 원균의 지원 요청을 받은 전라좌수사 이순신이 85척의 함대를 이끌고 여수를 출발하여 거제도 옥포에서 적선 26척을 함포사격으로 격침시킴으로써 최초의 승리를 기록하였다(5월 7일). 함포의 성능만은 조선군이 왜군보다 우위였다. 그 후 사천해전(5월 29일), 6월 당포해전, 7월 한산도 대첩에서 잇달아 승리하여 제해권을 장악하였다. 사천해전에서 이순신은 어깨에 총상을 입었다. 이순신의 제해권 장악으로 육지에

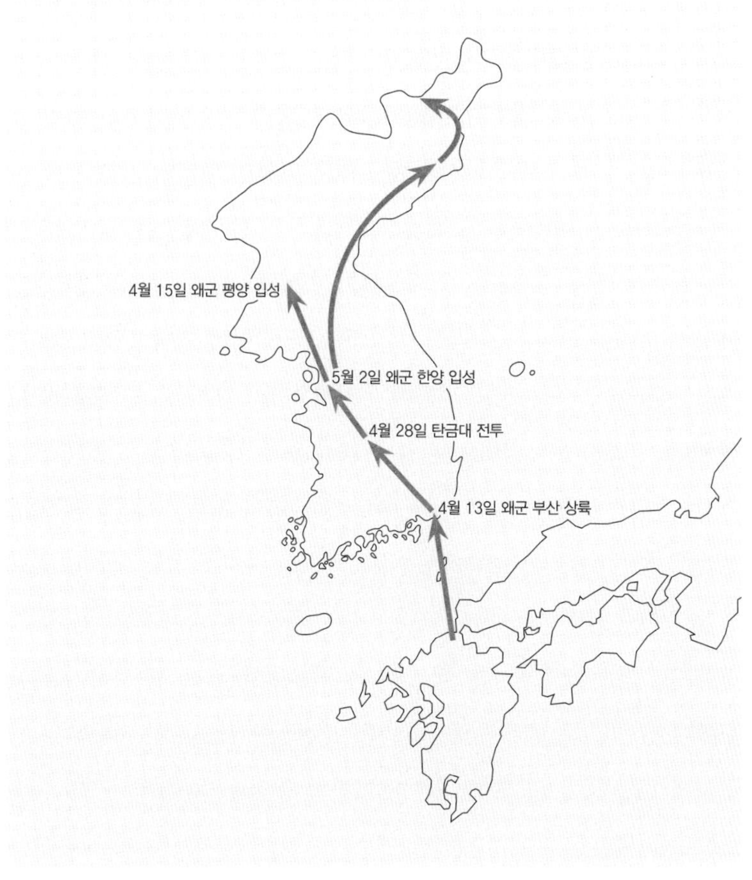

▶ 1592년 임진왜란(날짜는 음력)

있는 왜군에 대한 서해 보급로를 차단하였다.

임금이 한양을 떠나 북쪽으로 도망가고 있다는 소식을 접한 전라도 관찰사 이광이 6만 명의 병력을 이끌고 북상하여 수원에서 충청도 관찰사 윤선각이 이끌고 온 1만 명과 합류한 후 광교산에 있는 왜군을 공격하였으나 1만 명도 안 되는 적에게 참패하였다(6월 6일 용인전투).

조선은 2백 년 동안 전쟁이 거의 없었기 때문에 대부분의 장수와 병사가 전투 경험이 없었던 반면에 왜군 장수와 병사들은 오랜 내전 기간 중 전쟁 통에 태어나 어려서부터 전쟁터에서 잔뼈가 굵었기 때문에 조선군은 1:1로나 작전으로나 왜군의 상대가 되지 않았다.

한양에서 집결한 왜군은 두 갈래로 북진을 시작하였다. 고니시 유키나가의 부대는 임진강을 건너 평양을 함락하고(6월 15일) 가토 기요마사의 부대는 철원을 거쳐 함경도 북쪽 끝 회령에 도달하였다.

그런데 전라도와 충청도 관군이 용인전투에서 패한 지 한 달 후 대둔산 배고개(梨峙)에서 전라도 관찰사 휘하 광주 목사 권율과 동복 현감 황진이 이끄는 1천여 명의 조선군이 2천여 명의 왜군을 기습하여 격파함으로써(7월 8일, 이치 전투) 육지에서 최초의 승리를 기록하였다. 권율과 황진은 용인전투의 패배를 설욕하면서 자신감을 갖게 되었다.

가을이 되자 경상도 지역에 있던 왜군들이 호남으로 진격하기 위한 길목에 있는 진주성을 공격하였는데 진주목사 김시민이 지휘하는 관군과 백성들이 혼연일체가 되어 6일간의 혈전 끝에 격퇴하였다(10월 10일, 진주대첩 또는 '제1차 진주성 전투'). 이 전투에서 김시민은 총상을 입어 한 달 만에 전사하였다.

이치전투와 진주대첩의 승리로 조선군은 곡창지대인 전라도를 지켰으며 때마침 가을에 전라도에서 추수한 쌀은 이순신의 해군이 지키는 바닷길을 통해 서해안 지역 군량미로 공급되었다.

의병과 승병들의 활약

왜군이 대규모로 쳐들어왔다는 소식이 퍼지자 전국 각지에서 의병과 승병들이 일어났다.

경상도 의령의 유력 가문 출신 곽재우가 의병을 일으켜 정암진에서 강을 건너던 왜군 2천여 명을 물리쳤다(1592년 5월 24일). 이 싸움에서 곽재우는 왜군이 강을 건너기 위하여 설치한 표시목들을 심야에 몰래 늪지대 쪽으로 옮겨 놓게 하여 날이 밝아 왜군이 늪지대로 들어가 허우적대고 있을 때 풀숲에 숨어 있던 복병들이 화살을 퍼붓도록 하여 적을 섬멸하였다.

전라도 광주의 고경명은 과거시험에서 장원급제한 엘리트 관료로 동래부사를 지내다가 당파 싸움 때문에 파직당하여 고향에 머무르던 중 임금이 서울을 버리고 의주까지 갔다는 소식을 듣고 두 아들과 함께 6천여 명을 이끌고 금산까지 가서 왜군을 공격하다가 작은아들 고인후와 함께 전사하였다(1592년 7월 10일).

경기도 김포 출신으로 충청도 보은 현감을 지낸 조헌이 이끄는 의병과 서산대사의 제자 영규가 이끌고 온 승병이 합세하여 관군이 패주한 청주성을 탈환하고(8월 1일) 고경명의 뒤를 이어 금산에 주둔한 왜군을 공격하러 갔다가 700명 모두 전사하였다(8월 18일). 선조는 의주에서 청주성 승전 보고를 접하고 조헌과 영규에게 벼슬을 내렸으나 임명장이 도착하였을 때는 모두 전사한 후였다.

묘향산에 있던 서산대사 휴정은 전국 사찰에 격문을 보내 평양 탈환작전 참전을 독려하고 한겨울에 74세의 고령에도 불구하고 제자인 사명당과 함께 직접 승병 2천 명을 이끌고 앞장서서 싸웠고 선조의 한양 귀환행차를 호위하였다. 사명당은 두 달 뒤 서울 근교의 노원평에서 관군과 합세하여 매복작전으로 적을 섬멸하였다. 사명당은 전쟁 중 네 차례에 걸쳐 조선 측 대표로 일본과의 화의 협상을 진행하였다.

경남 합천 출신인 정인홍은 고향에서 의병을 모아 성주에서 적을 격파하고 의병 3천 명으로 성주 합천 함안 일대를 지켜 냈다. 서울 출신 이정암은 황해도에서 거병하여 연안에서 왜군 3천여 명을 격파하였다.

한편, 전쟁 초기 선조가 의주로 갈 때 함경도로 피난 갔던 두 왕자(임해군과 순화군)를 아전인 국경인 일당이 왜군 가토 기요마사에게 넘기고 투항한 반역사건이 일어났는데 당시 함경도 병영에서 근무하던 정문부가 길주에서 의병 수천 명을 모아서 반역자들을 잡아 처형한 후 함경도에서 왜군 2만 명을 몰아내는 큰 공을 세웠다. 정문부는 서울에서 태어났는데 아버지는 한성판윤(지금의 서울특별시장)을 지냈고 할아버지는 호조참판을 지낸 고위관료 집안 출신으로 대표적인 노블레스 오블리주 사례이다.

후일 함경도 병영에서 북평사로 근무하던 최창대가 정문부의 승전을 기록한 '북관대첩비'를 길주군에 세웠는데(1707년) 이 비석을 러일전쟁 때 일본군이 발견하여 일본으로 가져갔다. 그 후 야스쿠니신사 구석에 방치되어 있던 것을 1978년에 재일동포 학자인 최서면이 발견하여 2005년에 한국으로 반환받은 후 원래 위치에 복원하기 위해 2006년 3월 1일 북한으로 보내졌고 국립중앙박물관, 독립기념관, 의정부 정문부장군 묘역 등 세 곳에 복제비를 세웠다.

의병장 중에는 억울한 누명을 쓰고 비참하게 희생된 이도 있는데 김덕령의 경우이다. 전라도 광주 출신 의병장인 김덕령은 도원수 권율의 지시로 충청도 홍산에서 일어난 이몽학의 반란(1596년 7월)을 토벌하러 갔다가 이미 평정되었다는 소식을 듣고 회군하였는데, 반란

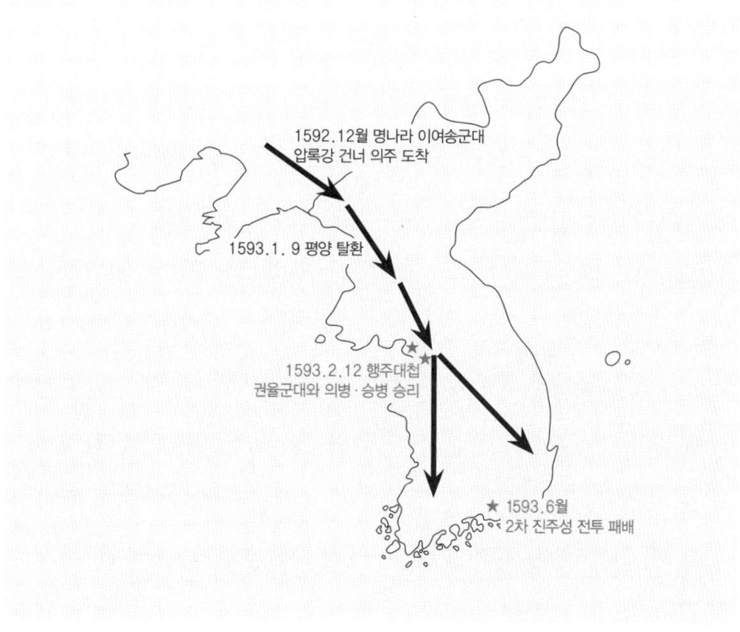

▶ 1592년 조선 · 명나라 연합군의 반격

군과 내통하였다는 모함을 받고 체포되어 고문받은 후 옥사하였다. 그로부터 65년이 지난 후 그의 억울한 죽음이 밝혀져 관작이 복구되고(1661년) 병조참의에 추증되었다.

명나라의 참전과 화의 협상

평양을 점령한 고니시 유키나가의 부대가 지체 없이 진격하여 가까운 의주를 공격했다면 선조가 압록강을 건너 명나라로 도망갔을 텐데, 왜 평양에서 6개월이나 머물렀는지가 수수께끼로 거론되고 있다. 이 이유에 대하여 여러 가지 추측이 있다.

첫째, 왜군이 부산에서 평양까지 강행군을 계속하여 지치고 병든 자가 많아서 더 이상 진격이 어려웠고, 둘째, 이순신의 제해권 장악과 각지에서 조선군과 의병 승병들의 예기치 못한 기습이 계속 일어나 후방이 불안해지면서 고립될 위험이 있었으며, 셋째, 평양성 안에 충분한 식량이 있어 병사들을 추스르면서 명나라에서 온 사신 심유경과 화의 협상을 진행하는 중에 잠정적인 휴전을 약속하였다는 설이 있다. 그리고 선조가 망명하면 이미 세자로 책봉된 후 목숨을 걸고 전국을 순회하며 항전을 지휘하고 있던 광해군이 즉시 왕위에 올라 전쟁이 장기화되고 결국 명나라 원군이 들어오면 큰 난관에 처하게 될 것을 우려하여 화의를 추진한 것이 아닌가 하는 추측도 있다.

고니시 유키나가의 부대가 평양에서 6개월 동안이나 머물며 진격을 멈춘 동안 의주에서 시간을 번 선조와 대신들은 필사적으로 명나라에 구원 요청을 하면서 기다렸고 명나라는 왜군이 압록강을 건너 명나라에 침입할 것이 분명하다고 판단하여 1592년 말 이여송이 이끄는 4만 명의 군대를 조선에 파병하였다.

조선과 명나라 연합군은 평양을 수복하고(1593년 음력 1월 9일) 여세를 몰아 남쪽으로 후퇴하는 왜군을 추격하였다. 천주교 신자인 고니시 유키나가가 고향에 있는 스페인 신부에게 보낸 편지에서 자기 자신과 병사들이 대부분 동상에 걸려 걷기도 어렵다고 토로하였다. 고니시 유키나가의 병사들은 제주도보다 남쪽인 규슈 지역 출신이어서 평양 추위는 견디기 어려웠던 것이다.

조선과 명나라 연합군은 개성을 탈환한 후 한양으로 진격하다가 벽제에서 명나라 군대 4만 명이 왜군 7만 명에 포위되어 참패하였다(1월

27일 벽제관 전투). 이 전투에서 간신히 목숨을 건진 이여송은 그 이후 왜군에 대하여 겁을 먹고 소극적이 되어 조선 측과 갈등을 빚었다.

평양에서 후퇴를 거듭하던 고니시 유키나가의 군대는 한양에 머무르다가 함경도에서 철수하는 가토 기요마사의 군대와 합세하여 행주산성을 공격하였으나 권율이 지휘하는 조선군에 대패하였다(2월 12일, 행주대첩). 이 전투에서 왜군 최고지휘관 우키타 히데이에는 중상을 입고 부하에 업혀 도주하였으며 왜군은 병력이 훨씬 적은 조선군이 만만치 않다는 것을 깨달았다.

명나라는 심유경을 한양에 있는 고니시 유키나가에게 보내어 화의를 계속 추진하였다. 왜군도 바다를 장악하고 있는 이순신의 압박에다 전염병 등 악재가 겹쳐 고전하게 되자 화의에 응하여 4월에 전군을 남하시켜 서생포(지금의 울산 남부)에서 웅천(지금의 진해)에 이르는 사이에 성을 쌓고 지금의 부산광역시 일대에 집결하여 화의 타결을 기다렸다. 도요토미 히데요시의 특사로 조선에 온 이시다 미쓰나리가 고니시 유키나가와 함께 명나라 사신 심유경과 강화 교섭에 나섰다.

진주성의 비극

도요토미 히데요시는 화의 협상 추진과 별도로 고니시 유키나가, 가토 기요마사, 우키타 히데이에 등에게 진주성 함락 명령을 내렸다. 1593년 6월 진주성 외곽에 집결한 왜군은 9만 명에 달하였는데 성을 지키고 있는 조선군은 의병까지 합하여 3천 명에 불과하였다. 9일간의 결사 항전(1593년 6월 22일~6월 29일, 제2차 진주성 전투) 끝에 충청병사 황진이 전사하고 진주성이 함락되자, 지휘관인 경상우병사 최경회와 의병장 김천일, 고종후는 남강에 몸을 던져 비장한 최후를 마쳤다.

이 세 명의 장수를 '진주성 삼장사(三壯士)'라고 일컫는데 모두 전라도의 의병장들이다. 삼장사는 황진, 최경회, 김천일을 지칭하기도 하는데 황진은 남원 출신 관군으로 용인전투, 이치전투 등 전쟁터를 누볐었다. 고종후는 금산전투에서 전사한 고경명의 큰아들로 아버지와 동생 인후의 시신을 전쟁터에 묻고 진주성에 갔다가 최후를 맞이함으로써 고경명 삼부자가 장렬하게 순국한 것이다. 적장을 안고 남강에 투신한 논개는 전라도 장수군 출신으로 최경회의 첩이었다는 설이 있다.

일본의 첩보공작과 이순신의 위기

명나라와 일본 간의 화의 협상에 따라 휴전 상태이던 1596년에 일본에 대지진이 발생하여 도요토미 히데요시가 거처하던 후시미 성까지 붕괴되었으나 명나라와의 협상이 결렬됨에 따라 도요토미 히데요시는 다시 고니시 유키나가와 가토 기요마사에게 조선 침공을 명하여 전쟁이 재개되었다(1597년 음력 1월 정유재란).

그런데 그 전에 왜군의 동향을 몇 차례 조선에 제보하여 조선 측의 신뢰를 얻는 데 성공한 이중간첩 요시라가 가토 기요마사의 대군이 조선에 침입한다는 첩보를 미리 조선에 제공하였다. 이 첩보를 접한 선조는 이순신에게 왜군이 부산에 상륙하기 전에 공격하여 상륙을 막으라는 명령을 내렸는데, 이순신은 그 첩보를 믿을 수 없다며 출동하지 않았다. 요시라는 고니시 유키나가의 부하였다.

왜군의 재침으로 요시라의 첩보가 사실임이 증명되자 이순신은 왕명을 거역한 죄로 체포되어 한양으로 압송되고 원균이 이순신의 후임으로 삼도수군통제사가 되어 수군을 지휘하게 되었다. 그런데 원균은 도원수 권율의 공격 명령에도 출동을 미루다가 태형까지 당하는 수모를 겪고 나서 160척의 대함대를 이끌고 부산포 방면으로 출정했으나 대패하고 원균 자신도 전사하였다(칠전량 해전, 1597년 7월 15일). 이 패전으로 인해 막강한 조선 해군은 궤멸되었다.

요시라의 첩보공작에 의하면 이순신이 왕명에 따라 출격한다면 압도적인 규모의 가토 기요마사의 함대에 패할 것이 틀림없고, 이순신이 왕명에 불응하면 잡혀가게 되므로 어느 경우에나 이순신을 제거할 수 있는 데다 만약에 이순신이 승리하면 고니시 유키나가 입장에서는 라이벌인 가토 기요마사의 세력을 꺾게 되므로 더할 나위 없는 묘책이었다.

남해안의 미로 같은 지형을 이용하여 적을 섬멸하는 전략을 주로 구사하는 이순신에게 있어서 압도적으로 많은 적을 상대로 넓은 바다에서 싸우는 것은 자살 행위나 마찬가지인데, 이순신을 불신한 선조가 일본의 첩보전에 속아 넘어간 것이다. 원균의 전사 보고를 접한 선조는 하는 수 없이 도원수 권율 밑에서 백의종군하던 이순신을 다시 삼도수군통제사로 복귀시켰다. 그러나 이순신이 다시 부임했을 때 함선은 12척밖에 남아 있지 않았다. 정부에서는 수군을 폐지하라는 명령을 내렸으나 이순신은 아직도 12척의 배가 남아 있으며 내가 죽지 않는 한 적이 감히 우리의 수군을 업신여기지 못할 것이라는 상소를 올리고 진도 벽파진으로 진을 옮겼다.

왜군의 전라도 침입과 기적적인 명량해전의 승리

이순신의 파직과 칠천량 해전 이후 일본 해군은 남해안의 제해권을 장악하였고 고니시 유키나가와 우키타 히데이에를 필두로 한 12개의 부대가 전라도에 침입하였다. 5만 명이 넘는 왜군 병력이 구례에 집결한 후 남원성을 포위 공격하였는데 남원성을 지키는 조선군은 5천 명, 명나라 군대는 3천 명에 불과하였고 성안에 백성 7천 명이 있었다. 왜군은 결사 항전하는 조선과 명나라 연합군을 3일 만에 전멸시키고 남원성을 함락하였다(1597년 8월 15일). 성안으로 적병이 물밀듯이 들어오자 조선군 지휘관인 전라도 병마절도사 이복남은 화약고에 불을 질러 자폭하고 명나라 장수 양원은 도주하였다. 왜군은 조선과 명나라 병사들은 물론 백성들까지 학살하고 승리의 증거로 사망자들의 코와 귀를 베어 소금에 절여 도요토미 히데요시에게 보냈다.

남원성이 함락되자 전주성을 지키고 있던 소수의 명나라 군사들이 성을 비우고 도주하여 왜군이 무혈입성하였다. 왜군은 그 후 북상하여 공주를 지나 직산(지금의 천안)에 이르러 조선군과 대치하게 된다.

왜군 수백 척이 남해안에서 서해로 가기 위하여 진도를 통과한다는 첩보를 입수한 이순신은 명량해협에서 13척의 전선으로 일본 함대 333척 중 131척을 격침시켰다(명량해전, 1597년 9월 16일). 겨울이 닥쳐오고 다시 이순신 함대가 부활하자 왜군은 남해안으로 집결하기 시작하여 울산에서 순천에 이르는 남해안 800리에 성을 쌓고 장기전 준비를 하였다.

울산성 전투

이때 조선군 1만 명과 명나라 군대 4만 명의 연합군이 가토 기요마사의 왜군 1만 명이 있는 울산왜성(도산성)을 공격했다(음력 1597년 12월 23일). 10여 일간의 격전 끝에 왜군은 식량이 바닥나고 추위에 우물이 마르는 등 악조건 속에서 전멸 위기에 처하였으나 고니시 유키나가를 비롯한 구원부대 8만 명이 도착하여 연합군은 철수하였다(음력 1598년 음력 1월 4일). 이 전투에서 양측 모두 1만 명 이상이 전사하였고 그 후 연합군이 다시 울산왜성을 공격하였으나 실패하였다(9월 22일).

도요토미 히데요시 사망으로 왜군 철수

그런데 이에 앞서 도요토미 히데요시가 병사하였는데(8월 18일) 뒤늦게 그 소식을 들은 왜군은 일제히 철수를 시작하였다. 조선군과 명나라 군대는 이들을 추격하였고 이순신은 철수하는 왜군을 공격하여 대승을 거두었으나 임진왜란 최후의 전투이자 자신에게 최후의 결전이 된 이 해전에서 적탄에 맞아 장렬하게 전사하였다(노량해전, 1598년 11월 19일). 고니시 유키나가와 가토 기요마사는 구사일생으로 탈출하여 일본의 자기 영지로 귀환하였다.

임진왜란 극복의 요인

고려 말에 침입했던 대규모 왜구는 일본 정부군이 아니고 지방의 해적집단인 데 비하여 임진왜란 때 침입한 '왜적'은 해적이 아니라 일본을 통일한 최고 권력자 도요토미 히데요시의 명에 의하여 영주들이 각자 자신의 병력을 이끌고 들어와 편성된 강력한 군대였다. 조선의 장수들은 정부에서 임명한 공무원 신분이었지만 왜군 장수들은 자기 영지를 통치하는 세습제 영주로서 군주와 같은 존재였다. 또한 일본 병사들은 100년 이상 전국적인 내전을 치르는 동안 대대로 전쟁터에서 태어나고 자라 전쟁이 몸에 배어 있었고 첨단 무기인 조총으로 무장하고 있었던 반면에 조선왕조가 들어선 후 200년 동안 전쟁을 모르고 농사만 지으며 살아온 조선 병사들은 총을 처음 구경한 데다 실전 경험이 거의 없는 오합지졸들로 이 전쟁은 애초에 상대가 되지 않는 싸움이었다.

그런데 조선을 쉽게 통과하여 명나라를 정복하려던 도요토미 히데요시의 야망은 예상치 못한 조선의 완강한 저항에 막혀 실현되지 못하였으니 그 주요인은 다음 몇 가지로 들 수 있다.

첫째로 의병 승병들의 애국심을 들 수 있다. 부산에 상륙한 왜군이 질풍처럼 북상하면서 관군이 궤멸되었다는 소식이 퍼지자 며칠 만에 전국 각지에서 의병과 승병들이 일어났다. 그들은 병역의무가 없었지만 나라를 지키기 위하여 일어선 것이다. 고경명을 비롯한 고위관료 출신들은 군대를 훈련시키고 지휘해 본 경험이 있었지만 곽재우를 비롯한 유생들은 군대 경험도 없으면서 오로지 용기와 아이디어로 싸웠다. 의병장들은 대부분 지방 토호였기 때문에 일가친척과 집안 종들, 소작농, 천민들을 동원할 수 있었으며 사재를 털어 군량과 무기를 마련하였고 서산대사 휴정과 제자 유정(사명당), 영규를 비롯한 승병장들은 평소 절에서 수도하면서 무예를 연마한 경력이 있었다.

그런데 왜군이 이해할 수 없었던 것은 도망간 임금을 위하여 전국에서 의병들이 일어나 목숨을 던져 싸우는 상황이었다. 일본의 내전에서는 하극상이 난무하였고 패배한 영주의 주민들은 모두 승자에 복속하는 것이 당연한 일이었다. 한편, 조선의 불교 승려들은 고려시대에 누렸던 권력을 잃고 숭유억불 정책에 의하여 천대받아 온 처지였는데도 나라를 지키기 위하여 목숨 바쳐 싸웠다.

둘째, 명재상 류성용의 활약을 들 수 있는데 그는 당대 최고의 유학자로 당파 싸움의 와중에서 임금을 보필하여 전쟁을 총지휘하였다. 전쟁 전에 이순신과 권율을 추천하여 중용하였고 위기 상황에서 항상 최적의 결정을 이끌어 냈다. 전쟁이 끝난 후 은퇴하여 전쟁 기록을 후세에 남기기 위하여 『징비록』을 집필하였다. 그가 천거한 이순신과 권율이 어려운 여건에서 대활약을 펼친 반면 그가 불신했던 신립과 원균이 선조의 신임에도 불구하고 참패한 것을 보면 사람을 보는 안목이 비범했음을 알 수 있다.

셋째, 한국 역사상 불세출의 성웅으로 꼽히는 이순신의 활약을 들 수 있는데 전략의 천재이자 애국자로서 탁월한 리더십을 보여 주었다. 또한 조선 해군이 해전 경험은 없었지만 전함과 화포가 일본보다 우수하였다. 이순신이 남긴 『난중일기』에는 치밀한 준비와 엄정한 군기 확립이 돋보인다. 해안성벽을 쌓는 공사 진행 현황을 매일 점검하고 부실공사 부분이 발견되어 담당 장교를 곤장 80대로 처벌하는 대목이 있는데 사망할 수도 있는 무서운 형벌이어서 병사들이 공포에 떨었다. 그는 첩보전을 매우 중시하여 적정 탐지와 보안 유지에 주력하여 위급한 상황에서도 스파이 색출 및 처형을 미루지 않았다.

이순신은 고려시대 강대국 거란의 침입을 격퇴한 강감찬이나 고대 페르시아의 함대를 격파한 아테네의 테미스토클레스 또는 프랑스 함대를 격파한 영국의 넬슨에 비견되기도 하는데, 이순신이 겪은 고초와 장렬한 최후는 세계사적으로 감동적인 장면이다. 강감찬은 귀주대첩에서 승리하고 개선할 때 왕이 친히 나가 영접하였으며 은퇴 후에는 정부로부터 최고의 예우를 받으면서 80세가 넘도록 장수하였다. 테미스토클레스는 정치권력을 장악한 후 해군을 증강하여 살라미스 해전에서 승리한 후 계속 정권을 유지하다가 정쟁에 패하여 사형선고까지 받자 적국인 페르시아로 도망가서 페르시아 왕의 배려로 그곳에서 여생을 마쳤다. 그리고 넬슨은 당시 프랑스 해군을 압도하는 영국해군의 제독으로 한쪽 눈과 한쪽 팔까지 잃은 몸으로 세계 최강의 함대를 이끌고 싸우다 전투 중에 기함 위에서 전사하였는데 장렬한 최후는 이순신과 같은 모습이다.

넷째, 조선 태조 이성계의 명나라에 대한 사대외교를 들 수 있다. 이순신과 의병 승병들의 분투에도 불구하고 명나라의 참전이 없었다면 자력으로 왜군을 물리친다는 것은 불가능한 상황이었다. 태조 이성계 이래 조선은 명나라와 군신 관계를 유지하고 있었는데, 이와 같은 사대외교가 외견상으로는 굴욕적으로 보이지만 명나라의 침입을 막았을 뿐만 아니라 일본의 침입을 계기로 군사동맹 관계가 되어 불가피한 안보정책이었음이 증명되었다. 임진왜란이 끝난 후 여진족이 세운 후금이 명나라를 공격하자 이번에는 명나라가 조선에 지원 요청을 하여 파병하였는데 전형적인 군사동맹의 형태인 것이다.

다섯째, 세자인 광해군의 활약을 빼놓을 수 없는데 피난지 평양에서 18세의 나이에 세자로 책봉된 후 전국 각지를 돌아다니면서 전쟁을 지휘하였다. 세자가 임금을 대리하여 직접 최전방에 나타나자 관군과 의병 승병들의 사기가 높아졌으며 의병장들에게 현지에서 관직을 주어 관군에 배속시킴으로써 지방 관아의 식량과 무기를 조달받을 수 있게 하였다. 그는 왕자 중에서 가장 뛰어난 자질을 갖추고 있었지만 아버지인 선조의 신임을 받지 못한 불행한 세자였다.

여섯째, 도요토미 히데요시의 사망으로 왜군이 일제히 철수하였다. 그가 일찍 죽지 않았더라면 왜군이 남해안 지방을 차지하면서 전쟁이 길어질 뻔하였는데 하늘이 도운 것이다. 그는 10만 명 이상의 병력을 규슈에 대기시켜 놓고 있었고 결코 조선 침략을 포기하지 않았을 것이다.

다시 시작된 일본의 내전과 재통일

도요토미 히데요시가 병사한 후 일본 최대 세력인 도쿠가와 이에야스와 도요토미 가문 추종파 사이에 충돌이 일어났다. 일본 역사상 오닌의 난(1467년~1477년) 이후 최대의 내전인 세키가하라 전투(1600년)에서 도쿠가와 이에야스가 이끄는 동군이 이시다 미쓰나리가 이끄는 서군을 격파함으로써 도쿠가와 이에야스가 일본 전국의 지배권을 완전히 장악하고 서군에 가담한 88개의 영주('다이묘大名') 가문들을 멸망시켜 그들의 영지를 모두 몰수하였다.

조선에 침입하였던 영주들은 대부분 도요토미 히데요시의 가신 출신들이어서 서군에 가담하였다가 패전 후 멸문당하였다. 평양을 통치하던 이시다 미쓰나리는 서군의 주장으로서 처형당하였으며 선봉장으로 와서 가장 오랜 기간 조선을 유린했던 고니시 유키나가도 처형당하였고 행주대첩에서 권율에 패했던 우키타 히데이에는 유배당하였다. 유일하게 가토 기요마사는 동군에 가담하여 공을 세움으로써 구마모토의 번주가 된 후 베트남, 태국과 교역을 하는 등 번성하였다.

아시카가 요시미쓰, 도요토미 히데요시에 이어 다시 일본을 통일한 도쿠가와 이에야스는 정이대장군('쇼군')이 되어(1603년) 에도(江戸. 메이지유신 이후 '도쿄東京'로 개명)에 중앙정부인 막부를 설치하고 일본 통치를 시작하였다. 이때부터 도쿄는 일본의 실질적인 수도가 되었고 교토(京都)에 있는 천황은 막부의 감시를 받는 유폐 상태가 되었다. 에도(江戸)의 도쿠가와 막부를 '에도 막부'라고 부른다.

이 무렵 조선에서 사명당이 일본에 파견되어 막부 측과 3천여 명의 포로 송환에 합의하였고 그 후 수차례에 걸쳐 수천 명이 귀국하였다. 에도 막부가 포로 송환에 성의를 보였지만 이미 수만 명이 포르투갈 노예상들에게 팔려 동남아시아, 인도, 유럽으로 떠난 후였고 일본에 귀화하여 송환을 거부한 자들도 상당수였다.

도쿠가와 이에야스는 62세가 된 1605년에 쇼군의 지위를 아들에게 물려주고 일선에서 물러났으나 도요토미 가문의 잔존 세력을 완전히 제거하기 위하여 71세의 고령에 20만 대군을 이끌고 에도를 출발하여 도요토미 가문의 본거지인 오사카성으로 가서 10만 명의 도요토미 측 군대와 6개월 동안 싸워 승리함으로써 도요토미 가문을 멸문시켰다(오사카 전투, 1614년 11월~1615년 5월).

도요토미 히데요시의 아내와 아들 히데요리는 자결하고 도쿠가와 군대는 히데요리의 7세 난 아들(도요토미 히데요시의 손자)을 살해하였으며 도요토미 히데요시의 묘를 폭파하였다. 도쿠가와 이에야스가 조선의 원수를 대신 갚아 준 셈이 되었다. 히데요리의 아내는 도쿠가와 이에야쓰의 손녀였는데 그는 이 손녀를 다른 영주의 손자에게 재가시켰다. 이로써 그는 일본통일의 꿈을 완전히 이루고 반대파를 모두 제거한 후 이듬해 사망하였는데 그 후손들이 200년 이상 일본을 통치하였다.

도쿠가와 이에야스는 일본에서 수백 년 동안 지속되어 왔던 하극상과 전쟁의 시대를 종식시키고 자기 후손이 영원히 권력을 유지하기 위해서는 충효사상이 가장 좋은 대안이라고 생각하여 조선과 같은 유교국가 건설을 추구하였다. 조선에서 충신과 효자를 존경하고 외국의 침략을 받았을 때 의병들이 일어난 것은 철저한 유교사상 때문이라고 판단한 것이다. 중국의 한나라 이후 역대 왕조나 조선을 건국한 이성계의 뜻과 같은데, 원래 중국에서 유교가 발생한 시기도 골육상쟁과 약육강식의 혼란에 지친 춘추전국시대였다. 도쿠가와 이에야스 사후에 그의 꿈이 이루어져 에도 막부 시대에 일본은 유교국가가 되었고 큰 내전이 없어 평화가 이어졌다.

정유재란 때 포로가 되어 일본으로 끌려간 전남 영광의 선비 강항이 일본 지식인들에게 사서삼경을 가르쳤는데 그중 대표적인 인물이 후지와라 세이카(藤原惺窩, 1561년~1619년)이다. 강항은 그의 도움으로 2년 만에 귀국할 수 있었다. 그는 강항에게 배운 지식으로 도쿠가와 이에야스에게 성리학을 강의하였고 자신의 수제자인 하야시 라잔(林羅山)을 도쿠가와 이에야스의 시강(侍講, 전속교수격)으로 추천하였다. 하야시 라잔은 4대 쇼군에 이르기까지 시강을 지내면서 일본을 유교국가로 만드는 초석을 구축하였다.

백제의 왕인이 왕의 특사로 일본에 가서 『천자문』과 『논어』를 전해 주었는데 1천 200년이 지난 후 그의 고향 후예인 강항은 왜군의 포로가 되어 일본에 갔지만 일본의 지도자들에게 유학을 가르쳐 준 것이다.

에도(江戶)막부 시대에 조선과의 친선우호 관계가 지속되었는데 대규모 사절단인 조선통신사 일행이 일본에 가면 경유지마다 전국 각지의 유생들이 자기가 쓴 한시를 들고 찾아와 며칠씩 숙박하면서 보여 준 후 감격하여 가보로 보관하는 등 '에도시대판 한류' 전성기를 구가하였다. 막부에서도 조선통신사 일행 접대를 위하여 도로 정비와 주변 환경 개선 등에 과도한 예산을 투입하여 재정난을 우려할 정도였다.

9 청나라의 조선과 베트남 침공

여진족의 부활과 광해군의 선견지명

임진왜란 중에 명나라가 조선에 대군을 파병한 때 만주에서는 여진족 지도자인 누르하치가 세력을 넓혀 가다 임진왜란이 끝난 후 '후금'을 세우고 '칸'이 되었다(1616년). 금나라가 멸망한 지 382년 만에 여진족이 부활한 것이다.

곧이어 후금이 명나라를 공격하자 명나라는 조선에 지원군을 요청하였다. 조선 왕(광해군)은 강홍립에게 1만 3천 명의 군사를 주어 보내면서 적당히 싸우는 척하다가 항복하여 조선이 후금과 싸울 뜻이 없음을 전하라는 밀명을 내렸다. 광해군은 장차 후금이 크게 성장할 가능성을 염두에 두고 있었던 것이다. 강홍립은 후금과의 첫 전투에서 항복하여 조선 왕의 뜻을 전하였다(1619년). 이듬해 조선군 포로들은 대부분 송환되었으나 강홍립은 계속 억류된 상태에서 왕에게 밀사를 보내 후금의 상황을 전하였다.

인조의 오판과 치욕

광해군이 왕위에 오른 지 15년 만에 쿠데타가 일어나(1623년 인조반정) 광해군은 귀양 가고 인조가 왕위에 올랐다. 인조와 집권세력인 친명 보수파는 광해군과 달리 후금에 대한 적대정책으로 전쟁을 자초하였다.

후금을 세운 누르하치가 명나라 공격에서 부상을 입어 사망하자 뒤를 이어 2대 칸에 오른 홍타이지(皇太極)는 명나라 공격 전에 배후에 있는 조선을 제압하기 위하여 광해군의 원수를 갚는다는 명분으로 3만 명의 군대를 보냈다(1627년 1월 정묘호란). 조선이 천신만고 끝에 일본의 침입을 물리친 지 불과 30년 만에 이번에는 북쪽 만주에서 일어난 여진족의 침입으로 백성들은 또다시 고통을 겪게 되었다.

후금 군대가 압록강을 건너 조선군을 격파하고 평양을 점령한 후 황주에 도달하자 후퇴를 거듭하던 조선군은 개성과 한양을 사수할 준비를 하고 인조와 대신들은 한양을 떠나 강화도로 들어갔다. 후금은 강화도에 있는 인조에게 특사를 보내 명나라 연호 사용을 중단하고 후금과 형제 관계를 맺을 것을 요구하였다. 결국 조선 측이 이에 응하여 강화조약을 체결하였고(1627년 3월) 후금군은 압록강을 건너 침입한 지 두 달 만에 철수하였다. 그러나 조선은 그 후에도 여전히 친명정책을 고수하였다.

그 후 후금이 다시 명나라 수도 북경을 공격할 준비를 하면서 조선을 굴복시키기 위하여 양국 관계를 형제 관계에서 군신 관계로 바꿀 것을 강요하고 군마 3천 필과 군사 3만 명을 요구하였다. 그러나 인조는 이에 응하지 않고 후금의 침입에 대비하였다.

그러던 중 후금의 2대 칸 홍타이지가 국호를 청(淸)으로 바꾸고 황제(태종)가 되었는데(1636년 4월) 즉위식에 축하사절로 참석한 조선 사신이 엎드려 절하는 것을 거부하여 폭행당하는 사건이 일어났다. 이에 격노한 청태종은 그해 겨울에 친히 12만 대군을 거느리고 수도 선양(瀋陽)을 출발하여 얼어붙은 압록강을 건너 조선에 쳐들어왔다(1636년 음력 12월 9일 병자호란). 그런데 의주 백마산성을 지키고 있는 조선군의 저항이 의외로 완강하자, 청나라 군대는 의주 점령을 포기하고 우회하여 곧장 한양으로 진격하였다. 백마산성을 지키던 조선군 지휘관은 임경업이었다.

인조는 또 강화로 피난하려 하였으나 이미 청나라 군에 의해 길이 막혀 대신들을 거느리고 남한산성으로 피하였다. 인조는 명나라에 특사를 보내어 지원을 청하였으나 이미 청나라 선발대가 남한산성을 포위하였고 본진을 거느리고 온 청태종이 도착하여(1637년 정월 초하루 설날) 탄천에 청나라 군대 20만 명이 집결하면서 남한산성은 완전히 고립되었다. 결국 인조는 세자와 대신 등 500여 명을 거느리고 성문을 나와 삼전도(지금의 서울 송파구 삼전동)에 마련된 항복식장으로 가서 굴욕적인 항복식을 행함으로써(1월 30일) 조선은 명나라와의 관계를 완전히 끊고 청나라에 복속하게 되었다. 항복식에서 청태종 앞에 무릎을 꿇은 인조는 황제에 대한 경례법인 삼궤구고두를 행하다가 강추위 속에 이마에 피가 흐르기까지 하였다.

인조는 쿠데타로 광해군을 쫓아내고 임금이 되는 데에는 성공했지만 중국 정세를 오판하여 기존 강대국인 명나라에 의지하고 신흥 강대국을 멸시하다가 치욕을 겪은 것이다. 반면에 광해군은 두 강대국 사이에서 외교는 잘하였으나 국내 정적들에 대한 감시와 왕궁 경호를 제대로 하지 못하여 실각하고 말았다.

전쟁이 끝난 후 소현세자 내외와 많은 백성들이 청나라로 끌려갔다. 그 후 소현세자는 9년 만에 귀국하였으나(1645년) 아버지 인조의 미움을 받다가 의문사 하였고 세자빈인 강빈은 모함을 받아 사사되었으며 임금의 손자이기도 한 12세, 8세, 4세의 어린 세 아들 모두 제주도로 귀양 갔다가 둘은 현지에서 의문사 하였다.

청나라가 명나라 수도 베이징에 대한 총공격을 준비하고 있을 때 명나라는 이자성의 난으로 멸망하고(1644년) 청나라는 이자성 군대를 격파한 후 중국 전체를 정복하였다.

베트남의 농민혁명과 청나라 침입 격퇴

레러이(黎利)가 명나라의 지배(1407년~1428년)로부터 독립을 쟁취하고 세운 후레(後黎) 왕조(※전레前黎 왕조는 980년 레호안黎桓이 세운 왕조)는 100년 만에 권신 막당중(莫登庸)의 왕위 찬탈(1527년)로 일단 멸망하였는데 6년 후 후레 왕조의 신하들이 레(黎)씨 왕족을 옹립하여 황제로 세움으로써 레(黎)씨 왕조를 부활시키고 막(莫)씨 타도에 나섰다. 60년 동안 계속된 내전에서 레(黎)씨 왕조 측이 승리하고 막(莫)씨 왕조가 멸망함으로써(1592년, 임진왜란이 일어나던 해) 다시 후레 왕조가 명맥을 잇게 되었다.

그러나 왕조 부활과 내전 승리의 주역인 찐(鄭)씨가 정권을 장악하면서 레(黎)씨 황제는 일본의 막부시대 천황처럼 허수아비 신세가 되었고 찐(鄭)씨와의 권력 투쟁에서 밀린 응우옌(阮)씨가 남부 지역으로 내려가 사실상의 독립국을 세웠다. 그 후 명목상의 황제는 한 명이지만 북쪽의 찐(鄭)씨 정권과 남쪽의 응우옌(阮)씨 정권이 각각 세습왕조 형태로 200년 이상 대립하였다.

그러다가 남부의 떠이선(西山) 지역에서 반란이 일어났다(1771년). 반란군의 주역인 응우옌반냑(阮文岳), 응우옌반루(阮文侶), 응우옌반후에(阮文惠) 삼형제는 남부 정권의 응우옌(阮)씨와 같은 성씨이지만 아버지의 원래 성은 호(胡)씨여서 꽝남(廣南) 응우옌(阮)씨와는 아무런 관련이 없는 농민 출신이었다. 이들 삼형제는 놀라운 군사적 재능과 행정능력을 발휘하여 점령 지역을 확대해 가면서 귀족들의 토지를 빼앗아 농민들에게 나누어 주자 많은 농민들이 계속 가담하면서 큰 세력을 형성하였다. 이들은 드디어 응우옌(阮)씨 정권을 멸망시키고(1777년) 큰형인 응우옌반냑(阮文岳)을 황제로 추대하여 떠이선(西山) 왕조(1778년~1802년)를 세웠다. 수도는 중부 지방의 꾸이년(歸仁)에 정하였다.

그 후 막냇동생 응우옌반후에는 북진하여 하노이의 탕롱(昇龍)성을 함락하고 찐(鄭)씨 정권까지 멸망시킴으로써 남북통일을 완수하였다(1787년). 후레 왕조의 마지막 황제는 중국 청나라로 망명하였고 청나라 10만 대군이 쳐들어와 하노이까지 점령하였으나(1788년) 또 응우옌반후에가 격퇴하였다(1789년). 이때 응우옌반후에는 형인 응우옌반냑과 결별하고 따로 푸쑤언(富春, 중부 후에 지역)을 수도로 하여 황제(연호 光中)가 되었는데 두 정권을 함께 떠이선(西山)왕조라 부르며 형의 정권을 '꾸이년(歸仁) 조정', 동생의 '정권을 푸쑤언(富春) 조정'이라고 한다. 태국과 청나라의 침입을 모두 물리친 응우옌후에(꽝쭝光中황제)는 황제가 된 지 4년 만에 39세를 일기로 병사하였는데(1792년) 베트남 역사상 민족영웅으로 꼽힌다.

3장

유럽의 세계 정복과 두 나라의 운명

1 | 신의 지배에서 벗어난 유럽

2 | 아랍인의 지배에서 벗어난 포르투갈과 스페인

3 | 스페인의 지배에서 벗어난 네덜란드의 전성기

4 | 네덜란드와 프랑스를 꺾고 세계 최강이 된 영국

5 | 세계를 정복한 유럽의 과학기술

6 | 아편전쟁 이후 중국과 베트남의 수난

7 | 유럽인들은 왜 일본을 침략하지 않았을까

8 | 프랑스와 미국을 물리치고 일본에 당한 한국

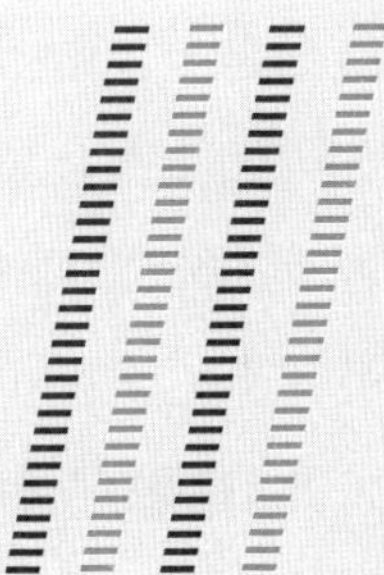

1 ······················ 신의 지배에서 벗어난 유럽

로마제국의 황제 콘스탄티누스 1세는 기독교를 공인함으로써(서기 313년, 밀라노 칙령) 로마가톨릭교회의 최고은인이 되었지만 그 후 유럽은 신이 지배하는 세상이 되어 인간성이 억압되고 문명은 정체되었다.

로마제국이 멸망한 후에 로마교황은 유럽 모든 나라 왕들의 위에 군림하는 절대 권력자가 되어 종교는 물론 정치, 예술, 학문에 이르기까지 유럽인들의 생활 전반을 지배하였다. 이러한 시대가 무려 천 년 동안 지속되어 유럽 역사에서 '중세 천 년 암흑기'라고 하는데, 보다 정확하게 말하자면 로마가톨릭이 지배하는 천 년의 암흑시대라고 할 수 있다.

고대 그리스-로마 시대에는 사람들이 상상력을 발휘하여 많은 신을 창조하였는데 중세 천 년 동안에 인간은 유일신이 만들어 낸 피조물이었다. 인간미 넘치던 그리스-로마 문명은 잊어지고 유럽은 아시아의 이슬람 문명과 중국 문명에 뒤지게 되었다. 중세 유럽 서민들의 삶의 질은 그야말로 야만 상태여서 8세기경 유럽 도시의 민가 골목길은 어디나 쓰레기와 오물 천지로 쥐들이 들끓어 도시 전체가 온통 빈민가의 모습이었는데 성당만 으리으리하였다. 결국 페스트가 창궐하여 엄청나게 많은 사람들이 죽어 인구가 감소하였다.

중국산 도자기가 유럽에 수입되기 전에 일반인들은 나무그릇에 음식을 담아 먹었고 귀족이나 성직자들은 은제 식기를 사용하였다. 그런데 8세기 초에 아랍인들이 유럽의 이베리아 반도를 정복하고 건설한 신도시 코르도바(스페인 남부)는 수많은 이슬람사원은 물론 수백 개의 공중목욕탕과 분수광장에다 수십만 권의 장서를 소장한 도서관이 있는 별천지 같은 세상이었다. 13세기 중국 원나라에서 17년 체류하고 온 마르코 폴로의 중국 이야기를 들은 친구들이 임종을 앞둔 그에게 영혼의 안식을 위해 '거짓말'들을 취소하고 회개하라고 권했는데 그는 이렇게 말했다. "내가 중국에서 본 것들의 절반도 다 이야기하지 못했다."

로마가톨릭교회의 권력이 절정에 달한 시기에는 교회의 가르침에 어긋나는 생각을 말하는 것 자체가 파문이나 화형감이었다. 교황 그레고리 7세가 신성로마제국(오늘날 독일과 오스트리아) 황제 하인리히 4세를 파문하자 황제가 추운 겨울에 교황을 찾아가 수도사의 옷을 입고 굳게 닫힌 성문 밖에서 무릎을 꿇은 채 3일간 빌었던 '카노사의 굴욕(1077년 1월 25일~28일)'은 교황의 막강한 권력을 보여 주는 사건이다.

그러나 3년 후 황제가 반격에 나서 로마를 점령하고 교황은 피신했다가 피난지에서 병사하였다.

그 후 서아시아를 제패한 셀주크투르크 제국이 동로마제국을 압박하자 교황 우르바누스 2세는 동로마제국 황제의 구원 요청에 따라 십자군 원정을 결정할 종교회의(1095년 프랑스의 클레르몽)를 소집하였는데 이 회의에 유럽 전역에서 온 3천 명이 넘는 고위 성직자들이 참석하여 기독교도들의 꿈이었던 성지 탈환의 열기가 고조되었다. 이듬해인 1096년부터 1270년까지 174년 동안 8차례에 걸친 십자군 원정은 결국 실패로 끝났다. 그 후 교황은 프랑스 왕의 꼭두각시가 되어 교황

청을 프랑스 아비뇽으로 이전하였다('아비뇽의 유수', 1309년~1377년).

그러다가 14세기경 이탈리아에서 문예부흥('르네상스')이 시작되면서 유럽 전역으로 확산된 휴머니즘은 문자 그대로 '인간주의'라는 뜻으로서 중세의 '신 중심주의'와 대립되는 사조인데, 인간성 회복과 함께 종교혁명, 학문과 예술 및 과학기술의 발전 등 엄청난 변화를 촉발시켰다.

그 무렵 영국 왕 헨리 8세가 캐더린 왕비와의 이혼을 불허하는 교황 클렌멘트 7세에 불복하여 영국 교회를 로마교황으로부터 독립(1534년)시킴으로써 교황의 권위가 큰 손상을 입었다. 그 후 영국은 과학기술혁명과 산업혁명으로 세계 최강의 대제국으로 발전하였는데, 그 전의 스페인 제국과 달리 정복한 지역의 원주민에게 기독교를 강요하지 않았다. 찰스 다윈이 충격적인 진화론을 발표(1859년)한 후 영국은 유럽에서 무신론자가 가장 많은 나라가 되었다. 오늘날 이탈리아 국민 중 무신론자는 10퍼센트 정도인 반면 영국 국민 중 50퍼센트 이상이 유일신의 존재를 믿지 않는다.

한국은 세계 최초로 금속활자를 발명한 나라이지만 이 발명품이 세상을 바꾸지 못했는데 구텐베르크가 만든 금속활자(1450년경)는 종교혁명과 독일어 표준화의 시발점이 되고 서적 보급 확대로 대항해시대의 기폭제가 되는 등 유럽 역사를 뿌리째 바꾸는 엄청난 변화를 일으켰다. 구텐베르크 자신은 생전에 전혀 예상하지 못한 일이었다.

금속활자가 처음에는 가톨릭교회의 면죄부 인쇄에 사용되다가 그 후 루터의 '95개조 반박문' 인쇄에 이용되었고 곧이어 성경 번역(1522년)으로 독일어판 성경이 베스트셀러가 되면서 종교개혁운동이 시작되었다. 그때까지 유럽을 지배하던 로마가톨릭교회가 사용하는 성경은 라틴어와 그리스어로 필사된 것이어서 고전어를 배운 사제들의 전유물이었고 일반인들은 접할 수 없었는데 독일어 성경이 대량 인쇄되어 배포되자 누구나 쉽게 읽을 수 있게 됨으로써 로마가톨릭교회의 성경 독점 시대가 막을 내리게 되었다. 루터에 이어 스위스 출신 츠빙글리, 프랑스 출신 장 칼뱅, 스코틀란드 출신 존 녹스 등 지도자들의 활약으로 개신교의 세력이 독일과 북유럽에 확산되면서 30년 종교전쟁이 일어났고 그 결과 유럽의 기독교는 로마가톨릭, 그리스 정교회, 영국 성공회, 루터교, 장로교 등 여러 분파로 분열되었다.

금속활자의 보급으로 성경 외에도 여러 분야의 서적 출판이 활발해지면서 인문사회과학과 자연과학이 크게 발전하였다. 특히 마르코 폴로의 중국기행문인 『동방견문록』이 금속활자시대에 베스트셀러가 되어 항해가들과 왕들의 호기심을 자극함으로써 대항해시대를 열게 되는 계기가 되었다.

중세 유럽의 지배계급인 성직자들이 라틴어와 그리스어를 배워 성경 지식을 독점하는 동안 일반인들의 삶의 질은 천 년 동안 그대로였듯이 중국의 명 · 청 시대와 한국의 조선시대와 베트남의 후레(後黎) 왕조 시대는 상류층이 한문으로 된 중국인문학 공부에 매달리는 동안 과학기술의 발전이 이루어지지 않아서 백성들의 삶의 질은 천 년 전에 비하여 나아진 것이 없었다.

15세기에 접어들어 유럽은 1천 년에 걸친 중세 암흑시대가 끝나고 르네상스와 대항해시대에 이어 눈부신 과학기술의 발전과 산업혁명, 그리고 세계 각지에 대한 탐험과 고고학적 발굴이 활발하게 이루어지면서 세계 정복에 나서는 대도약기를 맞이하였다.

중국인들이 종이, 인쇄술, 화약, 나침반 등 4대 발명으로 인류 문명에 크게 기여하였음에도 불구하고 이 시기에 유럽 문명에 역전당하게 되고 19세기에는 유럽인들의 무자비한 침략으로 큰 고통을 겪었으며 한국과 베트남은 나라를 빼앗기게 되었다.

1961년 미국 케네디 대통령의 지시로 작성된 '한국경제 개발방안'에 한국이 유교전통에 따라 교육열은 높지만 인문학을 지나치게 중시하고 과학기술과 경영학을 경시해 왔다는 지적이 나오는데, 정확한 진단이었다고 볼 수 있다.

2 …………………… 아랍인의 지배에서 벗어난 포르투갈과 스페인

서기 610년 무함마드가 이슬람교를 창시한 후 아랍인들이 세운 이슬람제국이 파죽지세로 서아시아를 석권한 데 이어 이집트에서 모로코에 이르는 북아프리카 전 지역을 정복하고 지브롤터 해협을 건너 이베리아 반도(오늘날 포르투갈과 스페인) 전 지역을 정복하였다(서기 711년). 원래 이 땅은 고대 로마제국의 영토였는데 북쪽에서 내려온 게르만족이 세운 서고트 왕국이 지배하다가 이번에는 남쪽에서 올라온 아랍인들에게 정복당한 것이다.

그 후 3백 년 이상 이베리아 반도를 지배하던 이슬람제국이 11세기 초에 30여 개 소왕국으로 분열되자 각지에 작은 가톨릭 왕국들이 생겨났다. 그 후 가톨릭 왕국들은 이합집산을 거쳐 13세기 말에는 포르투갈, 카스티야, 아라곤 등 세 나라로 통합되고 이슬람 왕국들은 대부분 멸망하였는데 그라나다가 최후의 이슬람 왕국으로 남게 되었다.

그 상태로 2백 년이 흐른 후 카스티야의 왕위계승권자인 이사벨 공주와 아라곤의 왕위계승권자인 페르난도 왕자가 결혼(1469년)한 후 각각 자기 나라의 왕위에 오름(1474년, 1479년)으로써 두 나라가 연합왕국(오늘날 스페인)이 되었는데 로마교황은 이들 부부에게 '가톨릭 공동 왕'이라는 칭호를 내렸다. 부부왕인 이사벨 1세 여왕과 페르난도 2세 왕의 연합군이 그라나다를 점령(1492년)함으로써 아랍인들은 이베리아 반도를 정복한 지 거의 8백 년 만에 모두 물러갔다.

이사벨 1세 여왕과 페르난도 2세 왕 부부의 외손자인 카를로스 1세가 외할아버지 사후에 두 나라를 모두 상속받음으로써(1516년) 공식적으로 에스파냐 왕국(영어명 '스페인')이 탄생하였다.

포르투갈과 스페인은 15세기 후반부터 유럽 최초로 서아시아의 육로를 거치지 않고 뱃길로 인도에 갈 수 있는 항로 개척에 나서면서 대항해시대를 열고 강대국으로 발전하게 되는데, 이는 8세기부터 수백 년 동안 세계 최대의 무역세력으로 군림하던 아랍인의 지배를 받으면서 인도에 관한 정보와 항해술을 배운 덕분이다.

15세기 이 두 나라 왕들의 최대 관심사는 인도산 후추 수입이었는데 당시 유럽에서 후추 시세는 거의 금과 맞먹었다. 그런데 인도산 후추가 유럽에 수입되는 과정은 아랍 상인들과 베네치아 상인들이 독점하고 있었다. 아랍 상인들이 인도에서 후추를 싼값에 사들여 낙타로 오스만투르크 제국(터키의 옛 왕조)의 영토를 통과하면서 통행세를 물고 지중해에 도달하여 베네치아 상인들에게 넘기면 베네치아 상인들이 선박으로 지중해를 통하여 유럽 각지에 수송하면서 이윤을 챙기는 구조였다.

그런데 오스만투르크 제국을 건설한 투르크족(터키인, 중국과 한국 역사에서는 '突厥'로 부른다)은 7세기까지 중국 북방에서 나라를 세우고 살다가 당나라에 멸망당한 후 서쪽으로 이동한 종족이다. 당시 돌궐은 고구려와 접하고 있었다. 투르크족은 서쪽으로 가면서 이슬람권의 여러 나라를 정복하면서 스스로 이슬람화된 후 11세기 중반에는 서남아시아를 제패하여 셀주크투르크 제국을 건설하였다. 그 후 일어난 오스만투르크 제국은 동로마제국 수도 콘스탄티노플(지금의 이스탄불)을 함락하고(1453년) 오스트리아의 수도인 빈을 두 차례 포위하기도 하였다.

17세기에 오스만투르크 제국은 서아시아, 북아프리카, 유럽에 걸쳐 오늘날 32개 나라를 포함하는 광대한 영토를 지배하였다. 이라크를 비롯한 중동 지역 15개국, 그리스를 비롯한 발칸반도 11개국, 이집트를 비롯한 북아프리카 5개국 등이 모두 수백 년 동안 오스만투르크 제국의 지배를 받은 역사를 가지고 있다. 이에 따라 오스만투르크 제국은 아랍인이 아닌 이민족의 나라이면서도 이슬람세계의 종주국이 되었고 흑해를 내해로 삼았으며 지중해 해안의 70퍼센트 이상을 차지함으로써 몽골제국 이후 세계 최대의 제국이 되어 유럽과 아시아를 잇는 무역로를 독점하였다.

이와 같이 유럽에서 인도에 가려면 반드시 오스만투르크 제국의 영토를 거쳐야 한다. 이 때문에 포르투갈의 항해가들은 육로를 거치지 않고 머나먼 아프리카 대륙을 돌더라도 대형선박을 이용하여 인도에 갈 수 있다면 아랍인과 베네치아인을 통하지 않아 이윤을 독차지할 수 있기 때문에 바닷길 개척에 나선다.

그런데 아프리카 대륙의 남단은 아랍인들도 가 본 적이 없어서 뱃길로 얼마나 가야 하는지 아무도 몰랐고, 끝없이 가다 보면 바다 끝을 가로지른 폭포가 있어 가까이 가면 물살에 휩쓸려 모두 떨어진다는 소문도 있었다. 그러나 지구가 둥글다고 믿는 모험가들이 왕을 찾아가 인도로 갈 수 있는 항로 개척을 제안하고 왕이 선박과 인원을 제공함으로써 대항해시대가 시작되었다.

포르투갈의 바르톨로메우 디아스는 왕(주앙 2세)이 제공한 범선 3척을 이끌고 1487년 8월 리스본을 떠나 한 번도 가 본 적이 없는 인도를 목적지로 하여 기약 없는 항해를 시작하였다.

출항 후 아프리카 대륙의 서해안을 끼고 남쪽으로 5개월간 순조롭게 내려가다가 폭풍우를 만나 13일간 표류한 그는 구사일생으로 다시 해안을 만났는데, 해안선이 동쪽을 향하고 있었고 며칠 후 북동쪽으로 휘어지자 대륙의 남단을 돌아 동쪽 바다로 접어들었음을 확신하게 되었다(1488년 2월). 그 방향으로 계속 가면 틀림없이 인도에 도착할 것으로 믿고 계속 가려고 하였으나 식량 부족과 선원들의 저항으로 되돌아오던 길에 지난번 폭풍우 속에서 못 보고 지나쳤던 절벽을 발견하고 상륙하여 포르투갈 영토표지석을 설치한 후 '폭풍의 곶'이라고 명명하였다. 리스본을 떠난 지 1년 만에 귀국한 디아스의 보고를 들은 왕은 크게 기뻐하며 아프리카 대륙의 남단인 그 절벽의 이름을 '좋은 희망의 곶(희망봉)'으로 바꾸었다.

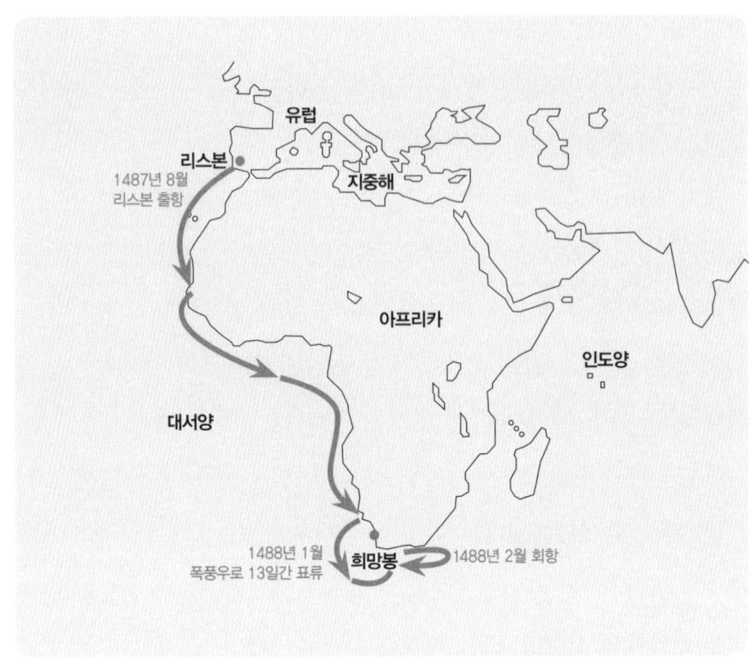

▶ 바르톨로메우 디아스의 희망봉 발견

이탈리아 제노바 출신 크리스토퍼 콜럼버스는 마르코 폴로의 『동방견문록』을 탐독하였는데 그가 남긴 항해일지에 "키타이(지금의 중국)로 가서 대칸(몽골제국의 황제)을 만날 것"이라는 구절도 있다. 그러나 그 당시에는 중국에서 몽골제국(원나라)이 물러가고 명나라가 들어선 지 100년이 넘었는데 유럽인들이 중국사정에 대하여 거의 모르고 있었던 것 같다. 그는 지구가 둥글다는 믿음을 가지고 포르투갈 왕에게 서쪽으로 계속 항해하여도 인도에 닿을 수 있다는 것을 설명하고 항해 지원을 제안하였으나 왕의 관심을 끌지 못하였다. 그러나 스페인(당시 카스티야)으로 가서 이사벨 1세 여왕의 지원을 얻어 내는 데 성공함으로써 대망의 항해에 나선다. 마치 중국의 춘추전국시대 때 자기 사상을 채택해 줄 군주를 찾아 여러 나라를 다니던 제자백가를 연상케 하는 행적이다.

1492년 8월 3일 스페인의 팔로스항에서 여왕이 제공한 3척의 선박에 88명을 태우고 출항하여 카나리아섬을 지난 후 무작정 서쪽으로 항해하기 시작하였다. 망망대해를 두 달 이상 밤낮으로 항해하여 10월 12일 처음으로 육지(산살바도르섬)를 발견하여 상륙하였다. 최초로 대서양을 횡단한 것이다.

그 후 그 일대를 항해하면서 여러 섬들을 답사하고 다음 해 3월 15일 귀국하였는데 39명을 남겨 식민지를 개척하도록 지시한 후 원주민 여러 명을 잡아서 데리고 왔다. 그가 답사한 섬 중에는 쿠바섬, 히스파니올라섬도 있었다. 오늘날 히스파니올라섬의 서쪽은 아이티이고 동쪽은 도미니카이다.

그는 이사벨 여왕의 대환영을 받으면서 그곳에는 금광이 많다고 거짓말을 하여 바로 식민지를 건설하기 위한 대규모 2차 지원을 얻어냈다. 그해에 17척의 배에 태운 1,200명을 이끌고 다녀왔고 그 후 두 차례 더 다녀왔다. 콜럼버스는 죽을 때까지 그 땅이 인도라고 확신하고 있었기 때문에 그 땅의 원주민들을 인도 사람('인디언')이라고 불렀고 자기가 다닌 여러 섬들을 '서인도제도'로 명명하였다. 유럽에서 서쪽으로 가서 인도에 도착했다면 그곳은 인도의 동쪽임에도 서인도제도라고 부른 것은 유럽의 서쪽에 있기 때문으로 보인다. 이는 이치에 맞지 않는 것이었지만 그 후 유럽인들은 이 지명을 바꾸지 않고 지금까지 그대로 사용하고 있다.

그런데 스페인에서 보낸 콜럼버스가 동쪽이 아닌 서쪽으로 가서 '인도'(사실 인도가 아닌 미지의 신대륙이지만)에 도달했다는 소식이 전해지자 콜럼버스의 제안을 거부했던 포르투갈은 큰 실수를 했음을 뒤늦게 깨달았다. 그 후 스페인과 포르투갈 사이에 '인도'를 놓고 영토 분쟁이 발생하였다. 원래 인도는 포르투갈의 영역이었기 때문이다. 두 나라는 교황의 중재로 세계를 양분하는 방안에 합의하였는데 이 중재안은 아프리카 서쪽 카보베데르섬에서 서쪽으로 100리그(480㎞) 떨어진 지점을 통과하는 자오선(1493년, '교황자오선')의 서쪽을 스페인령, 동쪽은 포르투갈령으로 하는 것이었다.

그런데 이듬해 포르투갈이 이의를 제기하여 100리그를 370리그로 옮기기로 스페인과 합의하였다(1494년, 토르데시야스 조약). 이 조약에 따라 포르투갈도 서쪽으로 항해하여 1500년에는 포르투갈 출신 카브랄이 남미 대륙에 상륙한 후 경계선의 동쪽 지역을 정복하여 식민지로 삼았는데 이 땅이 현재의 브라질이다. 스페인은 브라질을 제외한 중남미 전체와 북미 대륙의 텍사스에서 캘리포니아에 이르는 광대한 지역을 정복하였다.

포르투갈의 바스코 다 가마는 왕(마누엘 1세)이 제공한 4척의 배와 170명의 인원을 이끌고 인도로 가기 위하여 1497년 7월 8일 리스본을 출항하였다. 그는 앞서 디아스가 갔던 아프리카 서해안을 끼고 가는 연안항로로 가지 않고 시간을 단축하기 위하여 목숨을 걸고 카보베르데 제도에서 희망봉으로 가는 직선항로를 택하였다. 드디어 11월 22일 희망봉에 도착하여 동진하다가 한 달 후 대륙의 동해안으로 접어들어 북상하여 1498년 4월 소말리아 해안에 도착한 후 다시 동

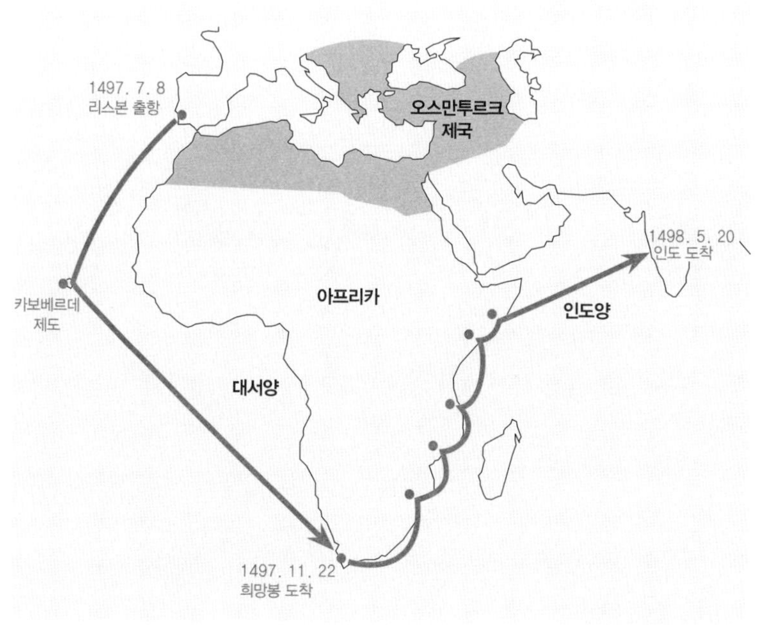

▶ 바스코 다 가마의 항로

쪽으로 인도양을 가로지르는 직선항로를 택하여 5월 20일 인도의 서해안에 도착하였다.

인도에서 3개월 머문 후 8월 29일 귀국길에 올라 1499년 1월 7일 소말리아 해안에 도착하였다. 6개월마다 바뀌는 계절풍인 몬순 때문에 갈 때는 23일 걸린 인도양 횡단길을 올 때에는 132일이나 걸렸다. 이 항해 기간 동안 선원의 반을 잃었고 나머지 선원들도 괴혈병에 시달려 1499년 9월에 리스본에 도착할 때 살아서 돌아온 사람은 떠날 때의 3분의 1에 불과한 55명이었다. 마누엘 1세는 크게 기뻐하며 그와 그의 형제들에게 귀족 작위를 부여하고 그에게 '인도양의 제독'이

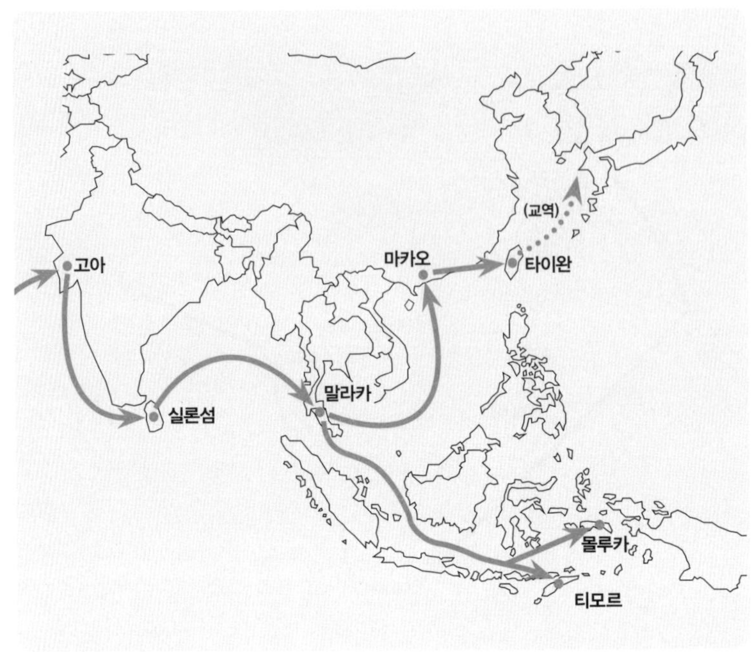

▶ 16세기 포르투갈의 동아시아 침략

라는 칭호를 내렸다.

이탈리아 피렌체 출신 아메리고 베스푸치는 1499년부터 5년 동안 세 차례 콜럼버스가 다녀온 서인도제도를 답사하고 나서 그곳에 사는 사람들의 야만 상태로 볼 때 화려한 궁전과 큰 도시가 많다고 알려진 인도나 중국일 리가 없고 그 땅은 유럽인들이 전혀 모르고 있던 신대륙이라고 주장하였다. 이 주장에 동의하는 독일의 지리학자 발트제뮐러가 1507년에 간행한 세계지도에 유럽과 아시아 사이 바다 가운데에 남북으로 기다란 대륙을 그려 넣고 이를 '아메리카'라고 명기하면서부터 오늘날까지 그 명칭을 그대로 사용하게 되었다.

지구가 둥근 공 모양이라는 것은 고대 그리스의 아리스토텔레스나 피타고라스 등 학자들도 짐작하고 있었는데 마젤란이 인류 최초로 이를 입증하기 위하여 지구일주 항해에 나섰다. 원래 포르투갈 태생인 마젤란은 포르투갈령 인도 총독부 소속 무역선 선장으로 말라카를 거쳐 인도네시아 동부에 있는 '향료 제도'로 알려진 몰루카제도까지 항해한 경험이 있었다. 그러나 왕의 신임을 잃고 해고된 후 스페인 왕 카를로스 1세를 찾아가서 포르투갈이 독점하고 있는 동인도 항로와 반대 방향인 서쪽으로 항해하여 몰루카 제도에 도달하는 계획을 제안하여 승낙을 받는 데 성공하였다.

마젤란은 1519년 9월 20일 세비야항에서 5척에 265명을 태우고 출항하여 카나리아 제도에서 2개월 머무르다가 남서쪽으로 방향을 잡고 대서양을 횡단하여 망망대해를 한 달 동안 항해하여 드디어 육지(리우데자네이루 근처)에 도착하였다. 그 후 해안을 따라 계속 남행하다가 라플라타만을 지나 상륙하여 탐험도 하면서 물과 생선, 과일 등 식량을 보충하고 선원들의 피로를 회복하기도 하였다.

1520년 10월 18일에 남미 대륙의 남단과 여러 개의 섬 사이의 해협(마젤란해협으로 명명)을 한 달 동안 통과하다가 드디어 잔잔한 망망대해(태평양)에 진입한 후 해안선을 따라 북쪽으로 가지 않고 인도로 가기 위하여 항로를 북서쪽으로 잡았다. 마젤란은 그 바다가 크지 않을 것으로 생각하였으나 가도 가도 수평선밖에 보이지 않는 3개월 동안의 항해 끝에 1521년 3월 6일에 처음으로 섬(마리아나 제도)을 발견하였고 며칠 후 다른 섬(괌)에 상륙하였으며 항해를 계속하여 4월 7일 필리핀의 세부섬에 도착했다.

그는 그곳에서 만난 부족 추장의 부탁으로 이웃 부족(막탄섬) 정벌에 나섰다가 전사하고(1521년 4월 27일) 나머지 선원들은 탈출하여 향신료의 섬 몰루카 제도에 도착하였다(1521년 11월). 선원들은 그곳 원주민들에게 보물을 주고 구입한 향료를 남은 배 한 척에 가득 싣고 귀로에 올라 1522년 9월 8일 세비야로 귀항하였다. 출발 당시 265명이었던 인원 중 3년에 걸친 지구일주 항해에서 대부분이 사망하고 귀항했을 때 생존자는 18명뿐이었다. 선장인 마젤란은 필리핀에서 사망하였지만 나머지 선원들이 지구를 한 바퀴 돌아 출발지로 귀항함으로써 지구가 둥글다는 사실을 인류 최초로 입증하였다.

마젤란 선단의 지구일주 항해 이후 스페인은 그 선원들을 기용하여 여러 차례 태평양 탐험을 계속하면서 괌, 사이판 등 마리아나 제도를 정복하고 1571년에는 필리핀의 모든 섬을 정복하여 이후 327년 동안 지배하면서 원주민들을 가톨릭 신자로 만들었다. 필리핀이라는 지명은 당시 스페인 왕 펠리페 2세의 이름을 따서 명명한 것이다.

한편, 스페인의 코르테스는 배 11척에 말 16필과 병사 500여 명을 태우고 유카탄 반도에 상륙하여 아스테카 제국을 정복하였고(1521년), 피사로는 63명의 기병과 200명의 보병을 거느리고 잉카제국을 정복하여(1532년) 막대한 양의 금과 은을 약탈하였다. 당시 잉카제국의 영토는 페루 지역을 중심으로 에콰도르, 콜롬비아 남부, 볼리비아 남서부, 아르헨티나 북서부, 칠레 북부에 걸친 대제국이었는데 3백명도 안 되는 스페인 군대에 멸망당하였다.

대항해시대를 연 포르투갈과 스페인은 대형 범선으로 머나먼 이국땅까지 가서 원주민들을 학살하거나 노예로 삼아 광대한 식민지를 개척하였다. 말과 총과 대포를 본 적이 없는 원주민들은 침략자들을 물리칠 재간이 없었다. 콜럼버스의 항해일지에 의하면 어떤 원주민들은 총은커녕 칼도 처음 보았는지 만지다가 손이 베여 크게 놀랐다고 한다. 철기시대 이전의 석기시대에 살고 있었던 것이다.

한편, 중국 명나라 때 정화는 황제의 명을 받아 1405년부터 1433년까지 7차에 걸쳐 대선단을 이끌고 동남아시아에서 서남아시아를 거쳐 아프리카에 이르는 지역의 많은 나라들을 방문하여 중국산 비단과 도자기를 외국의 보석 등 귀중품과 교환하는 무역을 하였다. 정화의 선단은 1492년 콜럼버스, 1497년 바스코 다 가마의 항해보다 80년 이상 앞서 대항해를 하였지만 그 후 중국에서는 해상무역에 대한 관심이 없어지고 유목민족이 세운 청나라의 지배가 시작되면서 해양 진출이 단절되었다가 19세기 들어 영국의 침략을 받게 되었다.

3 ………………… 스페인의 지배에서 벗어난 네덜란드의 전성기

네덜란드 지역은 고대 로마의 지배를 받다가 중세에는 프랑크 왕국에 이어 신성로마제국 합스부르크 왕조의 지배를 받았고 1516년부터는 스페인의 지배를 받았다.

종교개혁(1517년)이 일어난 후 네덜란드 지역에서 개신교 신자가 급증하여 성상파괴운동이 일어나자, 가톨릭 왕국인 스페인의 군대가 수천 명의 개신교 신자를 처형하였다. 여기에다 과중한 세금에 대한 불만이 겹쳐지며 1568년 독립전쟁이 일어났고 1581년 독립을 선언하였다.

그런데 영국 여왕 엘리자베스 1세가 네덜란드를 지원하자 스페인의 '무적함대'가 영국을 공격하러 갔다가 칼레해전(1588년)에서 참패하였다. 그 후 네덜란드가 스페인과의 해전에서 잇달아 승리하였고 가톨릭과 개신교 사이에 벌어진 30년 전쟁이 끝난 후 국제적으로 완전독립이 승인되었다(1648년 베스트팔렌 조약).

네덜란드는 스페인의 지배에서 벗어나기 위하여 무려 80년에 걸친 독립전쟁을 치르는 중에도 많은 무역상들이 향료 집산지인 인도네시아 몰루카 제도까지 다니면서 무역으로 막대한 부를 축적하였다.

많은 업자들의 경쟁으로 산지 가격이 상승하자 네덜란드 정부는 난립한 무역회사들을 통폐합하여 '네덜란드 동인도회사'를 설립하였는데(1602년 3월) 이 회사는 세계 최초의 주식회사로서 자체 군대와 행정, 사법 등 식민지 통치기구까지 갖춘 사실상의 국가조직이었다. 이 회사가 아시아 무역을 독점하고 있던 포르투갈의 식민지를 차례차례 빼앗았는데, 먼저 몰루카 제도의 암본섬에 있던 포르투갈 요새를 빼앗았고(1605년) 영국상관에 근무하는 영국인 10명과 직원인 일본인 9명, 포르투갈인 1명을 처형하여(1623년 '암보이나 사건') 새로운 경쟁자인 영국인들을 쫓아냈다. 이 사건 이후 영국은 몰루카 제도 향료 무역에서 손을 떼고 인도 무역에만 전념하였다.

그 후 이 회사는 대만에 식민지를 건설하였고(1624년) 동아시아로 가는 길목인 말라카(쿠알라룸푸르와 싱가포르 사이에 있는 항구)의 포르투갈 요새를 빼앗아(1641년) 일본 무역을 독점하고 있던 포르투갈을 몰아냄으로써 그로부터 200년 이상 일본 무역을 독점하였다. 1652년에는 아프리카 남단 희망봉 근처 케이프타운에 동인도회사의 아시아 무역을 위한 보급기지를 건설하였다.

한편, 네덜란드는 신대륙과 아프리카 서해안 무역을 목적으로 하는 서인도회사를 설립하여(1621년) 대서양의 제해권을 장악하면서 수백 척의 스페인과 포르투갈 상선을 약탈하고 식민지 탈취에 나섰다. 스페인의 지배를 받던 네덜란드가 대서양에서 스페인 해군을 압도하면서 복수에 나선 것이다. 1625년에는 북미 대륙의 맨해튼섬에 진출하여 식민도시 뉴암스테르담(오늘날 뉴욕)을 건설하였고 점차 식민지를 확대하여 새로운 영토를 뉴네덜란드(오늘날 미국의 동북부 지방인 뉴잉글랜드)로 명명하였다.

그 후 영국이 선발 주자이던 네덜란드의 상권 탈취에 나서면서 두 나라는 3차에 걸친 전쟁(영국-네덜란드 전쟁)을 치렀다.

1차전(1652~1654)은 영국의 우세로 끝났는데 그 후 1664년 영국이 북미 대륙의 네덜란드 식민지인 뉴암스테르담을 빼앗아 뉴욕(새로운 요크)으로 개칭하였다. 요크는 영국의 유서 깊은 고도이자 상공업의 중심지였다. 오늘날 미국의 금융 중심지인 뉴욕 월스트리트는 원래 네덜란드인들이 건설한 뉴암스테르담의 제방거리('Wall street')였다. 네덜란드인들은 옛날부터 바닷가에 도시를 건설할 때 항상 제방을 쌓았다.

2차전(1665~1667) 때는 네덜란드 함대가 템스강으로 진입하여 영국 함대를 대파하였다. 그 결과 동인도(지금의 인도네시아 전 지역)와 남미의 수리남에 대한 독점을 인정받고 대신 북미 대륙의 뉴네덜란드 지방을 영국에 양도하였다. 영국은 뉴네덜란드 지방을 차지한 후 뉴잉글란드('새 영국')로 개칭하였는데 후일 이 지역이 영국으로부터 독립하여 미국의 모태가 된다.

3차전(1672~1674) 때는 영국이 프랑스를 끌어들여 네덜란드를 침공하였는데 영국 · 프랑스 연합함대가 네덜란드 함대에 패하였으며 지상전투에서도 프랑스 왕 루이 14세가 친히 이끌고 온 15만 대군이 3만 명에 불과한 네덜란드군의 수공작전에 걸려 패하였다(프랑스-네덜란드전쟁, 1672년~1678년). 이 전쟁에서 프랑스군 총사령관 튀렌이 전사하였다. 이 전쟁의 승리로 네덜란드는 유럽 최강이자 세계 최강국이 되었다.

17세기는 네덜란드의 전성기로 이 나라 무역선들이 세계의 바다를 누비고 다녔고 암스테르담은 세계 최대의 항구였다. 유럽 최초로 동아시아에 진출하여 향료 무역을 독점하던 포르투갈은 네덜란드에 밀려 아프리카 남단 희망봉과 동남아시아의 말라카 해협 및 몰루카 제도를 모두 빼앗기고 인도 고아, 중국 마카오, 인도네시아 티모르섬의 동부 지역(동티모르)만 유지하게 되었다.

러시아의 표트르 황제는 낙후된 러시아의 선진화를 위하여 친히 250명으로 구성된 사절단을 이끌고 유럽 순방에 나섰는데(1697년) 네덜란드에서 가장 많은 시간을 보냈으며 암스테르담의 병원을 방문하여 아기의 시체를 대상으로 한 해부학 실습을 참관하기도 하였다. 그 무렵 네덜란드 의학은 일본에도 전해졌다.

4 .... 네덜란드와 프랑스를 꺾고 세계 최강이 된 영국

콜럼버스가 서쪽으로 대서양을 건너가서 '인도'(사실은 미지의 신대륙)에 다녀온 사실이 유럽 여러 나라에 알려진 후 왕이나 항해가들이 지금까지와는 반대 방향으로 가더라도 중국이나 일본에 갈 수 있겠다는 생각을 하게 되었다. 당시 유럽인들이 중국에 대하여 알고 있는 지식은 대부분 마르코 폴로의 『동방견문록』에 의지하고 있었는데 도자기와 비단이 넘쳐나는 풍요로운 나라로 여겨졌다.

이탈리아 제노바 출신 항해사인 조반니 카보토(영국명 존 캐벗)는 영국 왕 헨리 7세를 찾아가서 서쪽으로 항해하여 중국에 가는 항해를 제안하였다. 그는 중국이 인도 북쪽에 있는 것은 알고 있었기 때문에 콜럼버스가 스페인을 출발하여 서쪽으로 직행하여 인도에 도달한 것을 고려하여 영국에서 중국에 가려면 그 항로보다 북쪽 항로를 택하여 서쪽으로 가면 될 것으로 생각하였다. 그는 1497년 영국 왕이 지원한 선박과 인원을 이끌고 브리스톨항을 출항하여 무조건 서쪽으로 가다가 악천후 때문에 회항하였고 이듬해 다시 출항하여 52일 만에 낯선 땅에 도달하였다. 그곳에서 사람을 만나지는 못하였지만 사람이 산 흔적을 발견하여 그곳이 중국의 변방인 것으로 믿고 귀항하였다.

카보토의 보고를 들은 영국 왕은 그 땅을 '새로 발견된 땅(Newfoundland)'이라 명명하였다. 그는 다음 해 다시 그곳에 가서 해안을 탐사하여 처음에 도달하였던 섬 뒤에 또 다른 섬(나중에 '케이프브레튼섬'으로 명명됨)을 발견하였다. 카보토는 이듬해 다시 마르코 폴로의 『동방견문록』에 나오는 황금의 땅 '지팡구(일본)'를 목적지로 항해에 나섰다가 소식이 끊겼는데 난파된 것으로 추정된다.

1534년 4월 프랑스에서는 국왕 프랑수아 1세의 명을 받은 항해사 자크 카르티에가 2척의 범선에 60명의 인원을 태우고 생말로항을 출항하여 6개월 동안 망망대해를 서쪽으로 계속 항해한 끝에 낯선 땅을 만나 'Terre Neuve(새로운 땅)'이라고 명명하였다. 그런데 사실은 그 땅이 36년 전 영국 왕이 보낸 카보토가 다녀온 곳으로 영국에서는 '뉴펀들랜드'로 이미 명명하고 영국령으로 삼은 땅이었다. 카르티에는 그 후 두 차례 더 이 지역을 탐험하였는데 프랑스는 이를 바탕으로 캐나다 식민지를 개척하여 이민을 시작하였다.

영국 여왕 엘리자베스 1세로부터 신대륙 식민지 설립 허가를 받은 월터 롤리는 1584년 북미 대륙의 섬에 도착하였으나 정착에 실패하였다. 그 후 북미 대륙의 남동부 지방을 '버지니아'라고 부르게 되었는데 '처녀지'라는 뜻이 아니고 처녀 여왕인 엘리자베스 1세의 땅이라는 뜻이다. 엘리자베스 1세 여왕은 미혼인 25세에 왕위에 올라 70세에 사망할 때까지 평생 독신으로 살았기 때문에 애칭이 '처녀'였다.

이 시기에 영국은 칼레 해전(1588년)에서 스페인의 '무적함대'를 격파함으로써 유럽의 강국으로 부상하기 시작하였고 스페인은 내리막길에 접어들게 된다.

당시 영국해군 제독 드레이크는 8년 전에 여왕의 명에 의하여 지구일주 항해에 성공하였다(1577년~1580년). 58년 전인 1522년 스페인의 마젤란 탐험대가 최초로 지구일주에 성공하였지만 선장인 마젤란은 필리핀 막탄섬에서 전사하여 귀환하지 못하였기 때문에 세계 최초로 지구일주 항해에 성공한 선장은 영국의 드레이크가 되었다. 그는 항해 중에 만난 스페인 상선들을 공격하여 많은 금은보화를 약탈하였다.

엘리자베스 여왕 사후에 다음 왕인 제임스 1세로부터 식민지 건설 사업 허가를 취득한 민간회사가 1607년 4월 식민지 개척민 144명을 세 척의 배에 태워 북미 대륙에 보냈는데 항해 중에 40명이 죽고 104명이 도착하였다. 그들은 강을 거슬러 올라가서 정착지를 정하고 왕의 이름을 따서 '제임스타운'이라고 명명하였다. 그러나 최초 이주민들은 원래 정착 목적으로 간 것이 아니라 일확천금을 노리고 간 사람들이어서 금광을 찾거나 중국으로 가는 길을 찾아다니다가 대부분 굶어 죽었다. 그 후 이민이 계속되어 마을을 이루게 됨으로써 제임스타운은 아메리카 대륙 최초의 영국인 정착촌이 되었는데 영국인들은 원주민들로부터 담배 재배법을 배워 영국에 수출하였다.

1620년에는 영국에서 종교박해를 피해 메이플라워호를 타고 온 개신교 신자(청교도) 102명('필그림 파더스')이 현재의 보스턴 남쪽에 상륙하여 정착촌을 건설한 곳이 나중에 '뉴잉글랜드(새 영국)'로 불리게 된다.

버지니아와 뉴잉글랜드 정착촌이 확대되면서 본국으로부터 이민이 급증하여 영국 출신 인구가 네덜란드나 프랑스 출신을 압도하게 된다. 영국에서 신대륙행 배가 떠나는 항구에는 이민송출회사들이 각지에서 이민자들을 모집하여 태우고 온 마차들로 붐볐다. 이들이 보스턴에 도착하면 농장주들이 설치한 천막에서 즉석계약을 체결하고 따라가는데 계약 기간 동안 강제노동과 마찬가지인 중노동을 하였다. 나중에 백인 노동력이 부족하자 포르투갈 상인들로부터 수입한 아프리카 노예들이 늘어났다.

17세기부터 19세기까지 많은 영국인들이 북미, 남아프리카, 호주, 뉴질랜드 등 세계 각지로 이민을 떠났고 새로운 땅에서 다산을 하여 오늘날 영국 외의 나라에 살고 있는 앵글로색슨족의 인구가 영국의 3배가 넘는다. 북미 대륙 정착이 안정화 단계에 접어들면서 농토가 확대되고 농업생산성이 증대하여 영국인 가정에 10남매가 흔하였다.

18세기 북미 대륙에서 영국군은 프랑스와 원주민 연합군과의 전쟁('프렌치 인디언 전쟁' 1754년~1763년)에 승리하여 북미 대륙 대부분을 독차지하였다. '인도 사람(인디언)'이라는 잘못된 이름으로 불리던 북미 대륙 원주민들은 영국인들에 의한 학살과 전염병으로 거의 멸종 위기에 처한 반면, 영국인 인구가 급증하여 신대륙에서 인종 교체가 가속화되었다. 북미 지역에서 프랑스 식민지가 영국 식민지보다 넓었지만 인구는 영국 출신이 프랑스 출신의 10배가 넘었다.

미국 시인 롱펠로우의 유명한 서사시『에반제린』은 영국군이 프랑스 마을인 아카디아를 점령하여 프랑스인들을 강제로 배에 태워 머나먼 곳으로 강제 이주시킨 실화를 배경으로 하고 있다.

한편, 영국과 프랑스의 인도쟁탈전인 플랏시 전투(1757년)에서 클라이브가 이끄는 영국군이 프랑스-벵골 연합군에 승리한 후 영국은 프랑스 식민지를 모두 빼앗았으며 인도를 지배하던 무굴제국을 무력화시키고 인도를 독차지하였다.

1521년 인도에 침입한 몽골족의 후손들이 세운 무굴제국이 300년 이상 인도 전 지역을 지배하다가 1857년 영국에게 멸망당함으로써 몽골족의 세계 지배는 종말을 고하였다. 그 후 영국은 인도, 파키스탄, 방글라데시, 아프가니스탄, 미얀마, 말레이시아에 이르는 남아시아 전 지역을 정복하였다. 호주와 뉴질랜드는 17세기에 네덜란드인들이 여러 차례 다녀간 적이 있었지만 18세기에 모두 영국 영토가 되었다.

1776년 북미 대륙의 영국 영토인 뉴잉글랜드 지방이 독립하여 미국이 탄생하였으나 다른 나라의 독립과는 성격이 전혀 다르다. 보통 식민지의 독립이라면 정복자인 이민족이 물러가고 원주민이 나라를 되찾거나 새로운 나라를 세우는 것을 말하는데, 미국의 독립은 본국에서 멀리 떨어진 지역에 사는 같은 민족이 반란을 일으켜 별개의 나라를 세운 것이다. 그러나 미국이 독립한 이후에도 미국과 영국은 같은 민족으로서 240년이 지난 지금까지도 가장 가까운 맹방이다.

오늘날 국제사회에서 미국, 영국, 캐나다, 호주, 뉴질랜드 등 앵글로색슨족의 나라들은 군사적 공동체를 이루고 있고 외교 및 통상에서도 대부분 보조를 맞추고 있다. 21세기에도 앵글로색슨족의 세계패권은 계속 유지되고 있다.

프랑스는 북미 대륙 쟁탈전과 인도 쟁탈전에서 모두 영국에 패한 후 북미 대륙에서 독립전쟁이 일어나자 영국을 분열시킬 수 있는 절호의 기회로 여기고 독립군에 재정적 지원을 하면서 해군이 없는 독립군을 위하여 함대를 보내 지원하였다. 그러나 미국이 독립한 후 그 영향으로 13년 만에 프랑스에서 혁명이 일어나(1789년) 왕정이 무너지고 미국식 공화정이 들어서게 된다. 뉴욕항 입구에 서 있는 자유의 여신상은 1886년에 미국 독립 100주년을 기념하여 프랑스가 선물한 것이다.

그런데 프랑스 혁명 후 황제가 되어 유럽을 석권한 나폴레옹이 영국군에 두 번 잇달아 포로가 됨으로써(1814년, 1815년) 영국은 프랑스에 대하여 확실한 우위를 확보하게 되었다.

영국은 1824년에는 동아시아로 가는 해상교통의 요충지인 말라카를 네덜란드로부터 빼앗은 후 말레이반도 전체를 정복하였다. 말라카는 10세기 무렵부터 아랍인들이 동아시아 항로의 중간기착지로 건설한 도시로, 말레이계 이슬람 왕국이 통치하고 있었는데 16세기에 포르투갈 군대가 점령하여 요새를 건설하였고 1641년 네덜란드가 빼앗은 후 183년 만에 영국이 차지한 것이다. 그 후 영국이 말레이반도 끝에 위치한 싱가포르를 극동 지역 거점으로 개발하면서 말라카는 쇠퇴하였다.

말라카 해협은 길이 약 800㎞, 폭이 가장 좁은 곳은 50㎞로 예로부터 중동이나 유럽에서 극동으로 가는 항해에서 반드시 거쳐야 하는 곳으로서 선박의 왕래가 많았다. 오늘날 이 해협의 동쪽은 말레이시아의 주요 지역인 말레이 반도이고 서쪽은 인도네시아의 수마트라섬이며 말레이 반도의 남단에 한강 폭 정도의 좁은 해협을 끼고 싱가포르섬이 있다.

오늘날에도 이 해협은 세계 최대의 물동량이 통과하는 항로인데 남동행 선박 중 가장 많은 것은 중동산 원유를 싣고 한국, 중국, 일본, 대만으로 오는 유조선이고 북서행 선박 중 가장 많은 것은 이들 네 나라에서 인도, 중동, 아프리카, 유럽 지역으로 수출하는 공산품을 실은 컨테이너선과 자동차운반선이다.

▶ 말라카 해협

한편, 아프리카 남단 희망봉은 1488년 포르투갈 영토가 되었는데 1652년 네덜란드가 점령하여 근처에 케이프타운 식민지를 건설하였고 143년 후 영국이 빼앗았다(1795년). 남아프리카에 살던 네덜란드인의 후손인 '보어'인들은 영국인의 세력 확장에 밀려 북쪽 내륙으로 밀려났는데, 영국은 보어인들이 세운 독립국가인 트란스발공화국 및 오렌지자유국 연합군과 두 차례 전쟁(1881~1884년, 1899년~1902년)을 벌여 그 땅을 모두 빼앗았다.

이 전쟁에서 옛 땅을 되찾으려는 보어인들의 반격이 치열해지자 영국은 45만 대군을 보냈는데 보어인 인구는 50만 명 정도였고 병력은

7만 명에 불과하였다. 영국군은 21만 명의 보어인들을 집단수용소에 감금하였는데 그중 2만 명 이상이 사망하였다. 멸종 위기에 처한 보어인들이 항복함으로써 영국은 남아프리카 일대를 완전히 정복하여 막대한 금광과 다이아몬드 광산을 차지하였으며 아시아로 가는 해상 교통의 요충지를 확보하였다.

19세기는 영국의 세계패권이 확립된 시기로 영국인들의 생활수준은 유럽의 다른 나라들과는 비교가 되지 않을 정도로 풍요로웠다. 영국에 취업이민 온 가난한 독일 청년이 고국에 있는 가족에게 보낸 편지에 영국인들은 하루 다섯 끼 식사를 한다고 하며 메뉴를 자세히 적은 내용이 있다. 독일인들은 아침 식사를 가볍게 하는 데 반하여 영국인들의 아침 식사는 상당히 푸짐하고 오전과 오후의 티타임에 먹는 간식도 독일의 점심 식사와 맞먹을 정도라고 하였다. 그렇게 먹고 뚱뚱하지 않느냐는 답장에 모두가 뚱뚱하다고 하였다.

오늘날의 마이카 시대처럼 당시 런던에는 고급마차가 넘쳐나 상습 정체 구간이 많았고 마차 접촉사고로 인한 결투로 많은 사람들이 목숨을 잃었다. 이 때문에 지하차도를 건설하였는데 이것이 런던지하철의 시초가 되었다. 마차가 다니던 지하차도를 확장하여 철도를 깔아 증기기관차가 다니다가 디젤기관차로 바뀌고 나중에 전기기관차로 바뀌었다. 테임스 강변에 즐비한 카페에서는 사업가, 군인, 공무원, 탐험가들이 세계 각지에 다녀온 여행담으로 이야기꽃을 피웠다.

19세기 마지막 해인 1899년 영국은 지구를 일주하는 해저케이블망을 완성함으로써 해군의 정보력은 타의 추종을 불허하고 군함 총톤수는 미국, 프랑스, 독일, 러시아, 일본을 합한 것보다 많았다. 영국에 이어 오늘날 세계의 제해권을 장악하고 있는 미국의 군함 총톤수는 러시아, 영국, 프랑스, 중국, 일본을 합한 것보다 많다. 2위인 러시아가 미국의 3분의 1에 불과하고 중국은 10분의 1 수준이다.

5 세계를 정복한 유럽의 과학기술

총과 대포로 세계를 정복한 유럽인들

화약은 고대 중국의 4대 발명품 중 하나이며 11세기 송나라 때 세계 최초로 화약화살과 화약통 발사기 등 화약무기가 사용되었다. 그 후 몽골군이 화포를 사용하면서 13세기 몽골이 지배하던 서아시아 여러 나라에 대포 제작 기술이 전해졌고 아랍이 지배하던 포르투갈과 스페인에도 전해졌다. 15세기부터 유럽의 전쟁에서 대포가 사용되기 시작하였고 1453년 오스만투르크제국이 동로마제국 수도 콘스탄티노플을 함락할 때 주력 무기는 대포였다.

오스만투르크제국이 동로마제국을 위협하고 있을 때 우르반이라는 헝가리 기술자가 동로마제국의 황제를 찾아가 거대한 대포 제작을 제안했는데, 황제는 대포의 값이 비쌀 뿐 아니라 수비전에는 대포가 필요 없다고 판단하여 그 제안을 거절했다. 그러자 우르반은 상대편인 오스만투르크제국의 황제인 메흐메트2세를 찾아갔는데 메흐메트2세는 우르반이 요구한 금액보다 더 주고 모든 지원을 아끼지 않음으로써 포신의 길이 8미터, 구경이 90센티미터나 되는 거대한 대포가 완성되었다.

오스만투르크 제국의 콘스탄티노플 함락 후 유럽에서 거포제작 기술이 발달하여 유럽인들은 대포를 배에 싣고 5대양 6대주를 누비고 다니면서 아프리카, 남미, 북미, 호주, 뉴질랜드, 인도, 인도차이나, 인도네시아, 서아시아를 모두 정복하고 중국을 침략하여 만신창이로 만들었다. 터키와 일본을 제외하고 전 세계를 정복한 것이다.

한국에서는 고려시대 최무선(1325년~1395년)이 우왕에게 건의하여 화포를 제작한 후 이를 이용하여 병력의 열세를 극복하고 왜구를 물리쳤다. 이때 개발된 화포 제작 기술이 조선시대에 이어져 200년 후 임진왜란 때 이순신 함대의 함포는 왜군에 비하여 성능이 훨씬 우수하였다.

그런데 유럽보다 먼저 대포를 사용한 중국과 한국에서 대포의 성능이 수백 년 동안 제자리걸음이었던 반면, 유럽에서는 대포의 개량을 거듭하여 아편전쟁 때 월등한 화력으로 중국군을 유린한 후 베트남과 조선 침략 때에는 일방적인 살육전이 되고 말았다.

개인 화기인 휴대용 총도 14세기 몽골군이 사용하였는데 총 제작기술이 포르투갈과 스페인에 전해진 후 해외 정복에서 원주민들을 제압하는 주력 무기가 되었고 그 후 아시아에서는 처음으로 일본에 전해져 센코쿠(戰國)시대와 조선 침략(임진왜란) 때 세계 최초로 총으로 무장한 보병부대가 등장하였다.

세계를 제패한 영국의 과학기술

16세기가 포르투갈과 스페인이 주도하는 '대항해시대'였다면 18세기와 19세기는 영국이 선도하는 '과학기술혁명과 산업혁명 시대'라고 할 만하다. 이 시기에 영국의 과학기술 문명은 중세의 선진 문명이던 중국 문명과 이슬람 문명을 완전히 추월하게 된다.

산업혁명의 기폭제가 된 면방적기와 방직기, 증기기관과 증기기관차를 발명한 사람이 모두 영국인이다. 섬유산업이 기계화되면서 생산량이 폭증하여 영국의 서민들은 많은 옷을 값싸게 구입하였으며 공장과 무역상들은 섬유 수출로 큰돈을 벌었다.

증기기관을 장착한 기선이 범선을 대체하면서 무역선들은 대형화되고 계절풍이나 해류의 영향을 덜 받게 되어 인도와 신대륙까지 고속으로 전천후 항해를 할 수 있게 되었다. 군함은 목선 대신 철선이 되면서 수십 문의 대포를 장착한 난공불락의 해상요새가 되었으며 속도는 훨씬 빨라졌다.

뉴턴, 다윈과 함께 영국이 낳은 위대한 과학자로 꼽히는 마이클 패러데이는 오늘날 인류가 누리는 전기 문명의 기초를 확립한 사람으로, 전기학의 아버지로 불린다. 현대인의 생활은 전기 없이는 한시도 살 수 없다. 전등, 전기밥솥, 냉장고, 전자레인지, 텔레비전, 세탁기, 선풍기, 에어컨, 전기장판, 전기다리미, 헤어드라이어, 휴대폰, 컴퓨터, 엘리베이터 등은 물론이고 수도, 지하철, 공장, 의료기기 등이 모두 전기로 가동된다. 자동차, 식품, 옷, 가구, 책도 전동기(모터)로 돌아가는 공장에서 생산되며 자동차는 전기 없이는 시동을 걸 수 없다.

전동기의 원리인 '플레밍의 왼손법칙'으로 유명한 존 플레밍도 영국인이고 세계 최초의 항생제인 페니실린을 발명한 알렉산더 플레밍도 영국인이다.

내연기관과 석유화학 문명

내연기관인 휘발유엔진을 사용한 자동차는 독일에서 발명되었다. 1886년에 카를 벤츠가 휘발유 엔진을 장착한 세 바퀴 자동차를 발명하였고 몇 달 후 고틀립 다임러는 네 바퀴가 달린 자동차를 발명하였다. 그러나 카를 벤츠가 먼저 특허를 얻었기 때문에 '자동차의 아버지'라고 불리며 그의 아내 베르타는 세계 최초로 자동차 주행에 성공함으로써 '자동차의 어머니'라는 칭호를 얻게 되었다.

베르타는 결혼지참금을 남편의 사업에 투자하였으며 남편이 만든 시제품을 남편 몰래 끌고 나와 15세, 14세의 두 아들을 태우고 104㎞나 떨어진 친정에 다녀온 것이다. 연료 소진과 고장으로 여러 차례 위기를 겪었으나 기발한 임기응변으로 극복하여 자동차의 역사를 시작하였고 독일 여성의 용기와 지혜를 상징하는 인물이 되었다. 베르타가 귀가할 때 택한 길은 자동차 역사의 성지가 되었다.

벤츠사와 다임러사는 1926년에 합병하여 다임러-벤츠사가 되었다. 두 사람의 이름이 나란히 병기된 회사의 상호는 거의 동시에 자동차를 발명한 두 사람의 업적을 기리고 있다.

독일 기술자 루돌프 디젤은 1897년 경유를 사용하는 내연기관을 발명하였다. 발명자의 이름을 딴 디젤기관은 대형엔진 개발을 이끌어 화물차, 건설장비, 농기계, 잠수함 등에 장착되었다. 경유가 디젤기관의 연료로 사용되면서 디젤유라고 불리게 되었다.

비행기는 미국의 라이트 형제에 의하여 발명되었는데, 1903년 12월 17일 형제가 목숨을 걸고 비행기에 올라 36m를 비행하고 무사히 착륙하는 데 성공하였다. 제1차 세계대전이 막바지에 이른 1918년 초에 영국은 세계 최초로 공군을 창설하였는데, 후일 왕위에 오른 조지 6세 왕자가 공군에 입대하여 조종사가 되었다. 이후 1927년 5월 미국의 린드버그는 비행기를 조종하여 뉴욕과 파리 사이의 대서양횡단 무착륙비행(5,809㎞, 비행시간 33시간 50분)에 성공하였다.

2차 대전 때 독일군 주력 전투기의 엔진은 BMW사 제품이었고 영국군 주력 전투기 엔진은 롤스로이스사 제품이었다. 롤스로이스사의 공동창업자인 찰스 롤스와 헨리 로이스는 1906년 3월에는 자동차를, 1915년에는 비행기 엔진을 생산하기 시작했는데 그 후 비행기 엔진 생산에 주력하고 자동차 사업 부문은 최고급 차종만 남기고 축소하였다. 오늘날 세계 항공기엔진 시장에서 롤스로이스는 세계 3위의 업체이다.

BMW사는 1916년 독일의 프란츠 요세프 포프가 설립한 회사인데, 1차 세계대전 후 베르사유 조약에 의해 항공기엔진 생산을 중단한 후 1923년 모터사이클 생산으로 업종을 전환하였고 1928년에 자동차 생산을 시작하였다. 그 후 나치정권에 의하여 다시 항공기엔진 생산을 재개하여 전투기엔진을 공급하였으나 제2차 세계대전 종전 후 3년간 영업정지 처분을 받았다. 그 후 모터사이클과 자동차 생산을 재개한 BMW사는 역사적인 라이벌인 롤스로이스사의 자동차 사업부문을 인수하였다(1998년).

제1차 세계대전(1914년~1918년) 때까지 기병부대가 활약하였고 대포를 말이 끌고 다니던 시대였으나 제2차 세계대전(1939년~1945년)에서는 기병부대가 사라지고 자동차가 주요 수송수단이 되었으며 대규모로 전투기가 투입되었다. 2차 대전 때의 전투기는 대부분 프로

펠러 비행기였는데 전쟁이 끝날 무렵 독일이 최초로 제트전투기를 실전 배치하였다. 전쟁이 끝난 후 제트여객기는 전 세계를 거미줄같이 이어 주는 주요 교통수단이 되었다.

한편, 건설 및 농업용 중장비 개발의 선구자는 미국의 캐터필러사로서 1909년 벤저민 홀트가 창업하여 트랙터를 생산하였다. 1929년 대공황 이후 루스벨트 대통령의 뉴딜정책으로 대규모 건설사업이 활기를 띠면서 캐터필러사는 건설기술 발전의 주역이 되어 비약적으로 성장하였다. 2차 세계대전이 끝난 후 미국의 해군 제독 윌리엄 해세이는 "태평양 전쟁에서의 승리는 잠수함, 레이더, 비행기, 트랙터와 불도저 덕분"이라고 말했다. 오늘날 이러한 중장비가 없다면 아파트는 물론 단독주택 한 채도 지을 수 없고 도로와 지하철도 건설할 수 없다.

19세기 말부터 내연기관이 증기기관을 대체하기 시작하면서 오늘날 인류는 석유 없이는 살 수 없다. 자동차, 비행기, 선박 등 대부분의 교통수단이 석유를 연료로 사용하기 때문에 모든 여행은 석유에 의존하고 있고 석유를 사용하는 트랙터나 어선 없이 식량을 얻을 수 없으며 모든 식량은 석유연료를 사용하는 자동차에 의하여 가정에까지 도달한다.

오늘날 석유는 난방연료 중 가장 큰 비중을 차지하며 합성수지와 합성섬유의 원료로 사용되면서 소비가 더욱 늘었다. 합성수지는 1909년에 미국에서 벨기에 태생의 발명가 베이클랜드가 발명하였는데, 그 후 석유를 원료로 한 석유화학산업이 급속도로 발전하면서 현대를 석기시대, 청동기시대, 철기시대 다음인 '플라스틱시대'라고 할 수 있을 만큼 플라스틱, 비닐, 스티로폼, 합성섬유, 아스팔트 등 석유화학 소재가 철기보다 훨씬 많이 사용되고 있다.

전 세계에 전파된 유럽 문명

16세기 대항해시대부터 유럽인들이 고도로 발달된 항해술과 신무기를 앞세워 세계 정복에 나선 후 인류의 대부분이 유럽인들의 지배를 받게 됨으로써 유럽 문명이 세계에 전파되었다.

오늘날 전 세계 인류는 민족과 언어와 종교가 달라도 유럽 문명과 그 연장인 미국 문명 속에 살고 있다. 양복은 물론 평상복이나 속옷까지 유럽식 옷을 입고 주택이건 사무실이건 대부분 건물이 유럽식 건물이다. 유럽보다 더 오랜 문명을 자랑하는 중국의 지도자들도 전통복장 대신 양복을 입고 유럽식 인사법인 악수를 한다. 전 세계 인류 대부분이 유럽식 학교에서 유럽의 학문과 예술을 배우고 있고 영국, 스페인, 프랑스의 언어가 국제적인 공용어가 되었으며 식생활까지 점차 유럽식으로 바뀌어 가고 있다. 올림픽 종목의 대부분은 원래 유럽인들의 놀이문화이고 축구와 골프는 영국인들의 민속놀이가 발전한 것이다. 세계 모든 나라가 유럽의 음계로 작곡된 국가를 부르고 유럽의 악기와 고전음악과 대중음악이 전 세계에 전파되었다.

유럽과 미국에서 발명된 수많은 종류의 가전제품, 자동차, 컴퓨터, 인터넷, 휴대폰, 항생제, 의료기기, 농기계 및 건설 중장비, 공장 설비들은 모두 인류의 공유물이 되었다.

동아시아에서 일부 음력의 흔적이 남아 있고 일본, 대만, 북한 등 몇몇 나라가 고유 연호를 함께 사용하기는 하지만 전 세계 모든 나라가 유럽의 달력인 서력기원 양력을 사용한다.

가장 큰 유럽 문명은 선거제도를 주축으로 한 민주주의 제도와 법률체계, 주식시장을 기반으로 하는 시장경제시스템이며 공산주의도 유럽인의 발명품이다. 은행, 보험, 연금도 모두 유럽에서 생겨나고 발달한 제도이다.

유럽 문명의 초석이 된 종이, 나침반, 인쇄술, 화약, 도자기, 비단을 발명한 중국도 오늘날 유럽식 선거제도와 시장경제를 도입하여 현대국가가 되었고 이슬람 세계의 종주국이었던 터키도 1차 대전 패배 후 유럽인들의 침입을 물리치고 멸망을 면하였지만 케말파샤의 6대 개혁을 통하여 이슬람 문명을 버리고 공화국체제, 알파벳 사용, 양력 등 유럽 문명을 채택하여 현대국가로 탈바꿈하였다.

6 .... 아편전쟁 이후 중국과 베트남의 수난

베트남에서 떠이선(西山) 삼형제가 이끄는 농민혁명군에 의해 남부 응우옌(阮)씨 정권이 멸망할 때(1777년) 왕족 응우옌푹아인(阮福暎)이 탈출하여 태국으로 망명했다가 태국 왕이 지원한 군대를 이끌고 고국에 들어왔으나 떠이선 군대에 패하였다. 그 후 태국에서 만난 프랑스 선교사 삐뇨 드 베엔느 신부가 모집한 가톨릭교도 의용군을 이끌고 다시 들어와 자딘(嘉定, 현 호치민시의 북부지역)을 점령하였다(1789년). 이 해에 하노이에서는 응우옌반후에가 청나라 군대를 격퇴하였고 프랑스에서는 대혁명이 일어났다. 삐뇨 신부는 응우옌푹아인(阮福暎)을 지원하여 훗날 베트남을 가톨릭왕국으로 만들겠다는 희망을 가지고 태국에서 의용군을 모집하였는데 그 숫자는 적었지만 유럽제 최신 무기로 무장하고 있었다.

응우옌푹아인(阮福暎)은 삐뇨 신부의 지원에 힘입어 북상하여 후에(順化)를 점령한 후 하노이까지 함락함으로써 떠이선(西山) 왕조를 멸망시키고(1802년) 황제가 되어 후에를 수도로 하는 응우옌(阮)씨 왕조(1802년~1945년)를 열었다. 그는 예전의 남부 응우옌(阮)씨 정권을 멸망시켰던 떠이선(西山) 왕조 응우옌반후에(광중光中 황제)의 아들인 2대 황제를 처형함으로써 25년 만에 복수하였다.

응우옌푹아인(阮福暎)은 국호를 '월남(越南, 베트남어 발음 비엣남, 프랑스어 표기는 Vietnam)'으로 정하고 중국의 청나라로부터 월남 국왕으로 봉해졌으나(1804년) 국내에서는 황제(嘉隆帝)라고 칭했으며 독자적인 연호를 사용하였다. 그는 자신의 복수를 도와준 프랑스 사람들을 우대하였지만 통상 요구는 거부하고 쇄국정책을 고수함으로써 프랑스 정부와의 관계가 악화되었다.

그 무렵 중국(당시 청나라)과의 무역을 확대하던 영국은 무역수지 적자로 은의 유출이 증가하고 있었는데, 이를 막기 위하여 아편을 밀수출함으로써 막대한 수익을 얻고 있었다. 많은 중국인들이 아편중독자가 되면서 청나라 황제의 특명을 받은 임칙서가 광둥(廣東)에 내려가 강력한 단속을 펼치자 영국이 군대를 보내 침략한 아편전쟁(1840년~1842년)은 세계 역사상 가장 추악한 전쟁으로 꼽힌다.

이 전쟁에서 영국 군함은 모두 증기기관을 장착하여 속도가 뛰어나고 철선이어서 적의 공격에 강한 데다 강력한 대포를 수십 문씩 장착하고 있어 청나라의 범선은 상대가 되지 않았다. 멀리서 온 영국 군함 네 척이 수십 척의 청나라 군함을 모두 격침시켰다. 개인 화기인 총의 성능도 비교가 안 되어 지상전투에서도 수만 명의 청나라 군대는 10분의 1도 안 되는 영국군을 막아 낼 수 없었다. 이 전쟁은 대등한 전쟁이 아니라 일방적인 살육전이었다. 불과 4천 명의 영국군이 청나라에 침입하였는데 청나라 병사 2만 명 이상이 전사한 반면 영국군 전사자는 5백여 명에 불과하였다.

청나라는 이 전쟁에서 영국군에 패한 후 제2차 아편전쟁(1856년~1860년)에서는 영국과 프랑스 연합군에 수도 베이징까지 유린당하여 황제가 북쪽 별궁으로 피신하는 수모를 겪었다. 이후 청나라는 영국, 프랑스, 러시아, 독일, 일본의 침략으로 만신창이가 되면서 멸망의 길로 들어선다.

프랑스는 영국과 함께 중국을 침략하고 있을 때 베트남에서 가톨릭교에 대한 박해(1858년)로 프랑스 선교사들이 살해되는 사건이 발생하자 베트남 침략도 시작하였다. 프랑스군이 사이공(오늘날의 호치민시)을 점령한 후 4년에 걸친 전쟁 끝에 베트남이 항복함으로써 프랑스는 남부 3개 성을 차지하였다(1862년, 제1차 사이공조약). 이듬해에 프랑스는 캄보디아를 보호국으로 하였으며 그 후 제2차 사이공조약(1874년)으로 6개 성을 추가로 빼앗았고 1883년 아르망조약을 체결하여 베트남을 보호국으로 만들었다.

베트남에 침입한 프랑스군은 수천 명에 불과하였지만 총과 대포의 성능 우위로 베트남 전 국토를 점령한 후 캄보디아 라오스와 함께 '프랑스령 인도차이나 연방'을 구성하였는데 베트남 응우옌(阮)씨 왕조의 황제는 허수아비로 존속시켰다.

프랑스가 베트남을 침략하고 있을 때 본국에 쳐들어온 독일(당시 프로이센)과의 전쟁에서 패하여(1871년) 수도 파리가 점령당하고 나폴레옹 3세 황제가 포로가 되는 치욕을 겪었는데, 그 후 다시 공화정이 출범하여 국내 혼란이 계속되는 와중에도 베트남 침략과 알제리 침략을 계속하면서 학살을 자행하였다.

일본으로 망명한 중국의 계몽사상가 양계초가 도쿄에서 베트남의 애국지사 판보이쩌우(潘佩珠, 호 巢南子)를 만나 한문으로 필담한 내용을 엮어 편찬한 『월남망국사』에 프랑스가 베트남에서 저지른 만행이 자세히 나와 있다. 전국에서 일어난 의병들을 잔인한 방법으로 학살하고 그들 부모의 묘를 파내서 유골을 훼손하여 치를 떨게 하였으며, 수많은 세금을 만들어 백성들을 수탈함으로써 도처에 굶어 죽는 사람이 속출하였다. 베트남의 벼농사는 2기작이 기본이며 가뭄이나 태풍 피해가 별로 없어 굶어 죽는 사람이 거의 없었음을 미루어 볼 때, 프랑스의 약탈이 얼마나 심했는지 알 수 있다. 판보이쩌우(潘佩珠)는 양계초와 3일간 필담하는 동안 계속 눈물을 흘리면서 "프랑스가 문명국가라더니 짐승보다 못하다."고 절규하였다.

프랑스가 베트남을 정복하자 베트남에 대한 종주권을 주장하는 청나라와 프랑스 간에 전쟁(1884년~1885년)이 일어났는데 프랑스 함대가 청나라 해군을 궤멸시킴으로써 청나라의 패배로 끝났다. 청나라의 목제 범선들은 증기기관으로 움직이는 프랑스의 철제 군함의 상대가 되지 않았다.

청나라는 제2차 아편전쟁(1856년~1860년)에서 영국과 프랑스 연합군에 참패한 후 24년 만에 또 프랑스에 패하여 베트남에 대한 종주권을 상실하였다. 그로부터 10년 후 일본과의 전쟁(1894년 청일전쟁)에서 패하여 타이완을 빼앗기고 조선에 대한 종주권마저 상실하였다.

2천 년간 동아시아 한자 문명권의 종주국으로 군림하던 중국은 과학기술 문명으로 무장한 유럽 열강과 일본에게 잇달아 참패함으로써 역사상 가장 비참한 고통을 겪게 된다.

7 .... 유럽인들은 왜 일본을 침략하지 않았을까

일본의 은인 마르코 폴로와 쿠로시오

유럽인들이 인도와 중국은 로마시대부터 알고 있었으나 일본은 마르코 폴로의 중국 여행기 『동방견문록』으로 처음 알게 되었다. 그런데 이 책에 일본은 황금의 나라로 과장되어 있고 당시 고려에 대한 언급은 전혀 없다. 이 책이 유럽에서 금속활자의 보급과 함께 베스트셀러가 되면서 유럽인들의 일본에 대한 지대한 관심의 시발점이 되었고 일본을 아시아 최초의 근대국가로 성장시킨 일등공신이 되었다. 이 책의 상당 부분이 마르코 폴로가 직접 본 내용이 아니라 소문으로 들은 내용들인 것으로 추정되는데, 특히 일본에 대한 기술은 과장이 심한 내용으로 되어 있다.

콜럼버스를 비롯한 유럽의 항해가들이 이 책을 읽고 일본에 대한 환상을 갖게 되어 목숨을 건 항해에 나섰고 그 후 포르투갈이 말라카를 점령하여 동아시아 거점으로 삼은 후 포르투갈 무역상들이 일본에 가서 무역을 시작하였다. 스페인 출신 예수회 선교사 프란시스코 사비에르 신부가 중국에 앞서 동아시아 최초로 일본에 그리스도교를 전파하러 간 것도 일본에 대한 관심 때문이었으며 그가 일본에서 중국(당시 명나라)에 갔다가 병사하여 그의 유해가 고국인 포르투갈에 귀환한 후 왕과 무역상들의 일본에 대한 관심은 더욱 커졌다.

16세기 유럽의 세계지도에 일본은 거의 인도만큼 크게 그려져 있고 한반도는 아예 나타나지도 않는 것은 유럽인들의 일본에 대한 큰 관심과 한국이라는 나라의 존재에 대한 무지를 말해 준다.

16세기 일본을 왕래하던 포르투갈 무역선의 선원들은 타이완을 지나면서 북상하는 조류를 만나면서 배의 속도가 빨라지고, 이와는 반대로 돌아올 때는 조류를 거슬러 가야 하기 때문에 시간이 몇 배나 더 걸린다는 사실을 알게 되었다. 그 조류는 계절에 관계없이 일 년 내내 같은 방향으로 흐르는데 검은빛을 띠었다. 예로부터 류큐(지금의 오키나와)의 상인들은 일본에 왕래하면서 이 조류를 알고 있었고 일본에서는 '검은 해류'(黑潮, 일본어 발음 '쿠로시오')라고 불렀다. 쿠로시오는 포르투갈과 네덜란드 상인들을 통하여 유럽에 알려졌고 오늘날 지리학에서도 같은 이름으로 불린다.

쿠로시오는 난류로서 필리핀 동쪽 해상에서 북쪽으로 올라가 대만 동쪽과 오키나와를 지나 일본 규슈 남단 가고시마에 이르러 동서 양쪽으로 갈라진다. 이 중 서쪽 해류는 규슈 서해안을 지나 쓰시마해협과 대한해협을 통과하여 동해로 들어간 후 울릉도 근해에서 북쪽에서

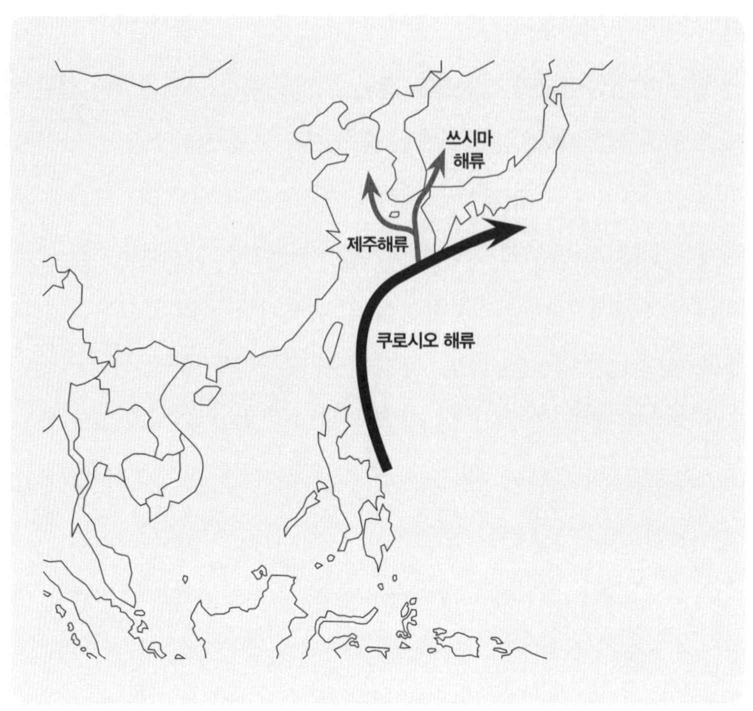

▶ 쿠로시오 해류

내려온 한류를 만나 소멸한다. 그리고 가고시마에서 동쪽으로 흘러가는 조류는 규슈 동해안을 타고 올라가다가 북태평양으로 흘러가 소멸한다.

쿠로시오의 폭은 약 100㎞에 달하여 선박이 대만 남쪽 해상에서 일단 이 조류를 타기만 하면 힘 안 들이고 가고시마와 나가사키에 도달할 수 있다. 규슈의 동해안은 태평양에 접하여 파도가 거칠고 서해안이 잔잔한 편이어서 포르투갈과 네덜란드 선박들이 나가사키를 택한 것이다. 더욱이 나가사키 일대는 항만으로서 최적의 지형인데 천연

방파제로 둘러싸인 복잡한 만으로 들어오면 잔잔한 호수와 같다.

임진왜란 때 왜군에 포로로 끌려간 후 일본 무역상의 한문통역으로 베트남에 세 차례 다녀온 조완벽이 남긴 기록에 의하면 베트남까지 갈 때는 40일~60일 걸리지만 일본으로 돌아올 때는 15일 걸린다고 했는데 이 해류 때문이다. 한반도에 없는 야생원숭이가 일본에 많이 있는 것도 예로부터 남방계 사람들이 쿠로시오를 타고 들어올 때 함께 들어온 것으로 추정된다. 일본원숭이는 규슈 최남단 가고시마에서 동북지방 최북단 아오모리까지 야생에서 서식하고 있다.

대한해협은 예로부터 현해탄(玄海灘)이라 불렸는데 '검은 바다 여울'이라는 뜻이다. 부산이나 마산에서 대마도를 거쳐 규슈나 시모노세키에 이르는 바닷길은 바닷물이 검고 파도가 험하여 뱃사람들이 꺼렸는데, 이는 쿠로시오 해류의 지류인 쓰시마해류가 가로질러 흐르기 때문이다. 한국의 삼국시대에 일본과 가까운 신라보다 먼 곳에 있는 백제 사람들이 일본에 많이 간 이유도 현해탄 때문이다.

부산에서 남쪽으로 항해하다가 대마도 가까이 가면 큰 여울이 있어 많은 한국 뱃사람들이 조난을 당하는 곳이 있는데 바다 밑에 초승달 모양의 해부(海釜, 해저 계곡)가 있어 쿠로시오 해류가 이곳을 지날 때 큰 여울이 생긴다. 대마도의 부산 방향 해안에 한국 조난자들을 위한 추모비가 세워져 있다.

1627년 유럽인 최초로 조선에 온 네덜란드인 박연 일행 3명은 일본 나가사키 가는 길에 풍랑을 만나 표류하다가 제주도에 상륙하였다. 1653년에 온 하멜 일행 37명도 역시 나가사키 가던 길에 풍랑을 만나 제주도에 상륙하였다. 박연은 귀화하여 조선 여자와 결혼하고 공무원이 되었지만 하멜 일행은 14년 간의 억류생활 끝에 탈주하여 원래 목적지인 나가사키로 갔다.

당시 일본에 오는 네덜란드인들 중에는 일본어를 할 줄 아는 사람이 많았으며 일본어-네덜란드어 사전도 출판되었다. 일본이 임진왜란 전부터 유럽의 과학기술 문명을 빈번하게 접하고 있었던 반면에 조선에는 유럽인들의 발길이 닿지 않아서 유럽 문명을 접할 기회가 전무하였다. 유럽인들이 잘 알지도 못하는 조선에 목숨을 건 항해를 하여 올 이유가 없었던 것이다.

임진왜란 전부터 일본에 간 유럽인들

16세기 아시아 각지에 진출하여 무역을 하던 포르투갈 상인들이 일본에 나타났다. 임진왜란이 일어나기 수십 년 전부터 나가사키와 교토 지역에 많은 포르투갈인들이 거주하여 사무라이들 사이에 유럽 음식인 빵과 포르투갈식 옷이 유행할 정도였다. '빵'의 어원은 포르투갈어이다. 포르투갈인들이 전수해 준 카스텔라는 오늘날에도 나가사키의 명물로 인기가 있다. 동아시아 최초로 일본에 유럽 문물이 들어온 것이다.

조선에서는 그때까지 백인을 본 적도 없었고 일본의 내전에서 대규모로 총이 사용된 것도 몰랐으며 들어 본 적도 없는 먼 나라에서 백인들이 배를 타고 일본에 와서 무역을 한다는 것은 더욱 알 수 없었다. 이 시기에 일본의 오다 노부나가는 그들이 전수해 준 기술로 대량 생산한 조총을 이용하여 연전연승함으로써 센고쿠(戰國)시대를 평정하였다.

포르투갈 상인들에 이어 스페인 출신 예수회 선교사 사비에르 신부가 1549년 일본의 최남단인 가고시마에 도착하여 규슈와 교토 지역에서 선교 활동을 하다가 중국으로 떠났고 그 후 계속 선교사들이 규슈 지역에 와서 영주 가문을 중심으로 활발한 선교 활동을 하였다. 1582년에는 나가사키 부근 영주가 파견한 소년사절단 4명이 포르투갈 선편으로 로마에 가서 교황을 알현하였는데 이것은 일본인 최초의 유럽 여행이 되었다. 임진왜란 전에 규슈 지역의 가톨릭 신자가 수만 명에 달하였는데 조선 침략의 선봉장인 고니시 유키나가도 가톨릭 신자였다.

그러나 그 후 일본의 최고통치자가 된 도요토미 히데요시와 그 뒤를 이은 도쿠가와 이에야쓰는 선교사들을 추방하고 가톨릭교를 철저하게 탄압하면서 강력한 쇄국정책을 펴기 시작하였다.

임진왜란이 끝나고 도쿠가와 막부가 들어선 17세기부터 유럽의 새로운 강국으로 떠오른 네덜란드가 동아시아에서 포르투갈을 몰아내고 일본에 진출하였다. 이때 일본 정부('에도 막부')가 쇄국정책을 강화하면서 네덜란드 외 다른 나라의 입국을 금지하자, 네덜란드는 일본 무역을 독점하게 되었다. 네덜란드 무역상사들의 거점인 나가사키의 인공섬인 데지마는 200년 동안 일본과 유럽을 이어 주는 창구 역할을 하였으며 이에 따라 변방인 규슈 지역이 막부의 수도인 에도(지금의 도쿄)보다 서양 문물의 영향을 많이 받게 됨으로써 이 지역에서 메이지유신을 일으킨 핵심 세력이 태동할 수 있었다.

일본의 막강한 군사력 때문에 정복 단념

16세기 세계 각지에 식민지를 건설한 포르투갈과 17세기 강대국이던 네덜란드는 일본을 무력으로 정복한다는 것을 처음부터 생각하지도 않았다. 세키가하라 전투(1600년)에서 총과 대포로 무장한 양측 수십만 명의 군대가 격돌한 광경을 본 유럽인들은 그렇게 큰 전쟁을 본 적이 없었다.

개신교 신자인 네덜란드인들은 일본의 뿌리 깊은 전통신앙 때문에 그리스도교 선교도 포기하였는데 식민지인 인도네시아 지역에서도 이슬람교 신자들을 개종시키려고 하지 않았다.

네덜란드 상인들은 일본의 미술품을 유럽에 팔아 큰돈을 벌었는데 19세기 유럽 화가들 사이에 '자포니즘'이라 불리는 일본붐이 일어났다. 네덜란드 출신인 고흐를 필두로 19세기 말 유럽의 화가들 가운데 일본 미술의 영향을 받지 않은 사람이 거의 없을 정도로 그 영향은 매우 컸다.

고흐는 수백 점의 일본 판화('우끼요에')를 수집하였는데 암스테르담에 있는 고흐 미술관의 한 층 전체가 일본 미술품 전시실이다. 프랑스 화가 모네도 일본 판화에 심취하여 많은 작품을 벽에 걸어 놓고 감상하였으며 만년에는 파리 교외에 일본풍의 정원을 만들어 놓고 일본풍의 그림을 그리며 여생을 보냈다. 마네, 보나르, 드가, 고갱, 로트렉 등도 모두 일본미술의 영향을 많이 받았다. 예술가들의 일본 열풍으로 인하여 대중들과 지도층 모두 일본을 동경하는 분위기가 생겨났고 상류층에서는 일본식 분재와 일본 전통의상인 기모노가 유행하였다.

네덜란드 사람들은 일본과 교역을 하면서 세계지리, 의학, 천문학, 물리학, 화학, 측량술, 포술 등 다양한 분야에 걸쳐 새로운 지식을 전해 주었는데 일본에서는 네덜란드 사람들이 전해 준 학문을 '난학(蘭學)'이라고 일컬었다. 이는 당시 네덜란드를 지칭하는 '홀란드'의 한자 표기인 '和蘭'의 학문이라는 뜻이다.

난학 중에서 일본인들에게 가장 인기를 끈 것은 의학이었다. 일본의 여러 박물관에 당시 네덜란드 상인들이 가져온 해부학 교과서를 비롯한 유럽의 선진 문물이 다수 소장되어 있다. 오늘날 한국이나 중국에서 학문 분야를 지칭하는 의학, 물리학, 화학 등은 물론 만유인력, 중력, 분자, 진공 등의 학술용어가 모두 일본의 난학자들이 번역한 것들이다. 일본을 근대국가로 탈바꿈시킨 메이지유신의 지도자들 대부분이 난학을 공부한 사람들이다.

지금도 일본에서 비 오는 날 아침 짧은 교복치마 차림의 여학생이 한 손에 우산을 든 채 한 손으로 능숙하게 자전거를 몰고 등교하는 모습이나 할머니가 자전거 타고 나들이하는 모습은 흔한 광경인데, 이러한 일본의 자전거 문화도 네덜란드의 영향이다.

페리제독에 굴복한 개항과 쇄국파의 반발

1853년 에도(江戶, 지금의 도쿄)의 관문인 우라가 항에 거대한 흑선 4척이 나타났다. 이번에 온 백인들은 네덜란드 사람이 아니라 미국인이었다. 함대가 머무르는 며칠 동안 수많은 구경꾼들이 해안에 몰려들었으며 작은 배를 타고 가까이 접근해서 구경하기도 하였고 일부는 미군 측의 초대로 배에 올라 내부까지 구경하였다. 그중에는 후일 탈아입구론(아시아를 탈피하여 '구라파', 즉 유럽으로 들어가자는 사상)을 주창한 선각자 후쿠자와 유키치도 있었다.

일본 역사에서 '흑선'(黑船, 일본어 발음 '쿠로후네')은 16세기부터 포르투갈과 네덜란드 사람들이 타고 온 대형 범선을 말한다. 당시 선박 표면의 부식을 방지하기 위하여 검은 타르 칠을 했기 때문에 일본인들이 그렇게 부른 것이다. 한국(당시 조선)에는 그런 배가 온 적이 없었고 300년이 지난 19세기 후반 대원군 때 강화도에 침입한 프랑스와 미국의 군함들이 한국인이 본 최초의 서양 선박이었는데, 이들은 증기기관을 장착한 철제 군함이었다.

나가사키 사람들은 300년 전부터 흑선을 보아 왔으나 정부(지금의 도쿄에 있던 '에도 막부')의 고위 관료들은 크게 긴장하였다.

미국의 동인도함대 사령관 매슈 페리 제독은 필모어 대통령의 특사 자격으로 1852년 11월에 대서양 연안 버지니아주 노퍽항에서 대형군함 4척을 이끌고 출항했다. 미국이 멕시코와의 전쟁(1848년)에서 승리하고 남북전쟁(1861년)이 발발하기 전이었다.

미국 서부에 항구가 없고 파나마 운하도 없던 시절이라 그의 함대는 태평양을 건너오지 않고 대서양을 횡단하여 남아프리카의 케이프타운, 실론(스리랑카), 싱가포르, 마카오, 상하이를 거치는 머나먼 항로를 택하여 출항한 지 8개월 만인 1853년 7월 8일에 일본 우라가 항에 도착하였다.

마카오에서 중국인 통역과 네덜란드인 통역을 고용하여 한문과 네덜란드어로 번역한 필모어 대통령의 친서를 일본 측에 전달하였는데 막부 측의 요청으로 다음 해까지 협상유예에 동의해 주고 일단 물러났다. 이듬해인 1854년 2월 13일에 그가 다시 7척의 군함을 이끌고 와서 무력시위를 하자 에도 막부가 굴복하여 미일화친조약을 체결하였고 1858년에는 통상수호조약을 체결하여 나가사키, 요코하마, 니이가타, 효고 등 4개 항구를 개항하였다. 같은 해 막부는 네덜란드, 러시아, 영국, 프랑스와도 잇달아 통상조약을 체결하였다.

당시 고메이 천황은 외국 문물을 배척하고 개국에 반대하는 쇄국주의 노선을 지니고 있었으므로 에도 막부 측에서 미일수호통상조약 체결에 대한 칙허를 요구하자 이를 거부하였다. 그러나 막부의 실권자인 이이 나오스케가 천황의 칙허를 받지 않고 독단적으로 통상조약을 체결하자 막부에 대한 반감을 가진 존왕양이파가 대두하게 되었다. 존왕양이는 일본에서는 '존황양이'라고 하는데 '천황'을 존경하고 외국인을 쫓아내자는 쇄국주의 주장으로 나중에 막부를 토벌하자는 '토막운동'으로 발전하였다.

이런 상황에서 개항조약을 주관한 막부의 실권자 이이 나오스케는 쇄국을 주장하는 존왕양이파에 대한 대대적인 숙청을 감행하여 요시다 쇼인을 비롯한 존왕양이파의 지도자들을 처형하고 100여 명에 대하여 가택연금, 유배, 근신 등으로 징계 처분('안세이 대옥', 1859년)하였다가 이듬해 반대파에 의하여 암살당하였다. 이이 나오스케가 암살당한 후 천황이 막부에 쇄국정책을 요구하는 칙서를 보내자 막부는 1863년 6월 25일을 기점으로 개항장 폐쇄와 외국인 퇴거조치를 행하는 등 쇄국정책으로 회귀하였다.

에도 막부는 존왕양이파를 등에 업은 천황의 쇄국정책과 미국을 비롯한 외국의 개항 압력 사이에서 진퇴양난의 위기를 겪으며 갈팡질팡 하였다.

사쓰마번-영국 전쟁과 조슈번의 시모노세키 전쟁

1862년 9월에 개항지인 요코하마항 부근에서 사쓰마번주의 아버지 일행이 지나갈 때 말을 타고 지나가던 영국인 선교사 일행이 비켜 주지 않자 경호원들이 1명을 살해하고 2명에게 중상을 입히는 사건이 발생하였다.

에도 막부 시대에 '번(藩)'은 지역 영주가 통치하던 영지로서 세습제인 번주(藩主)는 군주와 같은 존재였다. 사쓰마번은 가고시마를 본거지로 하여 규슈 남부 지역을 차지하였는데 77만 석이나 되는 큰 번이었고 16세기 이후 유럽인들의 내항으로 일본에서 가장 먼저 유럽 문명을 접한 지역이며 번주인 시마즈씨 가문은 수백 년간 이 지역을 통치하고 있었다.

영국이 막부와 사쓰마번에 관련자 처벌과 보상을 요구하자 막부는 영국에 굴복하여 거액의 보상금을 지급하였으나, 영국은 1863년 8월 7척의 군함을 사쓰마번의 번청 소재지인 가고시마에 보내 범인 인도와 거액의 보상금을 요구하였다. 사쓰마번이 영국의 요구를 거부하자 영국 함대는 사쓰마번의 증기선 3척을 빼앗고 가고시마 시내에 함포 사격을 퍼부어 가고시마성 인근의 민가들에 큰 피해를 입혔으나 사쓰마번의 반격으로 영국 함대도 3척이 파손되고 사망 13명에 50여 명의 부상자가 발생하는 등 큰 피해를 입었다. 결국 영국군은 탄약과 연료가 떨어지자 철수하여 요코하마로 귀항하였다. 그 후 막부의 중재로 사쓰마번과 영국은 평화교섭을 하여 사쓰마번은 영국에 보상금 2만 5천 파운드를 지급하기로 하였다. 그러나 이 전쟁을 계기로 사쓰마번과 영국은 우호적인 관계로 발전하였다.

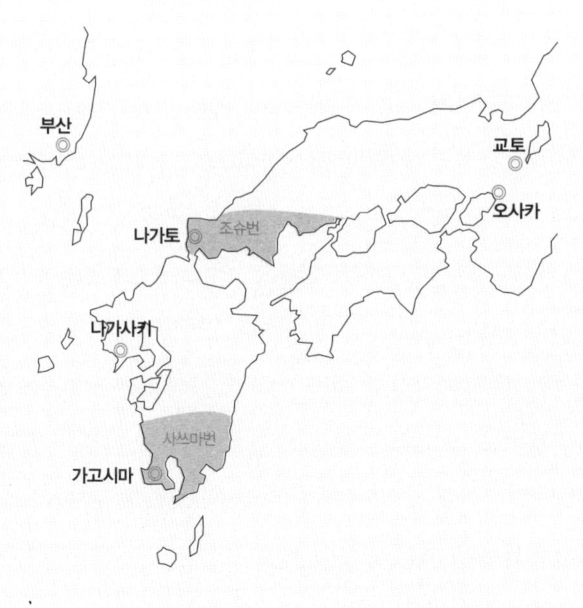

▶ 메이지유신의 중심 세력 사쓰마번과 조슈번

그 무렵 막부의 쇄국정책 회귀에 따라 조슈번은 자체적으로 군함과 포대 등을 배치하고 해협 봉쇄에 나서 미국, 프랑스, 네덜란드 상선에 포격을 가하며 통행을 막았다. 그러자 미국 군함이 조슈번의 군함들에 보복 공격을 가하여 조슈번 군함 3척 중 2척이 침몰하였고 프랑스 군함도 조슈번의 해안포대를 파괴하였다. 그러나 조슈번은 미국과 프랑스의 공격에 굴하지 않고 해협 봉쇄를 포기하지 않았다. 1864년 9월 5일 영국 · 미국 · 프랑스 · 네덜란드 4개국의 17척으로 이루어진 연합함대가 조슈번을 공격하자, 이에 조슈번이 굴복함으로써 전쟁은 종결되었다.

아시아 최초의 유럽식 근대국가가 된 일본

에도 막부에 반감을 가지고 있던 조슈번과 사쓰마번은 서로 적대 관계였는데 1866년 도사번(지금의 시코쿠四國 남부 고치현 지역) 출신 사카모토 료마의 중재로 동맹을 맺고 막부 타도에 나섰다.

사쓰마-조슈 동맹군은 중앙정부인 에도 막부 입장에서는 반란군이었는데 동맹군은 반란군이란 말을 듣지 않으려고 고메이 천황을 포섭하여 '존황양이'를 명분으로 내걸었다. 고메이 천황 사후 15세의 나이로 즉위한 메이지 천황도 내심 막부 토벌에 대한 기대가 컸다. 동맹군은 천황기를 앞세우고 '황군'(관군)을 칭하며 막부토벌군을 일으켰다. 그런데 '반란군'을 정벌하기 위하여 교토까지 온 막부의 쇼군이 진중에서 병사하자 후임 쇼군이 '황군'측과 만나 국가통치권을 천황에게 반환하기로 합의하였다(1867년 11월, 대정봉환).

이에 따라 사쓰마-조슈 동맹 측은 메이지 천황으로 하여금 1868년 1월 막부 폐지 및 왕정복고를 선포하도록 하였고('메이지 유신') 천황의 막부 토벌 칙서를 받아 동맹군이 에도(지금의 도쿄)로 진격하여 석 달 후 도쿠가와 막부의 에도성을 무혈점령하였다. 그 후 전국에서 막부 지지파들의 저항이 일어났는데('보신전쟁', 1868년~1869년) 사쓰마-조슈 동맹을 주축으로 한 막부토벌군이 승리하여 에도 막부는 265년 만에 멸망하였다.

'보신전쟁'에서 승리한 막부토벌군('황군') 전사자들의 영령을 안치한 곳이 야스쿠니 신사이다. 이곳은 나중에 태평양전쟁 중의 전사자는 물론 전쟁이 끝난 후 연합군의 전범재판을 거쳐 처형된 전범들까지 합사되어 사실상 일본 군국주의를 상징하는 국립묘지로서의 성격을 지니게 되었다.

'보신전쟁'으로 일본 전국을 장악한 막부토벌군은 영주('다이묘大名') 들이 영토와 백성을 메이지 천황에게 반환하도록 하고(판적봉환, 1869년) 도쿠가와 막부의 에도성을 황궁으로 정한 후 에도를 도쿄(東京)로 개칭하여 교토(京都)에 있던 천황과 조정을 이전함으로써 공식적으로 천도를 완료하였다. 에도는 도쿠가와 막부 시대에도 사실상 일본의 행정수도였으나 천황과 조정이 교토에 있었기 때문에 법적인 수도는 교토였는데 이제 도쿄가 명실상부한 일본의 수도가 된 것이다.

메이지 정부는 1871년 영주들이 통치하던 번을 폐지하고 지방행정조직 현을 설치하여(폐번치현) 중앙집권체제를 구축하였으며 1889년 유럽식 헌법을 제정 공포함으로써 700년 이상 일본을 통치해 온 무가정권 시대가 끝나고 유럽식 입헌군주국이 되었다.

막부체제 700년 동안 천황은 거의 유명무실한 존재로서 일반 백성들은 천황의 존재에 대하여 무관심하고 오직 자기 번의 영주인 다이묘(大名)를 주군으로 알고 살아왔다. 막부의 수장인 쇼군의 취임식은 국가 최대의 행사였지만 천황의 즉위는 일반 백성들이 알지도 못하였다. 그런데 메이지유신을 주도한 세력이 에도의 도쿠가와 막부를 무너뜨리고 정권을 잡기 위하여 천황의 권위를 이용하면서 천황숭배사상을 국민들에게 주입시키기 시작하였다. 메이지유신 성공으로 천황이 명목상의 최고통치자로 복귀하였지만 메이지 천황의 기대와는 달리 천황은 여전히 실권이 없기는 마찬가지였다.

한편, 메이지유신을 주도한 지도자 4명이 모두 비극적인 최후를 맞이하였다. 맨 먼저 사카모토 료마가 31세의 나이에 암살당하고 사이고 다카모리는 조선을 정복하자는 주장을 펴면서 반란('세이난西南전쟁')을 일으켰다가 패배하여 자결하였으며 오쿠보 도시미치는 암살당하고 기도 다카요시는 세이난 전쟁 중에 병사하였다.

조선을 정벌하자는 주장은 '정조론(征朝論)'으로 불렸으나 '천황의 조정(朝廷)을 정벌하자'는 뜻으로 오해될 소지가 있어 대한제국 수립 후에 '정한론(征韓論)'으로 고쳐 부르게 되었다. 당시 정한론파의 지도자인 사이고 다카모리가 패배하였으나 28년 후 러일전쟁에서 승리한 일본은 결국 한국을 정복하게 된다.

또한 일본에서 가장 먼저 유럽 문물을 접했던 사쓰마번과 조슈번이 막부군에 비하여 병력의 열세에도 불구하고 총과 대포와 군함 등 신식 무기에서 우위를 점하였고 '천황'을 앞세워 에도 막부를 멸망시켰다. 당초에 사쓰마-조슈 동맹의 거병 명분은 쇄국주의였지만 메이지 정부의 집권세력이 된 후에는 적극적으로 유럽 문명 도입에 나서는 등 반전에 반전을 거듭하면서 일본은 근대국가로 탈바꿈하게 된다.

16세기에 일본에 처음 온 포르투갈과 17세기 초부터 19세기 중반까지 일본 상권을 독점한 네덜란드는 당시 세계 각지에 많은 식민지를 보유하고 있었지만 일본을 식민지로 만드는 것은 애초부터 시도하지도 않았고 대등한 교역 상대로 대접하였다.

19세기 후반에 일본을 강제 개항시킨 미국은 해외 식민지를 개척해 본 경험이 없었고 오직 교역에만 관심이 있었다. 영국 또한 일본의 사쓰마번과 조슈번을 공격하였으나 식민지로 만드는 것은 시도하지 않았다. 일본의 중앙정부인 막부와 지방 번을 다스리는 영주인 다이묘(大名)들이 모두 상당한 군사력을 보유하고 있어 유럽 여러 나라가 정복할 생각을 하지 않고 교역에만 관심이 있었다.

8 프랑스와 미국을 물리치고 일본에 당한 한국

천주교 탄압과 프랑스의 침입(병인양요)

일본에서 메이지 유신(1868년)이 일어나기 5년 전인 1863년 조선에서 철종이 후사 없이 병사하자 왕족인 12세의 고종이 왕위에 오르면서 섭정으로 집권한 흥선대원군은 전국에 천주교 금지령을 내리고 프랑스인 선교사 9명과 신자 8천여 명을 처형(1866년)한 후 프랑스의 침입(1866년)과 미국의 침입(1871년)을 모두 물리쳤다.

조선에 있다가 학살을 피해 중국으로 탈출한 프랑스인 신부가 톈진에 있던 프랑스 함대 사령관에게 조선에서 일어난 학살 사건을 알렸다. 이에 베이징 주재 프랑스 공사는 본국 정부에 보고한 후 승인에 대한 회신을 받기도 전에 독단적으로 청나라 정부에 통고하고 함대 사령관에게 조선 침공을 요청하자 사령관은 즉시 베트남에 있던 함대까지 불러 침공 작전을 준비하였다.

청나라의 통보를 받은 대원군은 서해안 일대에 대포를 설치하고 군사를 배치하도록 지시하여 해안 수비를 강화하였다. 프랑스군은 6년 전 제2차 아편전쟁에서 중국을 굴복시키고(1860년 베이징 조약) 베트남의 항복까지 받아 내(1862년 제1차 사이공 조약) 기고만장한 때였다.

프랑스 군함 3척이 프랑스인 신부와 조선인 신자의 안내로 인천 앞바다를 거쳐 한강으로 진입하여 양화진을 지나 서강까지 왔다가 한강 수로에 대한 측량을 하고 간 후 다음 달 군함 7척이 강화도 해안에 나타나 맹렬한 함포사격을 퍼부은 다음 600명의 프랑스군이 상륙하여 강화성을 점령하였다(1866년 음력 10월 14일). 조선 정부는 프랑스 측에 한문으로 된 항의문을 보내 즉시 퇴거할 것을 요구하였으나 프랑스 사령관은 중국인 통역이 번역한 회신을 통하여 선교사 학살을 비난하고 책임자 처벌을 요구하였다. 그 후 프랑스군 120명이 김포 문수산성에 침입하였다가 한성근이 이끄는 조선군의 기습공격을 받아 27명의 사상자를 내고 물러갔다. 이에 양헌수가 이끄는 조선군 500여 명이 강화해협을 건너 강화도 정족산성에 잠입하여 프랑스군을 격파하였다. 이 전투에서 30여 명의 사상자가 발생한 프랑스군은 중국으로 철수하였다(1866년 음력 11월 11일).

프랑스군은 한 달 가까이 점거한 강화도에서 관청에 불을 지르고 금은괴와 외규장각에 있던 많은 서적을 약탈하여 갔다. 이 문화재들은 프랑스 국립도서관의 직원으로 일하던 한국 출신 박병선 박사에 의하여 발견되어(1975년) 한국 정부가 프랑스 정부에 반환요청을 하였고(1992년) 20년의 우여곡절을 겪은 끝에 한국에 돌아왔다(2011년). 프랑스군이 약탈해 간 후 145년 만에 귀향한 것이다.

미국의 침입(신미양요)

프랑스 군대가 강화도에 침입하기 두 달 전 대동강에 무단 침입한 미국 상선을 관군과 백성들이 합세하여 불태워 배에 타고 있던 23명이 사망한 사건이 발생하였다(1866년 7월 제너럴셔먼호 사건).

제너럴셔먼호는 그 전 해에 끝난 미국 남북전쟁(1861년~1865년) 때 북군이었던 윌리엄 셔먼 장군의 이름을 딴 군함으로, 민간인이 불하받아 상선으로 사용하던 배였다. 이 배가 중국 톈진에서 미국인과 중국인 등 20여 명의 상인과 영국인 성공회 선교사 한 명을 태우고 대동강으로 침입하여 평양 시내가 보이는 곳에 정박하고 통상을 요구하였는데 거절당하자 총과 대포를 쏘아 시민 7명이 사망하였다. 이에 관군과 백성들이 배에 불을 질러 배에 타고 있던 미국인과 영국인이 모두 사망하였다.

북한에서는 제너럴셔먼호를 물리친 인민의 지도자가 김일성의 조부라고 주장하고 있다(『근대조선역사』, 사회과학원 역사연구소 이종현 저, 1988, 일송정). 이 배에 타고 들어온 정체불명의 상인들 중에는 평양에 고고학적 가치가 있는 유물이 많다는 소문을 들은 도굴꾼들이 섞여 있었다는 설이 있다.

프랑스군이 강화도에서 물러간 후 한 달 만에 미국 군함이 황해도 해안에 나타나 통상을 희망하는 문서를 조선 측에 보냈으나 현지 관리가 즉시 거절하는 회신을 보냈다. 이듬해인 1867년 미국은 다시 군함을 보내 제너럴셔먼호의 생존자를 돌려보내라고 요구하였고, 조선은 생존자가 없다는 회신을 보냈다. 미국 군함이 대포를 쏘며 무력시위를 하였으나 조선군이 격렬하게 응사하자 철수하였다. 1868년 미국은 제너럴셔먼호의 생존 선원 송환을 위한 특사 파견과 미국 군함 공격사건에 대한 사과 및 관련자 처벌을 요구하면서 조선 측이 응하지 않을 경우 다시 군함을 보내겠다고 협박하였다.

그런데 그 무렵 충청남도 예산군에 있는 대원군의 아버지 묘가 파헤쳐지는 사건이 발생하였다(남연군 묘 도굴사건, 1868년). 중국에 있던 독일 상인 오페르트가 미국인 젠킨스와 공모하여 대원군 아버지 묘를 도굴한 뒤 유해를 이용하여 조선 정부에 통상을 요구할 계획으로 두 척의 기선에 조선인 천주교도를 포함한 100여 명의 대규모 도굴단을 태우고 침입하여 도굴을 시도하였으나 묘가 매우 견고하여 실패하고 도주하였다. 이 소식을 들은 대원군은 격노하였고 천주교도와 서양인들을 흉악무도한 무뢰한들이라고 경멸하게 되었다.

그 후 1870년에 베이징 주재 미국 공사로 부임한 프레데릭 로우는 일본의 개항과 마찬가지로 조선도 무력시위를 통해 개항시킬 생각을 하고 청나라를 통해 조선에 미국의 요구 사항을 전달하였다. 주요 내용은 제너럴셔먼호 사건의 재발 방지를 위한 자국 선박의 항해 안전 보장과 통상조약 체결이었다. 조선 측은 그 배가 무단 침범하여 발생한 일이라고 지적하고 통상 요구를 거절하였다. 이에 로우 공사는 일본에 주둔 중인 미국 함대 사령관에게 조선 침공을 요청하였다.

1871년 5월 16일(양력) 나가사키에서 1,200명의 병력을 태운 미국 군함 5척이 출발하여 5월 21일 남양만에 도착하였다. 도착 즉시 조선 정부에 통상을 요구하는 서한을 해안의 관리에게 보냈으나, 현지 관리가 회신을 보내 거부하고 즉시 퇴거할 것을 요구하였다. 6월 1일 미국 군함 두 척이 강화해협에 불법 침입하자 조선군 포대에서 포격을 가하였다. 그러나 조선군 대포는 성능이 약하여 철선인 미국 군함은 피해를 입지 않았다.

6월 10일 함포사격 지원을 받으며 강화도 초지진에 상륙한 미군 600명이 다음 날 덕진진과 광성보까지 점령하였다. 화력 열세로 큰 인명 피해를 입은 조선군이 굴하지 않고 반격에 나서 야간에 초지진에 주둔한 미군을 기습하자 미군은 포로들을 데리고 군함으로 퇴각하였다. 미군은 영종도 앞바다에 머물며 포로 석방을 빌미로 통상을 요구하였으나 조선 측이 거부하자 더 이상 협상이 어렵다고 판단하여 포로를 자진 석방하고 일본으로 철수하였다(7월 3일). 남양만에 나타난 지 43일 만이다.

이 전투에서 양측의 피해를 보면 조선군 전사자가 300명이 넘은 반면 미군 전사자는 3명에 불과하여 전투라기보다 중국의 아편전쟁과 마찬가지로 일방적인 살육전이었다. 대포와 총의 성능 차이가 너무 커서 인명 피해가 막심하였으나 조선은 결사 항전으로 미국의 침입을 물리쳤다.

동아시아 4개국의 서로 다른 개항 과정

아편전쟁(1840년~1842년)으로 중국을 굴복시킨 영국은 중국의 5개 항구를 강제로 개항시킨 후 프랑스를 끌어들여 제2차 아편전쟁(1856년~1860년)을 일으켜 베이징까지 점령하고 야만적인 난동을 저지른 끝에 중국의 11개 항구를 추가로 개항시켰다.

반면에 일본은 미국 군함('쿠로후네黑船') 4척의 무력시위에 굴복하여 개항(1854년 미일화친조약, 1858년 통상조약)한 후 영국, 러시아, 네덜란드, 프랑스와 잇달아 통상조약을 체결하였는데 쇄국파인 존왕양이파가 개항을 추진한 막부를 타도하여 메이지유신(1868년)이 일어났다. 그러나 쇄국주의 세력이 메이지유신으로 집권한 후에는 쇄국정책을 버리고 적극적으로 유럽 문명 도입에 나서 강대국으로 발전하였다.

베트남은 프랑스의 침략에 항복하여 개항한 후 결국 나라 전체가 식민지가 되었다.

동아시아에서 유일무이하게 프랑스와 미국의 거대한 군함을 보고도 굴복하지 않고 그들의 침입을 잇달아 물리친 대원군은 쇄국정책을 더욱 강화하고 침략의 앞잡이 노릇을 하는 천주교에 대한 탄압을 계속하였다. 프랑스와 미국의 통상 요구에 대하여 조선 정부는 수출할 것도 없고 수입할 것도 없어 교역이 불필요한데 개항했다가 서양 오랑캐들이 침략해 올까 우려하였던 것이다.

그런데 프랑스와 미국은 조선에서 물러간 후 다시 침입하지 않았다. 프랑스는 베트남과 알제리 침략에 열중하던 중 프로이센과의 전쟁에서 참패하여(1871년) 다시 조선을 침략할 여력이 없었고, 미국 정부와 의회에서는 순순히 굴복한 일본과 달리 조선의 격렬한 저항을 보고 조선을 굴복시키려면 대규모 군대를 보내야 하는데 중국이나 일본과 달리 조선과의 통상으로 얻을 것이 별로 없다는 의견이 제기되었다.

그러던 중 조선에서 대원군이 며느리인 왕비와의 권력 투쟁에서 밀려나 실각(1873년)하였다. 그 후 일본 군함이 강화해협에 침입하여 쌍방 간에 포격전이 벌어졌는데 일본의 신식 대포 때문에 조선군 35명이 전사하고 16명이 포로로 잡혀가자(1875년 운양호사건) 고종이 굴복하여 일본에 개항하였다(1876년, 강화도조약). 그 후 미국(1882년)을 비롯하여 영국 및 독일(1883년), 러시아(1884년), 프랑스(1886년) 등 여러 나라와 통상조약을 체결하고 개항을 하게 된다.

그 후 일본은 청일전쟁(1894년)에서 승리하여 대만과 요동반도를 빼앗았지만 러시아, 프랑스, 독일의 삼국간섭(1895년)에 굴복하여 요동반도를 도로 반환하였다. 이에 따라 조선이 러시아를 끌어들이자 일본 정부가 보낸 암살단이 경복궁에 침입하여 친러파인 왕비를 시해하는 만행을 저질렀다(1895년 을미사변).

일본은 한국 정복의 최대 걸림돌이던 청나라에 승리한 여세를 몰아 러시아를 선제공격하여 만주전투와 쓰시마해전에서 압승(러일전쟁, 1904년~1905년)하여 세계를 놀라게 하였다. 이 전쟁의 승리로 미국과 '가쓰라-태프트밀약(1905년 7월)'을 맺고 영국과는 제2차 영일동맹(1905년 8월)을 맺어 한국 지배를 승인받은 후 9월에는 패전국인 러시아와 포츠머스 조약을 체결함으로써 불과 두 달 만에 한국 지배에 대한 강대국들의 승인을 모두 얻는 데 성공하였다.

그리고 즉시 한국의 매국노들을 매수하고 고종황제를 협박하여 을사늑약(1905년 11월 17일)을 체결함으로써 한국을 보호국으로 만들어 사실상의 식민 지배를 시작하였다. 그로부터 5년 후 대한제국 황제인 순종을 폐하고 조선총독부를 설치함으로써 완전히 나라를 빼앗았다(1910년 8월 29일). 이로써 무려 518년이나 이어져 온 조선왕조는 멸망하고 한국은 역사상 처음으로 일본의 지배를 받게 된다.

일본은 한국 강점을 준비하면서 미국의 협조에 대한 감사의 표시로 미국 수도 워싱턴에 벚나무 3천 그루를 기증하였다. 오늘날 포토맥 강변의 유명한 벚나무숲은 미국과 일본의 영원한 우호의 상징이 되었지만 한국에는 뼈아픈 상처로 남아 있다. 그런데 이 포토맥 강변의 벚나무숲 조성사업은 27년 전 미국인 여성 엘리자 씨드모어가 처음 제안하여 꾸준히 추진한 끝에 결실을 보게 된 것이다.

이 여성은 외교관인 오빠가 1884년 도쿄 주재 미국 대사관에 근무할 때 일본 각지를 여행하였는데 후일 일본여행기를 책으로 엮어 출판하였다. 특히 일본인들의 상춘문화인 벚꽃 구경에 깊은 인상을 받은 그가 귀국한 후 일본의 벚나무를 수입하여 포토맥 강변에 벚나무 숲을 조성하기 위하여 대통령 부인에게 편지를 쓰고 모금 활동을 하는 등 백방으로 노력하던 중, 이 소식을 들은 도쿄 시장이 1909년 미국에 2천 그루를 기증하기로 하였다. 그러나 이 벚나무들이 미국에 도착하여 검역 단계에서 해충 때문에 전량 소각되었는데 그 후 일본 전문가들의 면밀한 준비를 거쳐 도쿄 시장이 1912년 묘목 3천 그루를 다시 보내서 대통령 부인과 일본대사 부인이 기념식수 하였다.

한국이 빈약한 국력 때문에 일본에 나라를 빼앗기던 때 일본은 미국과 어깨를 나란히 하는 강대국이 되어 두 나라가 매우 화기애애한 사이였으나 그로부터 30년 후 참혹한 전쟁을 치른 끝에 일본은 7년 동안 미국의 지배를 받게 된다. 그러나 그 후 미국과 일본은 다시 우방이 되었다. 일본과 미국은 역사적으로나 경제적으로나 안보 전략적으로 서로 매우 중요한 존재이다.

대한해협에 생긴 문명의 단층과 쓰나미

도요토미 히데요시가 명나라 침략을 위하여 조선에 침입하였다가 실패하였으나 그로부터 296년이 지난 후 일본은 조선 땅에서 청나라와 싸워 승리하였고 11년 후 러시아까지 격파함으로써 세계 최강국인 영국이나 신흥 강대국인 미국과 맞먹는 강대국 반열에 올라 한국을 지배하게 되었다.

임진왜란 때는 명나라가 도와주었지만 이번에는 아무도 한국을 도와주지 않았다. 종주국이었던 청나라는 이미 영국, 프랑스, 러시아의 침략으로 망해 가던 차에 일본과의 전쟁에서 패하였고 국경을 접하고 있는 러시아도 일본에 패하였으며 초강대국인 영국과 미국은 일본이 한국을 차지해도 좋다고 승인을 해 주었기 때문이다.

이와 같은 상황에서 제대로 된 군대조차 없는 한국은 저항도 못한 채 거의 무혈점령당하였다. 당시 일본은 러시아 함대를 격파한 해군 함대와 수십 개의 육군 사단을 보유하고 있었는데 한국에는 단 한 개의 사단급 부대도 없었고 서울에 2개 연대, 지방 각지에 6개의 소규모 부대가 있었으며 해군은 아예 존재하지도 않았다. 일본에서는 메이지 유신이 일어나기 전에도 중앙정부인 에도 막부는 물론이고 지방 영주가 통치하던 사쓰마번과 조슈번까지도 군함을 여러 척 보유하고 있었다.

한국이 일본에 나라를 빼앗긴 것은 수백 년 동안 국력 차이로 일어난 필연적인 비극이었을 뿐, 당파 싸움과 대원군의 쇄국정책 때문이었다는 것은 잘못된 역사관이다. 왜냐하면 일본의 내전은 조선의 당쟁보다 훨씬 심했으며 쇄국정책의 역사도 조선보다 더 오래되었기 때문이다. 조선의 당파 싸움은 선비들 간의 권력 투쟁으로 일반 백성들의 직접 피해는 없었던 반면에 일본의 내전은 수백 년 동안 전국적으로 수많은 백성들이 동원된 이전투구식 전쟁으로 그 피해가 이민족의 대규모 침입과 마찬가지였다.

조선이 일본에 나라를 빼앗긴 원인은 세계사의 흐름에서 유럽의 과학기술 문명이 동아시아에서 가장 늦게 들어옴으로써 가장 일찍 유럽인들이 찾아간 일본과의 국력 차이가 너무 크게 벌어진 데 있다.

일본의 근대화는 19세기 메이지유신 이후 갑자기 시작된 것이 아니고 300년 전인 16세기부터 유럽인들이 찾아와서 선진 문명을 전해주면서 꾸준히 진행되어 온 것이다. 메이지유신 전에도 일본 상인들은 네덜란드인들로부터 항해술을 배워 조선 사람들은 가 본 적이 없는 베트남, 태국, 인도, 심지어는 오스만투르크 제국까지 가서 무역을 하였다.

반면에 조선의 지배층은 대원군 때 평양에 침입한 제네럴셔먼호 사건과 병인양요, 신미양요 등이 잇달아 일어나기 전까지 백인이라고는 박연과 하멜 일행밖에 본 적이 없었고 선진국이라고는 오로지 청나라밖에 모르고 살았으므로 유럽의 과학기술 문명이 중국 문명을 압도하고 있다는 사실을 까맣게 몰랐다.

조선이 유럽 정세에 대하여 무지하였던 것은 지도층의 잘못이라기보다는 유럽인들의 무관심에서 비롯된 필연이었다. 반면에 일본이 16세기부터 유럽 문물을 접하고 살았던 것은 처음부터 일본의 지도층이 스스로 깨달아 적극적으로 유럽 문명을 도입한 것이 아니라, 일찍이 찾아온 유럽인들 덕분이었다. 일본의 영주와 선각자들도 일본에 찾아온 수많은 유럽인들을 보고 깨달은 것이다. 일본인들은 마르코 폴로에 감사해야 할 것이고 한국인들은 그를 원망해야 할 것이다.

17세기 하멜이 조선을 탈출하여 일본 나가사키를 거쳐 네덜란드 본국으로 귀국한 후 조선에서의 경험을 『하멜표류기』라는 책으로 펴내 유럽에 조선이라는 나라의 존재를 최초로 알렸다. 그러나 유럽인들의 조선에 대한 호기심이 일본에 대한 관심만큼 일어나지 않았다.

300년 이상 유럽 문명을 접하고 살았던 일본에 비하여 조선은 2천 년 동안 중국 문명 속에 살다 보니 조선과 일본 사이에 유럽 근대 문명의 단층이 형성되었다. 대한해협에 생긴 문명의 단층이 19세기 말 일시에 붕괴되어 일본의 경제력과 군사력이 쓰나미처럼 한반도를 덮치고 이어서 만주와 중국 본토까지 휩쓴 것이다.

대한제국 시절인 구한말 고종 때 개항 이후 학교, 병원, 철도 등 유럽의 근대 문명이 도입되기 시작하였으나 동아시아에서 가장 늦은 시기였다. 한국은 해방 후에 남북으로 분단되어 남쪽에는 미군, 북쪽에는 소련군이 군정을 펴면서 일본이나 베트남과 달리 유럽인들을 통하지 않고 미국과 소련을 통하여 뒤늦게 서양 문명이 물밀듯이 들어오기 시작하였다.

세계 역사상 가장 치열했던 한국인들의 독립투쟁

국력이 약한 죄로 힘없이 나라를 빼앗겼지만 민중들은 굴복하지 않고 줄기차게 저항하였다. 독립투쟁은 무장투쟁, 평화시위, 외교, 종교, 문화 등 여러 분야에서 일어났다. 을사조약 후 해방 때까지 40년간 쉴 새 없이 크고 작은 저항이 일어나 힘으로는 비교가 안 되지만 정신적으로는 절대 일본에 굴복할 수 없음을 보여 주었다.

1908년 3월 미국 샌프란시스코에서 미국인 한 명이 한국 청년 두 명의 저격을 받아 사망한 사건이 발생하였다. 사망한 미국인은 대한제국의 외교고문 스티븐스였는데 일본의 앞잡이로 한국 지배의 당위성을 주장하고 다니면서 미국 대통령을 만나러 가던 길이었고, 그를 저격한 두 청년은 장인환과 전명운이었다. 스티븐스의 기자회견 내용이 샌프란시스코 신문에 소개되자 재미교포단체에서 대표 4인을 숙소에 보내 항의하였는데, 그 자리에서 그가 한국인의 자존심을 짓밟는 언사를 계속하여 이에 격분한 대표들이 그를 구타하였고 이 소식이 교포사회에 전해졌다.

다음 날 아침 그가 워싱턴으로 가기 위하여 샌프란시스코 부두에 도착하였을 때 장인환과 전명운의 저격을 받았다. 그들은 서로 모르는 사이로 각자가 스티븐스를 사살하기 위하여 나왔던 것이다. 그런데 전명운의 총은 불발되고 장인환이 쏜 총알에 스티븐스는 사망하였다. 이들의 변호사 비용을 마련하기 위하여 한인사회에서 모금운동이 벌어졌는데 미국 본토와 하와이는 물론 멕시코와 멀리 연해주, 만주, 중국, 일본 등 각지와 국내에서도 성금이 답지하여 명망 있는 변호사를 선임하였다. 두 의사의 애국적 진술에 판사가 감동하여 전명운은 무죄 석방되고 장인환은 25년형을 선고받고 복역 중 10년 만에 모범수로 출감하였다.

전명운은 석방된 후 러시아 연해주로 이주하였는데 이때 그를 만났던 안중근은 이듬해 하얼빈 역에서 이토 히로부미를 사살하였다(1909년 10월 26일). 강대국이 된 일본의 수상을 네 차례나 역임한 정계 최고원로가 아무런 배후 지원도 없는 약소국가 청년에 의하여 사살당한 것은 세계적으로 드문 일이다. 이토 히로부미의 장례는 일본 국민들의 애도 속에 국장으로 치러졌고 안중근 의사는 사형당하였다. 이토 히로부미는 한국인에게는 침략의 원흉이었지만 일본에서는 존경받는 지도자였다.

이토 히로부미가 사살당하고 두 달 만인 12월 22일 서울 명동성당 앞에서 매국노 이완용이 한 청년의 칼에 네 군데나 찔려 중상을 입었으나 목숨을 건졌다. 그 청년은 미국에 이민 갔다가 이완용을 처단하기 위하여 귀국한 이재명이었는데, 이듬해 사형당하였다. 그때 그의 나이 25세였다.

이듬해 일본이 조선왕조를 멸망시키고 총독부를 설치하여 한국에 대한 직접 지배를 시작하자 조선시대 손꼽히는 명문가 후손인 이회영은 막대한 가산을 모두 팔아 6형제를 비롯한 대가족 50여 명을 이끌고 만주로 망명하여 20여 년 동안 항일무장투쟁을 지원하였다. 그의 10대조는 명재상으로 꼽히는 백사 이항복으로, 그 후 대대로 정승 판서 대제학을 여러 명 배출하였고 부친과 외할아버지가 모두 판서(장관)를 지낸 고위층이었다. 동생 이시영은 을사늑약(1905년) 당시 외교부 교섭국장이었는데 직속상사인 외부대신(외교부 장관) 박제순이 친일파 매국노로 변절하여 조약 체결에 앞장서자 이에 항의하여 사직하였고, 그의 딸과 약혼한 조카로 하여금 파혼하게 하였다.

박제순은 이완용과 함께 을사오적 중 한 명으로 일본으로부터 귀족 작위(자작)를 받아 국내에서 호의호식한 반면에 이시영은 상해 임시정부에 들어가 가난과 고통 속에 독립운동을 하다가 해방 후 귀국하여 신생 대한민국의 초대부통령을 지냈다. 35년 전 망명길에 올랐던 이회영, 시영 등 6형제가 모두 중국에서 독립운동을 하다가 그중 다섯 명이 중국에서 세상을 떠났고, 살아서 해방된 고국 땅을 밟은 이는 이시영 혼자였다. 이회영의 손자 중에 이종찬은 전두환 정권부터 4선 국회의원을 지낸 후 김대중 정부에서 국가정보원장을 역임하였으며 이종걸은 5선 국회의원으로 민주당 원내대표를 역임하였다.

일제강점기 최대의 평화적인 독립만세운동인 삼일운동은 나라를 잃은 지 9년 만인 1919년 3월 1일 서울에서 일어나 전국으로 확산된 초대규모 평화시위였으나 일본의 무자비한 진압으로 3개월 동안에 7,509명이 사망했으며 15,961명이 부상당하고 46,948명이 구속되었다.

삼일운동 후 새로 부임한 일본의 조선 총독 사이토 마코토는 서울역에 도착하여 마차에 오르는 순간 근처에서 날아온 폭탄에 즉사할 뻔했으나 간신히 목숨을 건졌고 옆에 있던 육군 소장 한 명과 경찰서장이 중상을 입었다(1919년 9월 2일). 당시 폭탄을 던진 이는 강우규 의사로 65세의 노인이었는데 한국인 친일파 경찰에 체포되어 사형당하였다.

망해 가던 대한제국의 육군무관학교 교장을 지낸 노백린은 미국으로 망명하여 재미 한인단체 총무 곽임대와 재미 갑부 김종린의 자금 지원으로 캘리포니아주 북방 윌로우스에 독립군 조종사 양성기지를 설립하여 일본 폭격을 준비하였다(1920년 2월 20일). 세계 최초의 공군인 영국 공군이 창설된 지 2년 만에 대한민국 독립군 공군이 미국 땅에서 태어난 것이다.

만주 지역에서 자생적으로 무장독립군 부대가 여럿 생겨났는데 홍범도, 안무, 최진동, 한경세의 부대가 합세한 연합부대가 일본군을 섬멸하였고(1920년 6월 7일, 봉오동전투) 넉 달 후 김좌진과 홍범도가 이끄는 독립군이 10여 차례의 격전 끝에 대승을 거두었다(1920년 10월 21~26일, 청산리대첩).

두 전투에서 큰 피해를 입은 일본군은 보복에 나서 간도 지역의 한인마을을 습격하여 3천 명이 넘는 민간인을 학살하였다. 설상가상으로 많은 독립군 계파 간의 주도권 다툼으로 참변(1921년 6월, 자유시 참변)을 겪은 후 만주의 독립군은 거의 궤멸되고 말았다.

1924년 김지섭 의사(당시 41세)는 도쿄에 있는 일본 왕궁에 폭탄 세 개를 던졌으나 모두 불발되어 실패하였다. 김 의사는 무기징역을 언도받고 복역 중 단식투쟁하다가 순국하였다. 혼자서 경비가 삼엄한 일본 왕궁에 잠입하여 폭탄으로 일본 왕을 처단하려 한 계획은 계란으로 바위 치기와 같은 무모한 일이었으나 한국인의 기개를 보여 주는 사건이었다.

1926년 6월 10일 조선왕조 최후의 황제 순종의 장례식 날 서울에서 연희전문, 중앙고보, 중동학교 학생들이 중심이 된 대규모 시위가 일어나 전국으로 확산되어 1천 명이 넘는 학생들이 구속되었다(6 · 10 만세운동). 순종은 나라를 빼앗긴 후 창덕궁에서 16년간이나 기거하다가 사망하였다.

그해 말 나석주 의사는 서울에 잠입하여 식민지 수탈의 본거지인 식산은행과 동양척식회사에 폭탄을 던졌으나 모두 불발하여 실패하고 일본 경찰과 총격전 끝에 자결하였다(1926년 12월 28일). 그는 황해도 재령에 부모와 처자식을 둔 35세의 청년이었다.

1929년 나주역에서 일본인 학생들이 조선인 여학생을 희롱한 사건을 계기로 광주 지역 학생들이 일으킨 항일독립시위가 겨울 방학 기간에 전국으로 확산되었다. 이듬해 3월까지 5개월간 전국적으로 일어난 학생독립운동에 194개교 5만 4천여 명의 학생들이 참여하였는데 이 숫자는 당시 전국 중등학교 전체 학생의 60% 에 해당한다. 이 과정에서 1,600여 명이 구속되었으며 580여 명이 퇴학당하고 2,330여 명이 무기정학 처분을 받았다.

학생독립운동의 발상지인 광주제일고등학교 교정에 있는 기념탑에는 다음과 같은 비문에 새겨져 있다.

"우리는 피 끓는 학생이다. 오직 바른 길만이 우리의 생명이다."

1932년에 일본은 만주 전 지역을 점령하였는데 한국의 독립투사들은 여전히 목숨을 건 항일투쟁을 감행하여 연초부터 연말까지 잇달아 큰 사건이 일어나 일본은 정신을 차릴 수 없을 지경이었다.

1월에 이봉창 의사(당시 33세)가 도쿄 시내에서 일본 왕('天皇') 히로히토에 수류탄을 던졌으나 불발하여 실패하였다. 그리고 4월에는 25세의 청년 윤봉길 의사가 상하이에서 일본 왕의 생일 축하 겸 일본군의 상하이사변 승리 기념식장 단상에 폭탄을 던져 일본군 대장이 즉사하고 사단장과 해군 중장, 주중 공사 등이 중상을 입었다. 이봉창 의사와 윤봉길 의사는 현장에서 체포되어 일본의 법정에서 사형선고를 받고 순국하였다.

청나라 멸망 후 건국된 신생 중화민국의 주석 장제스(蔣介石)는 윤봉길 의사의 뉴스를 접하고 "중국군 100만 대군이 못한 일을 조선의 한 청년이 해냈다."고 격찬하면서 대한민국 임시정부에 대한 지원을 아끼지 않았다. 나중에 임시정부 주석 김구가 동포청년에게 저격당하여 중상을 입자, 장제스는 일본군의 총공격에 후퇴하면서도 자기

경호원과 주치의를 김구에게 보내 창사의 은신처에 대피시키고 수시로 전화로 문병하고 격려하였다.

10월에는 '흑색공포단'이 민족반역자인 밀정 6명을 처단하였다. '흑색공포단'은 이회영의 지원으로 백정기 의사가 동지 15인과 함께 결성한 단체이다. 백정기 의사는 그 후에 중국 주재 일본 공사와 중국군 프락치들의 모임에 관한 첩보를 입수하고 이들을 몰살하러 갔다가 일본인 이중간첩의 제보로 체포되어 일본으로 압송된 후 무기징역을 언도받고 복역 중 옥사하였다.

11월에는 중국에서 22년 동안 독립운동에 투신한 이회영이 66세 노인의 몸으로 직접 만주 지역 일본군 사령관을 죽이러 가다가 밀정의 밀고를 받은 일본 경찰에 체포되어 옥사하였다. 20대, 30대에 이어 이번에는 60대 노인까지 나선 것이다.

1937년에는 공산주의자인 김일성이 이끄는 항일유격대가 함경도 압록강변 보천보 마을에 침투하여 경찰주재소와 면사무소, 우체국 등 관공서를 점거하고 "조선 민중에게 알린다, 조국광복회 10대 강령" 등의 포고문을 살포하였다. 김일성은 중국 공산당의 지원을 받으며 백두산 밀림 지대를 근거지로 하여 항일무장투쟁을 하다가 나중에 소련군에 편입된 후 해방과 함께 소련군을 따라 북한에 들어와 공산 정권을 세웠다.

정치외교 분야의 독립운동에 수많은 지도자들이 활약했는데, 대표적인 인물은 이승만과 김구이다. 이승만은 미국 명문 조지워싱턴 대학을 졸업하고 하버드 대학원을 거쳐 프린스턴 대학에서 박사 학위를 받은 후 주로 미국에서 외교 활동을 하였다. 상해임시정부의 초대 임시대통령이 되었으나 독단적으로 국제연맹 위임통치론을 추진하여 탄핵당하였으나 해방될 때까지 미국에 체류하면서 독립운동을 하였다.

김구는 신식교육을 받지 못했으나 강직한 인품과 지도력으로 대한민국 임시정부 수립에 참여한 후 주석이 되어 해방 때까지 중국에서 무장독립운동을 지휘하였다.

이승만의 외교로 김구가 이끄는 임시정부가 미군 특수부대인 OSS와 군사협정을 맺고 광복군을 훈련시켜 충남 서해안에 침투시킬 준비까지 하였는데 일본이 항복하는 바람에 수포로 돌아갔다. 이 부대에 김준엽(해방후 고려대 총장 역임)과 장준하(민주투사) 등 한국 청년들이 들어가 특수훈련을 받고 고국침투작전 대기 중이었다.

정신문화 면의 대표적인 독립운동가로는 박은식, 신채호, 나철, 전형필 등을 들 수 있다. 박은식과 신채호는 일본의 교활한 식민사관을 극복하고 민족사관 정립을 위하여 많은 저서와 논문을 발표하였는데 대표적인 저서로는 박은식의 『한국통사(韓國痛史, '한국의 고통스런 역사')』와 신채호의 『조선상고사』가 있다. 『한국통사』는 베트남의 애국지사 판보이쩌우(潘佩珠)가 구술한 『월남망국사』처럼 한국이 나라를 빼앗기게 된 원인을 심층적으로 분석하고 매국노와 애국자 명단을 수록한 학술서이다.

나철은 단군을 교조로 숭배하는 민족종교인 대종교를 창시하여 민족정신 고취와 함께 대한민국 임시정부의 정신적 지주 역할을 하였다. 대종교의 영향을 받아 국내에서 단군신앙 계열 신흥종교들이 우후죽순처럼 생겨나 일본의 신사참배와 창씨개명 강요에 저항하였는데, 조선총독부의 조사에 의하면 그 수가 300개를 넘었다. 이처럼 수많은 단군종교의 출현은 한국 민중들이 일본의 지배에 결코 굴복하지 않는다는 것을 보여 준 사회 현상이라고 볼 수 있다.

대부호의 상속자였던 전형필은 한국 최초의 사립 미술관을 건립하고 한국의 문화재를 사들임으로써 일본에 반출되는 것을 막으려고 노력하였다. 전형필이 건립한 간송미술관에는 『훈민정음』을 비롯한 12점의 국보와 10점의 보물 등 귀중한 문화재들이 수장되어 있다.

4장

세계대전과 두 나라의 남북전쟁

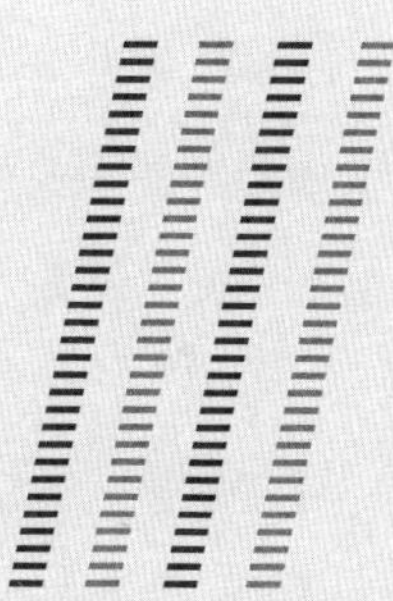

1 .... 독일이 일으킨 두 차례 세계대전

20세기 초 전 세계를 피로 물들인 두 차례의 세계대전은 독일이 영국, 프랑스, 러시아 등 3면의 강대국을 상대로 일으킨 무모하기 짝이 없는 전쟁이었다. 현대 독일의 모태인 프로이센이 1871년 프랑스와의 전쟁에서 압승하여 나폴레옹3세 황제를 사로잡은 후 독일은 프랑스를 얕잡아 보는 경향이 생겼고, 러시아는 후진국인 데다 1905년 일본과의 전쟁에서 패하였기 때문에 멸시하였으며, 영국은 세계 최강이지만 섬나라이기 때문에 대규모 군대를 대륙에 신속하게 보내는 데에 한계가 있다고 보고 전격전을 감행하면 유럽 대륙을 석권할 수 있다고 판단한 것이다.

19세기 후반 프로이센 왕 빌헬름1세는 재상 비스마르크와 참모총장 몰트케를 등용하여 덴마크, 오스트리아, 프랑스를 차례로 제압하고 독일제국의 황제에 즉위함으로써 프로이센 중심의 독일 통일을 완수하였다. 그 후 독일이 급속한 경제 발전으로 공업생산량이 영국을 능가할 정도가 되자 세계 진출에 나서면서 영국과의 무역경쟁이 시작되었다. 그러나 영국은 이미 세계 각지에 광대한 식민지를 보유하고 있고 막강한 해군이 전 세계의 바다를 지배하고 있었던 반면에 독일은 해외 식민지가 거의 없었기 때문에 넘쳐나는 공산품의 수출과 원재료의 해외 조달에 한계가 있었다.

이러한 상황에서 독일이 추진한 3B정책(베를린-비잔티움-바그다드를 잇는 철도경제권 건설)이 영국의 3C정책(캘커타-카이로-케이프타운을 잇는 영역의 식민지화)과 충돌하면서 독일이 영국해군에 맞설 해군 증강에 주력하자 두 나라 간에 전운이 감돌기 시작하였다. 독일은 급성장한 철강 산업을 바탕으로 대형 전함 건조에 박차를 가하여 외형상으로는 프랑스 해군을 능가하고 영국에 맞설 수 있는 규모가 되었다.

그러나 제1차 세계대전은 독일과 영국의 전쟁으로 시작된 것이 아니라, 엉뚱하게도 발칸반도에서 오스트리아와 세르비아 간의 전쟁으로 시작되었다. 당시 오스트리아는 유럽 최대의 왕가인 합스부르크 왕조가 통치하는 강대국이었고 세르비아는 오스만투르크 제국의 지배에서 벗어나 독립한 지 얼마 안 된 약소국이었지만 배후에 같은 슬라브족 형제국인 러시아가 있었다.

발칸반도는 유럽과 아시아 및 아프리카 등 세 대륙의 교차점에 있는 지정학적 특성 때문에 예로부터 그리스인, 이탈리아인, 러시아계 슬라브인, 오스트리아계 게르만인, 아시아계 헝가리인 등 수많은 민족들이 섞여 살면서 여러 민족 간 혼혈이 많고 이에 따라 언어와 종교도 가지각색이어서 시골의 작은 도시들도 주민 구성이 매우 복잡하였다.

프랑스와 독일을 합한 땅과 비슷한 넓이의 광대한 이 지역 전체를 오스만투르크 제국(터키의 옛 왕조)이 통치하던 시대에는 큰 갈등 없이 평화를 유지하고 살았으나 이 제국이 쇠퇴하고 영국, 프랑스, 러시아 제국, 오스트리아 제국 등 강대국들이 경쟁적으로 이 지역에 세력을 확대하면서 두 차례의 전쟁(1912년 제1차 발칸전쟁, 1913년 제2차 발칸전쟁)을 겪었다. 그 후 그리스, 세르비아, 불가리아, 루마니아, 보스니아, 헤르체고비나, 알바니아 등 약소국들 간에 갈등이 커지고 이에 강대국들이 복잡하게 엉켜 '유럽의 화약고'로 불리고 있었는데, 결국 이 지역에서 발발한 세 번째 전쟁이 순식간에 독일과 영국 프랑스 간 전쟁으로 비화되면서 유럽 대부분의 나라들이 말려들어 간 사상 최대의 전쟁으로 확대되었다.

보스니아는 오스만투르크 제국의 지배를 받다가 오스트리아가 빼앗은 지역인데, 이곳에서 오스트리아 육군이 대규모 군사훈련을 실시할 예정이었다. 그런데 이 행사의 총감독 자격으로 방문한 오스트리아 황태자 부부가 사라예보 시내에서 피살되는 사건이 발생하였다(1914년 6월 28일). 암살범들이 세르비아계 청년들로서 세르비아 정보기관의 지원을 받는 단체 소속이란 사실이 밝혀지자, 오스트리아는 7월 28일 세르비아에 선전포고를 하고 총공격을 개시하면서 제1차 세계대전이 시작되었다.

세르비아 측에 슬라브 종주국인 러시아가 먼저 가담하고 곧이어 전통의 강대국인 영국과 프랑스가 합류하였으며 오스트리아 편에는 신흥 강대국인 독일과 노쇠한 대제국인 오스만투르크가 가담하였다. 오스만투르크는 영국 프랑스 러시아로부터 오랫동안 침략을 당해 왔기 때문에 독일-오스트리아 편에 가담하여 이 세 나라에 복수하기로 한 것이다. 세르비아를 둘러싼 발칸반도의 약소국들 중 불가리아는 오스트리아와 동맹을 맺고 세르비아를 침공하였으며 루마니아, 몬테네그로, 그리스 등은 세르비아를 지원하였다. 전쟁 중반에 영국이 주도하는 진영에 이탈리아, 미국, 일본까지 합류하였다.

9월 초 독일군이 프랑스에 침입하였으나 마른느 전투에서 프랑스군이 독일군을 물리쳤고 그 후 전선이 교착 상태가 되었다. 유럽과 멀리 떨어진 남태평양에서 영국 자치령인 뉴질랜드는 독일령 사모아를 점령하였고 역시 영국 자치령인 호주는 독일령 뉴기니의 뉴포메른 섬을 빼앗았으며 일본은 남태평양의 독일령 미크로네시아와 중국 산둥반도의 칭다오에 있는 독일 식민지를 점령했다.

1916년 2월 독일군은 다시 프랑스에 침입하여 베르됭 요새를 공격하였는데 페탱이 지휘하는 프랑스군이 10개월간의 사투 끝에 독일군을 물리쳤다. 같은 기간 중에 솜므 강변에서 영국-프랑스 연합군과 독일군 사이에 벌어진 전투에서는 4개월간 세 나라의 사상자가 무려 100만 명이 넘었으나 승패를 가르지 못하였다.

1916년 5월 31일 독일과 영국이 주력 전함들을 총동원하여 격돌한 유틀란트 해전에서 양측 모두 막심한 피해를 입었으나 그 후에도 압도적인 함대를 보유한 영국의 제해권이 유지됨으로써 독일 함대의 대부분이 항구에 갇히게 되었다.

러시아에서는 독일과 전쟁 중인 1917년 사회주의 혁명이 일어나 로마노프 왕조가 멸망하고 인류 역사상 최초의 사회주의 국가(소비에트 사회주의공화국 연방, '소련')가 등장하였다. 러시아는 혁명으로 인한 혼란 속에 독일군에 연패하여 발트 3국, 핀란드, 폴란드, 우크라이나 등 많은 영토를 빼앗겼다.

1917년부터 독일 해군이 대서양에서 소형잠수함인 유보트로 연합군 상선과 군함에 무차별 공격을 가하자 큰 피해를 입은 미국이 독일에 선전포고하면서 전세가 기울기 시작하였다. 1918년 10월에 오스트리아와 오스만투르크가 연합국에 항복하고 11월에는 독일에서 혁명이 일어나 임시정부가 항복함으로써 전쟁은 모두 끝났다.

5년에 걸친 전쟁으로 양측 합하여 1천 800만 명 이상이 전사하거나 실종되었고 부상자는 2천만 명에 달하였으며 민간인 피해는 상상할 수도 없었다. 이 전쟁으로 승전국인 러시아 제국에 이어 패전국인 독일 제국, 오스트리아 제국, 오스만투르크 제국까지 모두 4개의 제국이 사라지고 각각 공화국이 되었다.

500년 동안 유럽의 여러 나라를 지배하던 합스부르크 왕조의 본거지인 오스트리아제국은 해체되어 영토가 8분의 1로 줄어든 채 작은 공화국이 되었고, 400년 동안 지중해세계의 최대 강대국이던 오스만투르크제국은 대부분의 영토를 잃고 멸망 위기에 처했으나 케말파샤의 활약으로 이스탄불 지역과 아나톨리아 반도를 지켜 내고 공화국으로 다시 태어났다. 그리고 승전국인 영국과 프랑스는 다시 세계 주도권을 회복하였으나 미국에 밀리기 시작하였다.

패전 후 침체 상태에 있던 독일 국민들의 열렬한 지지를 바탕으로 1934년 일당지배 체제를 확립한 히틀러는 군사력 증강에 나서 1938년 오스트리아를 합병함으로써 게르만민족 통일국가를 이룩하였다. 히틀러는 이듬해에 러시아(당시 '소련')와 상호불가침조약을 체결(1939년 8월 23일)한 후 9월 1일 전투기와 탱크부대를 앞세워 폴란드를 침공하였고 영국과 프랑스가 독일에 선전포고하면서 제2차 세계대전이 시작되었다.

독일군이 불과 2주 만에 폴란드군을 궤멸시킨 후 6개월간 영국 · 프랑스와 독일 간에 별다른 전투 없이 대치 상태에 있는 동안 소련은 동유럽에 군대를 보내 1차 대전 때 독일에 빼앗긴 영토 대부분을 되찾았다.

이듬해 4월 대공세에 나선 독일군은 덴마크, 노르웨이, 벨기에, 네덜란드, 룩셈부르크를 잇달아 점령하고 프랑스에 침입하여 파죽지세로 영국-프랑스 연합군을 격파하면서 연합군 수십만 명을 포위하였다. 영국의 주력부대 대부분이 프랑스에 가 있었기 때문에 이 병력이 모두 포로가 된다면 영국 수비가 불가능해질 상황이었다. 영국은 모든 선박을 총동원하여 영국군 22만 명과 프랑스군 11만 명을 영국으로 철수시키는 데 성공하였다(1940년 5월 26일~6월 4일. 됭케르크 철수작전, 일명 '다이나모 작전').

이 철수작전에는 귀족들의 요트부터 어부들의 어선이나 유람선까지 자진 참여하였으며 상공에서는 배에 탄 병력을 몰살하려는 독일군 폭격기와 이들을 저지하려는 영국군 전투기 수백 대가 뒤엉켜 싸우고 있었다. 1940년 6월에 영국은 마지막으로 프랑스에 남아 있던 15만 명의 영국군과 5만 명의 프랑스군을 추가로 탈출시킴(아리엘 작전)으로써 영국은 모두 50만 명 이상의 연합군 병력을 본국에 보존할 수 있게 되었다.

프랑스는 독일 못지않은 병력과 탱크를 보유하고 있었지만 내부 정치 혼란으로 불과 한 달 만에 독일군에 참패하였다. 독일군이 6월 14일 파리에 입성하고 프랑스 정부는 독일에 항복하였다(1940년 6월 22일).

1차 대전 때 독일군을 물리쳤던 프랑스의 영웅 페탱은 2차 대전 때에는 정부의 총리로서 독일군에 항복한 후 작은 도시 비시에 친나치 정부를 수립하여 프랑스 영토의 일부를 통치하였다. 당시 그의 나이 84세였는데, 5년이 지나 나치독일이 패망한 후 재판에 회부되어 89세의 나이에 사형선고를 받았고 종신형으로 감형되어 외딴 섬에 있는 감옥에서 수감 생활을 하다가 95세에 사망하였다.

한편, 독일군의 파리 입성 전에 탈출한 드골은 영국으로 건너가 망명정부인 '자유프랑스 위원회'를 발족시키고 BBC 라디오를 통한 연설을 통하여 프랑스 국민들에게 독일에 대한 항전을 호소하였다. 드골과 프랑스 병사 16만 명은 1944년 6월 노르망디 상륙작전으로 고국에 귀환할 때까지 4년 동안 영국 정부의 숙식 지원을 받으면서 유럽 전투에 투입되었다. 프랑스인들은 문화에 대한 자긍심이 높아 영국과 독일을 무시하는 경향이 있는데 지난 2백 년 동안 이 두 나라에 여러 차례 참패하여 번번이 치욕을 겪었고 이번에는 영국에 큰 신세를 지게 된 것이다.

나치독일 치하의 프랑스 국내에서는 많은 독립투사들('레지스탕스')이 활약하였는데 이 중 최대 세력은 좌파였지만 영국의 지원을 많이 받았다.

독일군이 유럽 대륙 전체를 석권하자 기세가 오른 히틀러는 평생 염원인 러시아 정복에 앞서 독일의 뒤에 버티고 있는 영국과의 불가침조약을 타진하였다. 우선 초강대국인 영국과의 전쟁으로 전력을 소모하기 싫었고 영국인은 같은 게르만족인 데다 영국 왕인 조지 6세의 증조할아버지(빅토리아 여왕의 부군 앨버트 공)가 독일 출신이어서 불가침조약 체결이 가능할 것으로 보았으나, 처칠 수상이 단호하게 거부하자 먼저 영국을 제압하기로 하였다.

히틀러는 영국 해군에 대한 두려움 때문에 상륙작전을 미루고 나치의 2인자인 공군 총사령관 괴링의 건의에 따라 전면 폭격을 명하였다. 처음에는 공군비행장과 레이더기지 등을 공격 대상으로 삼아 영국 공군을 궤멸시키려고 하였으나 나중에는 런던 시내에 공습을 가하자 처칠은 공군에 베를린에 대한 보복공습을 명하였다. 그러자 독일 공군은 보유하고 있는 2,600대의 전투기 중 2,200대를 영국 공습에 투입하였다. 영국 공군은 수적으로 열세였으나 우수한 성능의 전투기와 레이더 및 암호해독능력 덕분에 사상 최대의 공중전에서 독일 공군을 물리치고 승리하였다. 3개월간의 공중전에서 독일은 1,500대의 전투기를 잃었고 영국은 1천 대의 전투기를 잃었다.

영국 왕과 수상을 비롯한 시민들이 가슴을 졸이고 하늘을 쳐다보는 가운데 런던 상공에서 벌어진 공중전(1940년 9월)에서 수백 대의 독일 전투기를 격추시킨 영국의 주력 전투기 스피트파이어는 영국을 구한 전투기로 영국인들의 사랑을 받았고 독일군 조종사들에게는 공포의 대상이 되었다. 이 전투기를 설계한 엔지니어인 미첼은 암으로 생명이 꺼져 가는 중에도 우수한 성능의 전투기 개발에 필사적으로 매진하여 전쟁이 일어나기 전에 명품을 완성하였다. 사상 최대의 공중전에서 독일 공군을 물리친 후 처칠이 공군기지를 방문하여 "역사상 이토록 적은 수의 군인들이 온 국민을 구한 적이 없었다."고 조종사들의 무공을 치하하였다.

독일 폭격기들의 런던 공습이 심해지고 왕궁인 버킹검궁의 정원에까지 폭탄이 떨어지자 처칠은 국왕에 피난할 것을 건의하였다. 그러나 조지 6세 왕과 엘리자베스 왕비(엘리자베스 2세 여왕의 모후)는 이를 단호하게 거부하고 병원을 방문하여 다친 시민들을 위문하며 국민들의 절대적인 신뢰를 받았다. 히틀러는 엘리자베스 왕비를 "유럽에서 가장 독한 여인"이라고 불렀다. 그 후 히틀러는 영국 상륙을 포기하고 소련 침공을 준비하였다.

1941년 6월 22일 독일은 주력부대의 90퍼센트에 달하는 3백만 명의 군대를 동원하여 핀란드에서 흑해에 이르는 모든 전선에서 일제히 소련 영토에 침입하였다. 독일군은 파죽지세로 4개월 만에 모스크바 근교에 도달하였으나 스탈린과 주코프가 지휘하는 소련군의 반격에 밀려 후퇴하였다. 그 후 독일군은 130년 전 나폴레옹의 전철을 밟게 되었다. 10월부터 이듬해 1월까지 3개월간 혹한 속에 격돌한 모스크바 공방전에서 독일군 30만 명, 소련군 70만 명이 넘는 사상자가 발생하였으나 병력과 장비를 소진한 독일군이 패퇴하였고 그 후 계속 후퇴하기 시작하였다.

러시아 국민들이 역사상 가장 존경하는 구국 영웅인 주코프는 농노의 아들로 태어나 모스크바로 무작정 상경하여 가죽공장 직공으로 일하다가 1차 대전에 병사로 참전하였고, 혁명 후 부사관을 거쳐 장교가 되었으며 나중에 육군 원수에까지 승진하였다. 러시아에서 제정시대의 장교는 모두 귀족들이 차지하였으나 프롤레타리아 혁명 후에 귀족들이 모두 숙청당하고 노동자 농민 출신이 모두 무상으로 학교 교육을 받게 되고 과학자, 엔지니어, 음악가, 장교는 물론 장군까지 되자 병사들의 애국심이 향상되어 과거 제정시대 병사들과는 비교가 안 될 정도로 사기가 높았다. 혁명이 없었다면 주코프 같은 하층민 출신은 장군은커녕 평생 장교가 될 수 없었을 것이다.

주코프는 모스크바 공방전에서 독일군을 물리친 후 계속해서 독일군 추격에 나서 스탈린그라드 전투, 쿠르스크 전투, 레닌그라드 공방전에서 모두 독일군을 격파하였다. 그는 일찍이 전차와 비행기의 중요성을 내다보고 스탈린에게 건의하여 대량생산체제를 구축하도록 하였다. 소련의 기계공업이 급속하게 발전하여 전투기와 전차의 수량이 독일을 앞지르게 되었다.

스탈린그라드(지금 볼고그라드) 전투에서는 양측 사상자가 각각 100만 명이 넘었고 수천 대의 전투기와 탱크가 파괴되었는데 결국 독일군이 항복하였다. 쿠르스크 전투는 인류 역사상 전무후무한 탱크와 전투기들의 싸움이었다. 이 전투가 끝난 후 대평원에는 처참하게 파괴된 수천 대의 탱크와 전투기 고철쓰레기가 지평선까지 끝없이 널브러져 있었고 그 속에 수만 명의 양측 젊은이들이 처참한 몰골로 숨져 있었다.

레닌그라드(지금의 상트페테르부르크, '성베드로의 도시'라는 뜻)는 무려 2년 5개월간 독일군에 포위되어 소련군 100만 명 이상이 전사하고 200만 명 이상이 부상을 입었으며 100만 명 이상의 시민들이 폭격과 굶주림으로 사망하였다. 당시 11살이던 러시아 소녀 타냐의 일기는 유태인 소녀 안네프랑크의 일기와 함께 세상에서 가장 슬픈 일기이다. 타냐의 일기는 다음과 같다.

> 1941년 12월 28일 낮 12시에 제냐(언니)가 죽었다.
>
> 1942년 1월 25일 오후 3시에 할머니가 죽었다.
>
> 3월 17일 새벽 5시에 레카(오빠)가 죽었다.
>
> 4월 13일 밤 2시에 바샤(삼촌)이 죽었다.
>
> 5월 10일 오후 4시에 레샤(삼촌)이 죽었다.
>
> 5월 13일 아침 7시 30분에 엄마가 죽었다.
>
> … 우리 가족 다 죽고 나 혼자 남았다.

가족이 모두 굶어 죽은 후 혼자 남은 타냐는 구조되었으나 영양실조와 결핵으로 이듬해 사망하였고 나중에 친정집을 찾아온 언니가 이 슬픈 일기장을 발견하여 세상에 알렸다. 이 일기장은 지금 상트페테르부르크 역사관에 전시되고 있다.

독일군 주력부대 대부분이 소련군에게 궤멸되던 무렵인 1944년 6월 미국 아이젠하워 총사령관이 지휘하는 연합군이 노르망디 상륙작전에 성공함으로써 소련과 함께 독일을 동서 양쪽에서 협공하기 시작하였다.

1945년 1월 아이젠하워가 지휘하는 미-영-프 연합군과 주코프가 지휘하는 소련군이 독일 영토에 진입하였으며 4월에 베를린을 포위하자 히틀러는 자살하고 독일 정부는 항복(1945년 5월 8일)하였으며 독일 영토와 수도 베를린은 동서로 분단되었다.

이탈리아는 1939년 5월 독일과 군사동맹을 맺고 2차 대전을 일으킨 추축국 진영에 가담하였으나 국력과 군사력이 독일과는 비교가 안 되는 수준이었고 독재자 무솔리니는 히틀러의 들러리에 불과하였다. 독일군이 북프랑스로 진입한 1940년 6월 10일 이탈리아군은 남프랑스를 침공하여 일부 지역을 점령하였다. 그 후 그리스를 침공했으나 실패하였고 압도적인 영국 해군에 의하여 해안을 봉쇄당하여 국민들은 식량과 생필품 부족으로 큰 고통을 겪었다. 1943년 7월 영미 연합군이 시칠리아섬에 상륙하고 로마에 대한 공습을 개시하자, 무솔리니는 실각하여 체포되고 이탈리아 정부는 영국과 미국에 항복하였다.

독일과 소련의 전쟁은 인류 역사상 최대의 전쟁으로 소련은 군인과 민간인을 포함하여 약 3천만 명의 인명 피해를 입었는데 이는 2차 대전 중 발생한 전 세계 사망자 6천만 명의 절반에 가까운 엄청난 피해였다.

유럽의 2류 국가였던 러시아는 공산혁명 후 '소련'으로 다시 태어나 독일과의 전쟁에서 승리한 대가로 동유럽을 석권하고 초강대국으로 성장하여 세계 공산진영의 종주국이 되었다. 소련은 1957년 세계 최초의 인공위성인 스프트닉호 발사에 성공함으로써 우주 개발과 핵무기 경쟁에서 미국에 우위를 점하였으나 1991년 스스로 붕괴되었다.

2 …………………… 일본의 중국 침략과 태평양전쟁

일본의 승승장구

일본은 조선을 무력도발(1875년 운요호 사건)로 강제 개항시킨 후 1879년 류큐 왕국을 멸망시키고 일본 영토에 편입시켜 오키나와현을 설치하였다. 류큐 왕국은 1609년 사쓰마번의 침공 이후에도 독립을 유지하면서 중국과 사쓰마번 양측에 조공하고 조선이나 베트남과 무역을 하고 있었으나 이번에 일본이 독차지한 것이다.

일본은 곧이어 1894년 청일전쟁에서 승리하여 대만과 요동반도를 빼앗은 데 이어 1905년 러일전쟁까지 승리함으로써 한국을 보호국으로 삼아 식민 지배를 시작하였다.

중국에서는 신해혁명(1912년)이 일어나 청나라가 멸망하고 아시아 최초의 공화제 국가인 중화민국이 수립되었으나 중국 전체를 장악하지 못하여 각 지방의 군벌들이 할거하는 분열 상태가 되었다. 그 후 국민당 정부의 실권자가 된 장제스(蔣介石)가 북벌을 개시하여 대부분의 군벌을 흡수하고 총통에 취임한 후 1930년부터 미국의 지원을 받아 본격적인 공산당 토벌에 나서게 된다. 장제스는 일본 유학 후 일본 군국주의 문화를 동경하였는데 그 때문인지 일본의 침입을 물리치는 것보다 공산당 공격에 주력하였다.

일본은 신생 중화민국이 공산당과의 내전으로 혼란한 틈을 타서 만주사변(1931년)을 일으켜 6개월 만에 만주 지역 대부분을 점령하고 만주족인 청나라 마지막 황제를 허수아비 황제로 옹립하여 '만주국'을 세웠다.

일본은 만주 점령에 만족하지 않고 중국 전체를 정복할 야욕을 품고 중일전쟁을 일으킨다(1937년). 중국은 청나라 멸망과 함께 수립된 지 20여 년밖에 되지 않은 신생국가로서 군대는 병력 숫자만 많았을 뿐, 대부분이 훈련을 제대로 받지 못한 농민 출신들로 이루어져 애국심과 전투력이 형편없었고 장교들의 부패가 심하였으며 해군과 공군은 아예 없었다.

이와 같이 허약한 중국군은 도저히 일본군의 적수가 되지 못하여 연전연패하였다. 일본군은 청일전쟁 때는 주로 한국 땅에서 싸웠지만 이번에는 중국 본토 침략을 시작한 지 한 달도 못 되어 베이징과 톈진을 점령하고 곧이어 상하이에 상륙한 후 중국 국민당 정부의 수도인 난징(南京)을 점령하여 2십만 명 이상의 시민을 무차별 학살하였다.

장제스가 이끄는 중국 정부는 충칭으로 옮겼고 미국의 막대한 군사원조에 의지하여 일본과의 전쟁을 수행하였다. 미국은 중국의 공산화도 막아야 하지만 일본의 중국 정복도 막아야 했기 때문에 어떤 경우건 장제스를 지원할 수밖에 없었다. 장제스의 부인 쑹메이링(宋美齡)은 미국 명문 여자대학인 웨슬리대 출신으로 유창한 영어 실력과 깊은 문학적 소양을 갖추고 폭넓은 인맥을 가지고 있어 대미 외교에 큰 역할을 하였다.

장제스가 이끄는 국민당 군대가 미국의 지원에도 불구하고 일본군에 패전을 거듭하고 있는 반면에 마오쩌둥이 이끄는 공산당의 주력부대인 팔로군과 남부지역 공산군인 신사군은 일본군에 큰 위협이 되었다. 공산당 군대의 군기가 엄정하여 농민들이 국민당 군대보다 공산당 군대를 신뢰하기 시작하자 장제스는 신사군의 주력을 공격하여 거의 전멸시켰다.

일본군은 8년 동안의 중국 침략에서 1,200만 명을 학살하였는데 이는 나치독일이 학살한 유태인의 두 배에 달한다.

1941년 7월 말 일본군은 나치독일과 프랑스의 친나치 정권인 비시 정부의 동의를 얻어 프랑스령 베트남에 진주한다. 프랑스의 압제에 시달려 온 베트남인들은 일본군에 호의적이었고 심지어는 해방군으로 대하는 분위기도 있었다. 미국과 영국이 일본의 베트남 진주를 비난하며 전면적인 교역 중단을 선언하자 일본은 석유 때문에 궁지에 몰렸다. 일본은 군함과 전투기 연료의 70퍼센트 이상을 미국으로부터의 수입에 의존하고 있었기 때문에 미국산 석유 수입이 막히자 석유 매장량이 풍부한 영국령 말레이(지금의 말레이시아)와 네덜란드령 동인도(지금의 인도네시아) 지역을 빼앗기로 하였다.

일본은 이 전쟁을 위하여 우선 홍콩과 싱가포르에 있는 영국군과 하와이에 있는 미국 태평양함대를 제거해야 할 필요를 느꼈다. 영국은 독일과 전쟁을 하느라 아시아에 주력부대가 거의 없었고 미국은 유럽 전쟁에도 끼어들지 않으려는 반전 분위기가 만연되어 있었으며 방대한 인도네시아 지역의 주인인 네덜란드는 본국이 독일에 점령당한 후 현지 총독 휘하 군사력이 빈약한 상태였기 때문에 전격전을 감행하면 승산이 있다고 보았던 것이다.

당시 일본은 항공모함을 25척이나 보유하고 있었고 자체 기술로 개발한 '제로센' 전투기 2,600기를 보유하고 있어 해군의 항공 전력이 동아시아의 영국 함대와 하와이에 있는 미국 태평양 함대를 합한 것보다 많았다. 88년 전 미국의 페리 함대가 갔을 때의 일본이 아니었다.

1941년 12월 7일 400대가 넘는 함재기를 실은 일본 항공모함 6척이 하와이 근해로 가서 진주만에 있는 미국 태평양함대 사령부에 대규모 공습을 가하면서 일본과 미국의 태평양전쟁이 시작되었다. 이 공습으로 5척의 미국 전함이 격침되었고 2백여 대의 전투기가 파괴되었으며 2천여 명의 사상자가 발생하여 미국 시민들은 큰 충격에 빠졌다. 그러나 미국의 항공모함과 잠수함이 모두 다른 지역에 가 있어 그나마 다행이었다.

그런데 진주만 기습 한 달 전에 미국과 일본의 교섭이 결렬되자, 미국 국무장관이 일본과의 전쟁이 임박했다고 경고하였다. 그러나 이러한 경고를 심각하게 받아들이는 사람은 거의 없었고 심지어는 군수뇌부도 마찬가지였다. 정보기관들이 사전에 일본의 진주만 기습계획에 대한 정보를 입수하여 루스벨트 대통령에 보고하였으나 국민들과 정치인들에게 경종을 울리기 위하여 고의적으로 대비를 하지 않고 기다렸다는 추측도 있다. 유럽에서 사상 최대의 전쟁이 벌어지고 있었지만 미국인들은 전쟁에 관심이 없고 전쟁경기 덕분에 흥청망청하는 분위기였기 때문에 충격요법이 필요하다고 생각했다는 주장이다.

미국인들은 독일과 러시아가 혈전을 벌이고 있으니 보기 싫은 두 나라가 모두 망할 때까지 구경이나 하자는 분위기가 지배적이었다. 미국의 여야 정치권이나 여론지도층 모두 유럽 전쟁에 미국이 개입하는 것을 반대하였고 일본이 쳐들어올 것을 예상한 사람은 한 명도 없었다. 그런데 막강한 태평양함대의 심장부가 기습당하자 일본에 대한 적개심이 팽배해졌다. 미국 정부는 대중 매체를 이용한 대대적인 선전을 통해 일본인들은 부정직하고 사악한 민족이라는 이미지를 전파하고 11만 명이 넘는 미국내 거주 일본인을 사막에 있는 강제수용소에 억류하였다. 미국 시민권자나 미국에서 태어난 2세들도 가리지 않고 모두 억류하였다.

2세 청년들은 미국에 대한 충성과 애국심을 증명하기 위하여 미군에 자원입대하기도 하였는데 이들은 주로 유럽 전선에 투입되었다. 유명 배우와 가수들이 전국을 순회하며 모금운동을 하자 일본과 독일을 쳐부수자는 여론이 고조되어 청년들의 자원입대가 줄을 이었다. 반전주의자들은 설 자리를 잃고 루스벨트 대통령은 의회의 전폭적인 지지를 얻어 막강한 경제력을 바탕으로 각종 무기의 대량 생산에 필요한 예산을 확보하고 유럽과 태평양 양쪽의 전쟁을 동시에 수행할 계획을 세웠다.

한편, 진주만 공습과 거의 같은 시각에 대규모 일본군이 영국 식민지인 홍콩과 말레이반도, 중립국인 태국, 미국 식민지인 필리핀에 일제히 상륙하였다.

홍콩의 영국군은 18일 간의 전투 끝에 1941년 크리스마스 오후에 항복하고 총독과 영국군 사령관을 비롯한 1만여 명이 포로가 되었다. 일본군은 월등한 항공모함 전력으로 제공권을 장악하여 영국군을 격파하였다. 당시 항공모함을 보유한 나라는 영국, 미국, 일본 세 나라뿐이었다.

영국 공군이 독일 공군과의 공중전에서 수적 열세에도 불구하고 승리하였으나 일본과의 공중전에서는 전투기가 부족하고 작전능력도 뒤떨어져 참패하였다. 영국이 자랑하는 스피트파이어 전투기는 모두 본토 방위에 투입되어 극동 지역에는 한 대도 없었기 때문에 일본의 첨단 전투기인 '제로센'의 공격에 속수무책이었다.

홍콩 전투에서 캐나다군 290명이 전사했고 262명은 포로수용소에서 사망했는데, 캐나다 정부도 미국처럼 캐나다에 거주하는 2만 3천 명의 일본인을 내륙에 있는 강제수용소로 보내고 남자들은 가족과 분리하여 다른 수용소에 격리 수용하였다.

태국 정부는 국경을 접하고 있는 영국령 말레이에 협조하지 않고 중립을 지키려고 노력하였으나 일본군이 상륙한 지 3일 만에 방콕으로 진격해 오자, 하는 수 없이 일본의 요구를 받아들여 동맹조약을 체결하였다.

태국 남쪽 영국령 말레이에 상륙한 일본군 11만 명이 파죽지세로 남하하여 싱가포르로 향하였다. 이때 영국의 주력전함 두 척이 일본군 전투기들의 공격을 받고 격침되어(1941년 12월 10일, 말레이 해전) 세계를 놀라게 하였다. 일본군 전투기들은 베트남 남부 지역에서 출격하였다. 처칠은 훗날 회고에서 이 해전의 패배가 2차 대전 중 가장 큰 충격이었다고 하였다.

영국은 사상 최대의 공중전에서 독일 공군을 물리치고(1940년 9월) 사상 최대의 전함인 독일 비스마르크호를 격침(1941년 5월 27일)시킨 후 독일에 대한 우위를 확보하였는데, 생각지도 않았던 일본 해군에 참패함으로써 동아시아 식민지 전체가 위협받게 되었다. 그때까지만 해도 세계의 초강대국인 영국인들은 아시아인들 모두를 열등한 인간들로 여겼는데 일본이 초대형 항공모함과 우수한 성능을 가진 전투기를 만들어 영국이 자랑하는 전함과 항공모함을 격침시키고 수천 명의 영국 병사들이 전사하거나 바다에서 허우적대다가 포로가 되자 경악을 금치 못하였다.

1942년 2월 15일 싱가포르에 주둔하던 영국군이 일본군에 항복하여 사령관 이하 8만 명이 포로가 되었다. 영국군은 영국인, 인도인, 호주인 혼성부대인 데다 중국인 대학생부터 인력거꾼까지 포함된 오합지졸이었는데, 중일전쟁에서 실전 경험을 쌓은 일본군은 사기충천하였다. 더욱이 일본군이 각종 항공기 8백여 대를 앞세우고 쳐들어온 반면에 영국군의 항공기는 150대에 불과하였다. 싱가포르 전투는 패배를 모르던 영국 역사상 최대의 치욕이었고 최대 규모의 항복으로 꼽힌다.

싱가포르 점령 후 일본은 신문, 방송, 영화를 동원하여 서양인들의 압제로부터 아시아를 해방시킬 유일한 나라는 일본뿐이라고 자처하면서 세뇌공작에 들어갔다. 말레이시아산 고무와 석유 수출항인 싱가포르 점령으로 일본은 환희에 들떠 식민지인 조선의 전국 학교에까지 '천황폐하 하사품'이라며 고무공을 배포하였다. 식민지 한국의 여류 시인 노천명과 모윤숙은 일본의 싱가포르 함락을 찬양하고 영국인을 해적의 자손이라고 경멸하는 시를 발표하였다. 영국의 지배를 받던 인도의 시성 타고르도 아시아인이 오만불손한 영국군을 격파한 것을 찬양하였다.

진주만 공습과 동시에 필리핀에도 일본군 대부대가 상륙하였다. 미국의 맥아더가 지휘하는 필리핀군의 총병력은 미군 1만여 명을 포함하여 약 13만 명이었지만 미군 비행장들이 일본 폭격기들의 공습으로 초토화되었고 대부분의 전투기가 파손되어 일본군의 상대가 되지 않았다. 필리핀군과 미군은 마닐라를 포기하고 바탄 반도로 철수하여 항전하였으나 방어선이 뚫리자 루스벨트 대통령은 급히 맥아더를 호주로 전출시켰으며 그 후임에 웨인라이트 중장을 임명하였다.

미군과 필리핀군은 일본군에 포위되어 식량이 바닥나면서 일본군의 총공세에 5만여 명이 투항하였고, 웨인라이트 중장은 탈출하여 코레히도르섬으로 들어가 한 달을 더 버티다가 일본군에 잡혀 포로가 되었다. 일본군은 필리핀 침공 6개월 만에 전 지역을 점령한 후 미군과 필리핀군 포로 7만 명을 불볕더위 속에 도보로 88㎞ 떨어진 수용소까지 강제 이동시켰는데 이 '죽음의 행진' 도중에 수천 명의 포로들이 굶주림과 부상과 질병으로 사망하였다. 필리핀 침공 작전을 지휘한 일본군 사령관 혼마 마사하루 중장은 종전 후 전범재판에서 사형 선고를 받고 처형되었다.

맥아더는 필리핀 바탄에서의 치욕을 잊지 않기 위하여 자신의 전용기 이름을 '바탄(BATAAN)'이라 명명하고 1945년 일본의 항복을 받기

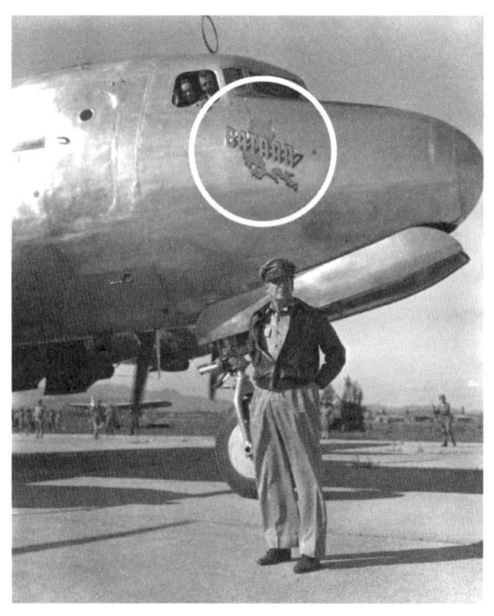

▶ 전용기 '바탄'호 앞에 선 맥아더 원수 | 출처: 구글

위해 갈 때도 'BATAAN'을 타고 갔다. 와신상담하다가 권토중래한 셈이다.

네덜란드령 동인도(지금의 인도네시아)에 쳐들어간 일본군이 1942년 2월 27일부터 사흘 동안 벌어진 자바 해전에서 네덜란드, 영국, 호주, 미국 4개국 군함으로 구성된 함대를 전멸시켰고 네덜란드군은 3월 8일 일본군에 항복했다. 네덜란드 본국이 이미 독일에 점령되어 있었기 때문에 멀리 떨어져 있는 인도네시아 식민지에 주둔하고 있던 군대는 일본군의 상대가 되지 못하였다.

1942년 2월 일본군 폭격기들이 호주 북부의 다윈항을 공습하여 2백여 명의 시민이 사망하였고 이후 2년 동안 호주 시드니항을 비롯한 여러 곳에 100회 넘는 공습을 가했다. 호주와 뉴질랜드는 종주국인

:: 일본의 동아시아 침략과 미국의 반격 ::

시기	사건
1868년	메이지유신
1875년	강화도 침범(운요호사건), 조선 개항(1876 강화도조약)
1894년	청일전쟁 승리, 타이완 및 랴오뚱반도 획득(시모노세키 조약) 랴오뚱 반도는 러시아 · 프랑스 · 독일 등 삼국간섭으로 반환
1905년	러일전쟁 승리, 한국 보호국화(을사늑약)
1910년	한국 식민지화(경술국치)
1914년	제1차 세계대전 발발, 독일 식민지인 사이판과 중국 칭다오 점령
1931년	만주침략
1932년	상하이 점령
1937년 7월	중국 본토 침략(중일전쟁 발발)
1937년 12월	중국 수도 난징 함락. 대학살 자행
1941년 12월	하와이 진주만 미국 해군기지 공습 미국 식민지 필리핀 침공, 6개월 만에 미군 항복, 맥아더 필리핀 탈출 영국 식민지 홍콩 점령, 영국군 항복 괌(미국 영토) 점령
1942년 1월	영국 식민지 버마(미얀마) 점령, 영국군 항복
1942년 2월	영국 식민지 싱가포르 함락, 영국군 항복
1942년 3월	네덜란드 식민지 인도네시아 침공. 네덜란드군 항복
1942년 4월	영국 식민지 실론섬의 해군기지 공습, 영국 해군 인도양 서쪽으로 후퇴 미국 공군 둘리틀 폭격대, 일본 도쿄 등 8개 대도시 공습
1942년 5월	산호해 해전에서 미군에 패배
1942년 6월	미드웨이 해전에서 미군에 패배
1943년 2월	과달카날 전투에서 미군에 패배
1944년 7월	영국 식민지 인도 침공(임팔 전투), 영국군에 패배
1944년 6월	미군, 괌 탈환
1945년 6월	미군, 필리핀 탈환 및 일본 영토 오키나와 점령
1945년 8월	원자폭탄 투하 – 히로시마(8월 6일), 나가사키(8월 9일)
1945년 8월 15일	일본 무조건 항복

영국을 잇달아 격파한 일본군을 코앞에 마주하게 되자 불안에 떨면서 미국에 지원을 요청하였다.

동남아시아를 석권한 일본의 항공모함 함대가 인도양으로 진출하여 1942년 4월 실론섬(지금의 스리랑카) 콜롬보 항의 영국 해군기지를 기습공격하였다. 일본군 함재기 규모가 영국군 전투기 대수를 압도하여 영국 항공모함 헤르메스를 비롯한 여러 척의 군함이 침몰되었다.

동아시아에서 영국이 모든 식민지를 일본에 빼앗기고 무적의 영국 해군이 일본 함대에 연패하자 영국은 또다시 큰 충격에 빠졌고 영국 해군은 인도 동쪽의 제해권을 일본에 빼앗기며 인도양 서부 아프리카 연안까지 밀려났다.

일본 역사상 최초의 이민족에 의한 통치

진주만 공습으로부터 4개월 후 일본 본토의 도쿄, 요코하마, 요코스카, 가와사키, 나고야, 고베 등 주요 대도시에 미군 폭격기가 나타나 공습을 가하였다. 당시의 항공모함은 전투기 전용이어서 무거운 폭격기는 함재기로 사용할 수 없었다. 이 때문에 둘리틀 준장이 지휘하는 폭격기 16대는 항공모함에서 발진하여 임무를 수행한 후 항공모함으로 귀환할 수 없어 중국의 비행장으로 가서 착륙하였다. 사상 최초로 본토 공습을 당한 일본은 큰 충격을 받았고 미국은 축제 분위기가 되었다.

태평양에서 반격에 나선 미국 해군이 미드웨이 해전(1942년 6월)에서 일본의 항공모함 4척을 격침시키고 승리한 후 태평양의 제해권을 장악하면서 총공세에 나선다. 미드웨이 해전에서 조종사 수백 명을 포함하여 3천여 명의 일본군이 사망하였다. 미국 측은 3척의 항공모함 중 1척을 잃었고 사망자는 3백여 명이었다. 과달카날섬에 상륙한 미군이 승리하여 일본군이 철수함으로써 미군은 태평양전쟁에서 최초의 지상전 승리를 기록하였다. 이 무렵 유럽에서도 소련군이 모스크바 공방전에서 독일군을 물리친 후 총반격에 나서고 있었다.

일본군은 태평양에서 미국에 계속 밀리면서도 버마(지금의 미얀마)를 점령한 후 인도에 침입하였으나 영국 육군에게 참패하여 5만 명 이상이 전사하였다(1944년 3월 8일~1944년 7월 3일, 임팔 전투). 이 전투는 태평양전쟁에서 영국군이 일본군을 물리친 최초의 대승리였다.

미군은 1944년 6월 사이판을 점령하고 미국 영토인 괌을 탈환한 후 10월에는 필리핀 레이테 상륙작전에 성공하여 6개월 만인 1945년 4월 필리핀 전 지역을 탈환하였다. 이 기간 중에 일본군은 30만 명 이상의 사상자를 내고 거의 전멸하였으며 해군은 궤멸 상태가 되었다. 미군은 이어서 일본 영토인 이오지마와 오키나와를 점령하고 일본 본토 상륙을 준비하였다. 미국의 루스벨트 대통령은 일본이 항복할 때까지 주요 대도시에 대한 무제한 공습작전을 명하였다. 이에 따라 미군은 1945년 3월부터 도쿄를 비롯한 일본 주요 도시에 대한 융단폭격을 계속하여 민간인 15만 명 이상이 사망하였다.

이 무렵 일본은 미군의 본토 상륙에 대비하여 상륙 예상 해안에 병력을 배치하였는데 나이 많은 병사들이 대부분이었다. 해외에서 젊은 병사들을 너무 많이 잃었기 때문이었다. 그러나 미군이 일본 본토에 상륙한다면 이오지마 전투와 오키나와 전투에서 보여 준 것처럼 일본 정부가 끝까지 항복을 거부하고 결사 항전에 나서 양측 모두 수백만 명의 희생이 예상되었다.

이와 같은 상황에서 루스벨트 후임인 트루먼 대통령은 상륙작전 대신에 원자폭탄 공격을 선택하였다. 트루먼 대통령이 소련군의 일본 진입을 막기 위하여 핵무기 사용을 서둘렀다는 견해도 있다. 1945년 7월 뉴멕시코의 알라모고도에서 첫 핵실험이 있었는데 불과 한 달 후 실제 원자폭탄을 일본에 투하한 것이다. 결국 8월에 히로시마와 나가사키에 사상 최초의 원자폭탄이 한 개씩 투하되었는데 두 도시에서 민간인 10만 명 이상이 즉사하고 20만 명 이상의 방사능 피폭자가 발생하였다.

소련은 독일이 항복(1945년 5월 8일)한 후에 최우선 순위 전략인 동유럽 장악을 위하여 이 지역에 주력부대를 투입함에 따라 일본에 대한 선전포고를 미루고 있었는데, 일본에 원자폭탄 두 발이 떨어지자 미국이 일본을 독차지할 것을 우려하여 급히 일본에 선전포고하고 대부대를 만주 지역으로 보냈다.

시베리아 횡단철도를 이용하여 장거리를 이동한 소련군이 만주에 들어온 지 불과 1주일(1945년 8월 9일~15일) 만에 2만 명이 넘는 일본군이 전사하고 60만 명 이상이 포로로 잡혔다. 반면, 소련군의 전사자는 1만 명이 채 되지 않았다. 소련은 40년 전 러일전쟁의 패배를 설욕하였다. 이 전투는 러시아 혁명 후 들어선 사회주의 국가인 소련이 과거의 허약한 2류 국가이던 러시아 제국과는 차원이 다른 강력한 국력을 갖추게 된 것을 미국과 영국의 지도층이 확인하는 계기가 되었다.

그러나 소련군이 일본에 진입하기 전에 일본이 미국에 항복함에 따라 미군은 일본 전체를 점령하였고 소련군은 한반도에 들어와 청진과 원산을 점령한 후 미국과 소련은 일본 대신 한국을 분할 점령하기로 합의하였다.

일본은 700년에 걸친 무가정권인 막부시대 역사를 갖고 있기 때문에 장군(將軍, 일본어 발음 '쇼군')이 나라를 통치하는 체제에 익숙하여 미국의 군정사령부를 막부로 여겼고 군정사령관인 맥아더 장군을 일본어 발음대로 '막가사 쇼군'이라고 불렀다. 일본에서 무가정권 시대에 최고통치기관인 '막부'는 다른 나라의 중앙정부에 해당하지만 어원은 야전사령부 또는 군정사령부의 뜻을 가지고 있기 때문에 일본인들이 미국의 군정사령관을 막부시대의 쇼군으로 생각하는 것은 일리가 있다. 다만 이번 쇼군은 이민족이란 점이 다르다. 일본은 몽골의 침입도 물리쳤는데 이번에 미국의 지배를 받게 된 것이다.

미국은 유럽과 태평양 양쪽에서 전쟁을 치렀지만 막강한 경제력으로 두 전쟁 모두 승리의 주역이 되었고, 파산 상태의 유럽 여러 나라에 우방이나 적국을 가리지 않고 복구사업을 위한 원조('마셜플랜')를 함으로써 명실상부한 초강대국이 되었다. 2차 대전이 끝났을 때 독일과 일본의 주력부대가 거의 궤멸된 반면에 미국의 병력은 여전히 1천만 명을 넘었고 전투기 생산능력은 연간 1만 대를 넘었다.

3 ······················ 과학기술이 총동원된 무자비한 살육전

19세기에 미국과 영국에서 발명된 기관총은 대량살상무기로 가공할 만한 위력을 보였다. 1차 대전은 전쟁사상 처음으로

기관총이 주력 무기가 되면서 양측 모두 엄청난 인명 피해를 입었다.

1915년 영국-프랑스 연합군이 터키 갈리폴리 반도에 상륙하였으나 터키군의 결사 항전으로 8개월 만에 패퇴하였는데 이 전투로 연합군 사상자가 25만 명에 이르렀으며 터키군 사상자도 21만 명에 달하였다(갈리폴리전투).

1916년 2월 독일군이 프랑스에 침입하여 베르됭 요새를 공격하면서 벌어진 10개월간의 전투에서 프랑스군 37만 명, 독일군 33만 명의 사상자가 발생하였다.

1916년 7월부터 프랑스 솜므 강변에서 밀고 밀리는 4개월간의 격전에서 발생한 사상자가 독일군 50만 명, 영국군 42만 명, 프랑스군 20만 명에 달하여 15㎞에 불과한 지역에 무려 100만 명이 넘는 세 나라 청년들의 시체가 산더미를 이루었다.

참호 속에 있던 병사들이 기관총 때문에 밖으로 나갈 수 없어 식사는 철사 끈에 매달아 배달되었다. 그 안에서 숙식과 배설까지 해야 하는 비참한 생활을 하면서 많은 병사들이 질병으로 죽었다. 그런데 참호 속에 있는 병사들을 몰살시키기 위하여 곡사포와 독가스까지 사용되었으니 인간들의 잔인함이 상상을 초월하였다.

2차 대전은 발명된 지 얼마 안 된 비행기들의 싸움이었다. 독일군이 폴란드를 침공할 때 전투기를 앞세우고 쳐들어가 단기간에 폴란드군을 궤멸시켰으며, 태평양전쟁도 일본의 항공모함 6척에서 발진한 함재기들의 하와이 진주만 공습으로 시작되었다.

일본 함대와 미국 함대가 태평양에서 벌인 산호해 해전과 미드웨이 해전은 군함들이 함포로 싸운 전투가 아니라 사상 최초로 항공모함에서 발진한 함재기들끼리 벌인 싸움이었다. 양측 함재기가 각각 3백대 이상이었다.

독일군과 소련군이 벌인 사상 최대의 전차전인 쿠르스크 전투에서 독일군은 전차 2,928대와 전투기 2,110기, 소련군은 전차 5,128대와 전투기 2,792기를 동원하였다.

1941년에 취역한 세계 최대의 전함인 일본 해군의 야마토호는 만재배수량 7만 2,809톤에 전체 길이가 263m나 되고 구경 460㎜나 되는 거포 9문과 수많은 대공포를 갖추고 있었다. 그러나 1945년 4월 오키나와로 가던 중 미국 항공모함에서 발진한 전투기, 급강하폭격기, 어뢰공격기 등 각종 항공기 386대의 공격을 받고 격침당하였다. 일본군 함대사령관을 비롯한 3천여 명이 전사하고 269명이 구조된 반면, 미군 측 손실은 항공기 10대에 불과하였다.

미군은 오키나와 점령을 위하여 영국군과 호주군을 합하여 군함 1,370척과 전투기 7,127기를 동원하였다. 그야말로 하늘과 바다가 수평선까지 거대한 철 구조물로 덮이고 상상을 초월하는 석유가 사용되었다.

1945년 2월 13일 독일 드레스덴 폭격에는 영국군 폭격기 722대와 미군 폭격기 527대가 도시 전체에 무차별 폭격을 하여 도시 건물의 90퍼센트가 파괴되고 3만 명 이상의 시민이 사망하였다. '융단폭격'이라는 말은 이때 생겨났다.

5년 전 독일 공군이 영국의 런던을 비롯한 여러 도시에 가하였던 공습으로 4만 명 이상의 시민이 사망하였는데, 독일 국민들은 그들이 선출했던 히틀러가 영국과 소련에서 저지른 만행에 대한 업보를 받은 것이다. 영국의 공군 사령관 아더 해리스는 의회 청문회에서 비인도적인 폭격을 비난하는 의원의 추궁에 "나는 독일군을 죽이라는 임무를 부여받은 사람이다. 독일 어린이들은 몇 년 만 지나면 독일군이 되고 독일 여성들은 전투기 공장에서 일하면서 장차 독일군이 될 아이를 낳고 있다."고 답변하였다. 그는 히틀러와 다름없는 살인마라는 비난을 들었지만 유임되었다.

1942년 히틀러는 레닌그라드(지금의 상트페테르부르크) 포위전을 언급하며 "레닌그라드는 지구상에서 사라져야 한다. 그 도시의 주민 모두를 굶겨 죽여야 한다."라고 하였다. 히틀러는 유태인과 슬라브인, 집시족은 멸종시켜야 한다는 생각을 갖고 있었다. 그런데 미국의 루스벨트 대통령도 "지구상에서 일본인 1억 명은 없어져야 한다."고 말한 적이 있고 많은 미국인들이 그 말에 동조했다. 히틀러의 야만적인 인종청소론이 민주국가인 영국과 미국에서도 공공연하게 거론된 것이다. 전쟁은 모든 사람을 야만적인 분위기로 몰아넣는다.

2차 대전 중 미국에서 발명된 무기 중 원자폭탄은 지금까지의 어떤 무기와도 비교할 수 없는 파괴력을 보여 주었다. 일본 히로시마에 투하한 한 발의 원자폭탄으로 반경 2㎞(광화문 광장을 중심으로 종로 5가, 서울역, 아현역, 북악산에 이르는 지역에 해당) 이내는 풀 한 포기까지 타 버렸고 초등학교 운동장에 있던 어린이들이 그대로 재로 변하여 부스러졌다. 7만 명이 즉사하고 그 후 방사능 피폭으로 그보다 더 많은 숫자의 사람들이 사망하거나 평생 고통을 겪었다. 3일 후 나가사키에 투하된 원자폭탄에 의한 사망자도 4개월간 8만 명이 넘었다.

두 폭탄의 위력은 비슷한 것이었으나 나가사키는 지형상의 특징으로 사상자가 히로시마에 비하여 절반 정도였다. 이 두 지역에 징용으로 끌려온 한국인 중 4만여 명이 숨지고 3만 명 이상이 평생 동안 후유증으로 고통을 겪었다. 끝까지 항복하지 않고 버티던 독일과 일본의 지도층 때문에 수백만 명의 무고한 시민들이 하늘에서 떨어진 재래식 폭탄과 원자폭탄에 희생된 것이다.

2차 대전 후 미국과 러시아는 핵무기 경쟁을 하여 한때 각각 1만 기 이상의 핵폭탄을 보유하였는데 그중 상당수는 수소폭탄으로서 히로시마에 투하된 원자폭탄의 5백 배의 위력을 가진 것들이다. 조종사가 목숨을 걸고 갈 필요 없이 대륙간탄도탄(ICBM)에 탑재되어 버튼만 누르면 지구상의 어느 곳이나 정확하게 공격할 수 있게 되었다. 현재 미국과 러시아는 각각 5천 기, 영국, 프랑스, 중국이 각각 200~300기, 인도와 파키스탄은 각각 100여 기를 보유하고 있고 이란과 북한은 핵폭탄 개발에는 성공하였지만 운반수단인 대륙간탄도탄 개발이 완료되지 않아서 실전배치단계에는 도달하지 못한 것으로 보인다.

한편, 태평양전쟁 중 미군은 일본군의 암호를 대부분 해독하여 해군의 수적 열세에도 불구하고 일본 해군을 거의 전멸시켰는데, 이는 암호해독용으로 개발된 컴퓨터(전자계산기) 덕분이었다. 나중에는 연합함대 사령관이 탄 비행기의 이동까지 알아내어 태평양 상공에서 격추시켰다.

2차 대전 중에 나온 미국의 발명품 중에서 핵무기가 인류를 멸종시킬 수 있는 최악의 무기라면 컴퓨터는 인류의 생활을 송두리째 바꾸어 놓은 문명의 이기가 되었다. 2차 대전이 끝난 후 미국의 대기업에서 컴퓨터를 활용하기 시작하면서 기업의 생산성과 고객에 대한 서비스가 획

기적으로 향상되었다. 1980년대 중반 세계 최대의 항공사이던 미국의 팬암이 도산하고 중하위권이던 아메리칸 항공이 선두그룹으로 부상하였는데, 업계 최초로 온라인 예약시스템을 구축한 아메리칸 항공이 팬암의 고객들을 끌어들인 것이 주요 원인이었다. 이와 같은 사례가 거의 모든 업종에서 일어나면서 전 세계적인 정보화혁명이 일어났다.

오늘날 세계 모든 나라의 통신회사, 인터넷포털, 은행, 증권회사, 신용카드회사, 지하철, 항공사, 발전소, 공공기관들이 거대한 컴퓨터시스템에 의하여 운영되고 있다. 한국에서는 1970년대 중반까지도 시중은행에 컴퓨터가 한 대도 없었는데 1980년대 중반에는 대부분의 은행이 전산화되었고 1990년대 초반에는 국내 은행 간 공동망이 완성되었다. 불과 20년 만에 일어난 이러한 혁명적인 변화 덕분에 고객들의 편의성과 함께 경제활동의 속도가 획기적으로 향상되었다.

오늘날 전 세계를 거미줄처럼 이어 주는 인터넷의 모태도 1960년대 미국 국방부 산하 고등연구관리국(ARPA)에서 구축한 컴퓨터통신망으로, 나중에 민간에 이관된 후 상용화되었다.

1980년대 초 미국에서 개발된 개인용 컴퓨터와 인터넷의 다양한 기능이 휴대폰에 탑재되면서 스마트폰이 등장했다. 스마트폰의 역할은 예전의 편지, 전화, 전화번호부, 시계, 달력, 수첩, 필기도구, 은행, 신문, TV, 녹음기, 카메라, 앨범, 손전등, 책, 계산기, 게임기, 지도, 내비게이션 등 무궁무진하다. 스마트폰은 남녀노소, 지위 고하, 빈부 격차에 관계없이 전 세계 인류가 이용하는 문명의 이기가 되었으나 인간이 스마트폰의 노예가 되었다는 지적도 있다.

4 베트남의 독립전쟁과 남북통일

베트남을 지배하던 프랑스가 1940년 독일군에 항복하자 친나치 정권인 비시 정부가 수립되어 베트남을 통치하였는데 이 시기에 나치 독일의 동맹국인 일본의 군대가 비시 정부의 협조를 얻어 베트남에 진주하였다.

그 후 1944년 초 소련군이 독일로 진격하고 노르망디 상륙작전 후 미국-영국-프랑스 연합군도 독일로 진격하면서 나치독일의 패망이 거의 확실해지자, 태평양에서 미국의 공세에 계속 밀리던 일본은 프랑스령 인도차이나 전 지역을 점령해 버린다(명호작전, 1945년 3월). 이 과정에서 프랑스 군 4천여 명이 전사하고 1만 5천여 명이 포로가 된 반면에 일본 사상자는 1천여 명에 불과하였다.

그런데 일본은 명호작전 개시 전에 프랑스 보호국이었던 베트남, 라오스, 캄보디아의 지지를 얻기 위하여 각국의 국왕에게 이 기회에 프랑스로부터 독립할 수 있도록 도와주겠다고 통보하였다. 이에 따라 3월 11일 베트남 응우옌(阮)씨 왕조의 바오다이 황제는 프랑스와 보호조약을 파기하고 쩐통킴(陳仲金)을 수반으로 하는 베트남제국 수립을 선언하였다. 캄보디아의 노로돔 시아누크 국왕도 독립선언을 하였고 라오스 루앙프라방 왕도 독립을 선언하였다.

베트남의 반프랑스 독립운동가인 쩐통킴(陳仲金)은 일본이 베트남의 독립을 약속한다는 조건으로 일본에 협력하였고 1945년 4월 17일 총리가 된 후 공산당 토벌에 나섰으나 호치민(胡志明)이 이끄는 공산군에 패배하였다.

호치민은 1930년 중국에서 베트남 공산당을 창건한 후 독립운동의 지도자가 되었다. 그는 어려서부터 서당에서 중국 고전을 배운 한문세대이고 중국, 미국, 영국, 프랑스, 소련에서 오랜 기간 체류하여 중국어, 영어, 프랑스어, 러시아어를 구사하였으며 세계정세에 정통하였는데 16세기 영국의 엘리자베스 여왕처럼 조국을 위하여 평생 독신으로 살았다. 그는 태평양전쟁 중 귀국하여 1945년 8월초 민족해방위원회를 결성하여 전국적인 독립운동을 이끌었으며 일본의 항복 후인 9월 2일 응우옌(阮)씨 왕조의 황제 바오다이를 폐위시키고 베트남 민주공화국을 선포하여 국가주석이 되었다.

그런데 2차 대전 종전과 함께 프랑스가 다시 베트남을 지배하기 위하여 들어와 1946년 11월 호치민이 이끄는 베트남 민주공화국을 공격하면서 독립전쟁이 시작되었다. 8년 동안의 전쟁 끝에 1954년 5월 7일 디엔비엔푸 전투에서 프랑스군이 보응웬지압(武元甲)이 이끄는 공산당 정부군에 항복함으로써 프랑스는 베트남 침략을 시작한 지 96년 만에 완전히 물러나게 된다. 프랑스는 이 전쟁에서 8만 명이 넘는 희생을 치르고 아무런 소득 없이 패퇴하였다.

디엔비엔푸 전투 승리의 주역인 보응웬지압(武元甲)은 호치민 다음가는 호국영웅으로 추앙받으며 102세까지 장수를 누렸다. 살아 있는 동안 그의 집 앞에는 전국에서 찾아오는 수많은 국민들이 장사진을 이루어 성지순례를 방불케 하였다. 왕의 질투로 개선장군의 명예를 포기하고 장렬한 최후를 맞이한 이순신과 대비된다.

그런데 1954년 7월 제네바에서 체결된 휴전협정에 의하여 베트남은

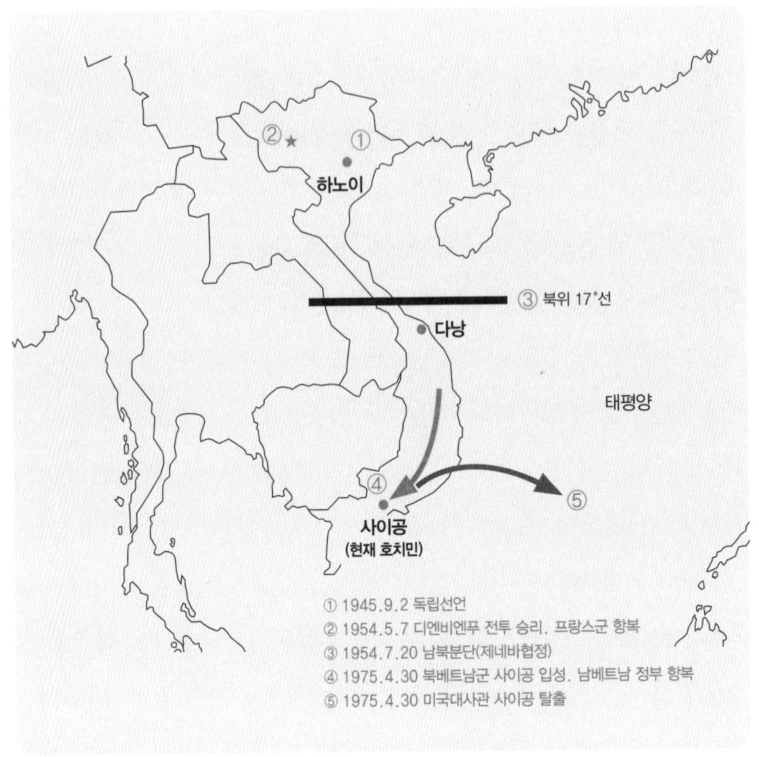

▶ 베트남의 독립과 남북통일(1945.9.2~1975.4.30)

북위 17°선을 경계로 남과 북으로 분단되었다. 한국에서 6 · 25전쟁이 끝나 휴전협정이 체결된 이듬해에 베트남도 남북으로 분단된 것이다.

그 후 남쪽에 들어선 정부가 미국의 지원으로 정권을 유지하면서 여러 차례의 쿠데타와 부패로 국민들의 신망을 잃게 되자 남베트남의 공산당 세력은 1960년 12월 20일 남베트남민족해방전선('베트콩')을 결성하고 정부군과의 전쟁에 돌입하였다.

북베트남의 지원을 받은 베트콩과 남베트남 정부 사이의 내전이 계속되던 중 1964년 8월 7일 미국이 통킹(東京)만 사건을 구실로 북베트남을 폭격한 뒤에 전쟁은 북베트남과의 전면전으로 확대되었다. '통킹만 사건'은 미국의 구축함이 북베트남의 어뢰 공격을 받았다고 주장하는 사건이었는데 미국 군부가 베트남 전쟁 개입을 위하여 꾸민 자작극으로 최근에 밝혀졌다.

이 전쟁에 미국의 동맹국인 한국, 태국, 필리핀, 호주, 뉴질랜드도 군대를 파병하였는데 한국은 미국 다음으로 많은 연인원 30만 명이 넘는 병력을 보냈다. 한국 역사상 몽골의 강요로 일본 정벌 파병, 명나라에 대한 보은으로 후금 정벌 파병, 청나라의 강요로 러시아 정벌 파병 등 강대국의 전쟁에 여러 차례 참전한 적이 있었으나, 베트남 파병은 박정희 대통령이 스스로 내린 결정이었다.

전쟁이 교착 상태에 빠지자 1969년 미국의 닉슨 대통령이 베트남을 사실상 포기하는 '닉슨 독트린'을 발표한 후 미국과 파병국들은 군대를 철수시키기 시작하였다. 1973년 프랑스 파리에서 미국과 북베트남이 평화협정을 체결한 후 미군은 남베트남에서 완전히 철수하였고 북베트남과 미군 사이에 포로 교환이 이루어졌다. 미국은 베트남에 파병한 지 9년 만에 완전히 철수하였는데 프랑스처럼 막대한 희생을 치르면서 아무것도 얻지 못한 채 물러났다. 그 무렵 한국군 전투 병력도 모두 철수하였다.

그 후 북베트남 공산군과 베트콩은 총공세를 개시하여 1975년 4월 30일 남베트남 수도 사이공(지금 호치민시)에 입성하였고 남베트남 정부가 항복함으로써 베트남의 남북통일이 이루어졌다. 이날 미국 대사와 한국 대사를 비롯한 두 나라 대사관 직원들과 특파원들은 미군

헬리콥터로 탈출하였다.

베트남은 그 후 중국군의 침입까지 물리침으로써 강력한 통일국가가 되었는데, 그 후 중국의 개혁개방 정책을 본받아 사회주의 1당 지배체제를 유지한 채 시장경제를 도입하여('도이머이 정책') 경제 발전을 추진하고 있다.

열대지방 사람들이 대체로 게으른 성격이지만 베트남인들은 근면한 편이고 학구열이 높은데, 이와 같은 국민성은 한국과 마찬가지로 유교의 영향 때문이다. 베트남 여성의 전통의상인 아오자이를 맞추기 위해서는 28개의 치수가 필요한데 열대지방에서는 이렇게 정교한 전통의상을 찾아볼 수 없고 세계적으로도 보기 드문 의상이다. 한국의 섬유, 전자, 반도체산업의 성공 비결이 교육열과 손재주라고 하는데 베트남인도 교육열이 높고 손재주가 뛰어나기 때문에 장차 한국 못지않은 경제 발전을 이룰 잠재력이 크다.

5 한국의 남북 분단과 전쟁

남북 분단과 이념 갈등

일제 강점기에 한국인들은 상해임시정부를 중심으로 군사, 외교 등 다방면에 걸쳐 치열한 독립투쟁을 전개하였으나 한국의 해방은 독립투쟁의 승리로 쟁취한 것이 아니고 일본이 미국에 항복함으로써 예상보다 일찍 찾아왔다. 그리고 미국과 소련의 밀약에 의하여 북위 38°선을 경계로 남북이 분단되었다.

일본이 연합국에 무조건 항복을 선언한 지 사흘 후인 1945년 8월 18일 중국 충칭에 있던 대한민국 임시정부는 광복군 특공대원 이범석(초대 국무총리), 장준하(후일 박정희 정권시대 의문사), 김준엽(후일 고려대 총장), 노능서 등을 미군 수송기 편으로 서울로 파견하였다. 그러나 이들은 여의도 비행장에 착륙한 후 이튿날 미국 측의 입국 거부로 돌아갈 수밖에 없었다.

이승만은 미국에서 귀국하는 길에 도쿄에 들러 일본 점령군 최고사령관인 맥아더 원수를 만났다. 맥아더는 남한 지역 군정사령관인 하지 중장을 도쿄로 불러 이승만에게 소개하고 10월 16일 이승만의 귀국길에 자기 전용기인 '바탄'을 제공하였다. 당시 국내 신문들은 이승만의 귀국을 대서특필하였다.

맥아더와 이승만은 서로 상당히 신뢰하는 사이였는데 미국 최고 학력을 가진 엘리트끼리의 동질감을 느꼈을 수 있다. 맥아더는 웨스트포인트를 수석으로 졸업하였고 이승만은 하버드 대학원을 거쳐 프린스턴대학에서 박사 학위를 받았다. 두 사람의 언행에서 공통적으로 당시 미국 대통령인 해리 트루먼과 국무장관인 조지 마셜 원수를 무시하는 경향이 있었다. 트루먼 대통령은 고졸 학력으로서 맥아더가 사단장일 때 육군대위였고, 마셜 원수는 명문이 아닌 버지니아 군사대학 출신으로 육군참모총장을 역임한 인물이었다.

한편 김구를 비롯한 임시정부 요인들은 미군정 당국이 보내 준 수송기편으로 1945년 11월 23일 상하이를 떠나 여의도 비행장에 도착하였는데, 미군정 당국이 언론에 알리지 않아 환영 나온 사람도 없이 쓸쓸하게 입국하였다. 오후 5시경 서울 경교장에 도착할 때까지도 시민들은 전혀 모르고 있다가 한 시간 뒤에야 라디오를 통하여 임시정부 요인들의 귀국 소식을 접하였다. 이와 같이 미국은 처음부터 이승만을 우대하고 김구와 임시정부를 홀대하였다. 임시정부 요인들이 중국 충칭을 떠날 때 국민당 정부 주석 장제스(蔣介石)와 공산당의 2인자 저우언라이(周恩來)가 각각 따로 주최한 환송연을 받은 것이 미국 측의 견제를 받게 된 동기가 되었다는 추측도 있다.

임시정부는 1945년 12월 31일 신익희 내무부장 명의로 포고문을 발표하여 미군정의 모든 한국인 관리와 경찰들은 임시정부의 명령에 따를 것을 선포하자, 군정 사령관 하지 중장은 이를 쿠데타로 규정하고 임시정부 측에 강력한 경고를 하였다. 또한 미군정은 송진우 암살사건과 인촌 김성수 암살미수사건의 배후로 김구를 지목하였다.

한편, 북한 지역에서는 소련군을 따라 들어온 김일성의 주도로 친일파, 지주, 사업가, 기독교인들에 대한 대대적인 숙청이 시작되었는데 남한에서는 우익과 좌익 간에 격렬한 충돌이 일어났다. 1945년 12월 모스크바에서 개최된 미국, 영국, 소련 외교장관 회의에서 결정된 신탁통치에 대한 찬반 논란으로 좌익과 우익이 충돌을 일으켰고 좌익 세력이 주도하는 총파업과 민중시위가 잇달아 일어났으며 미군정 당국의 시위 진압 과정에서 대규모 유혈 사태가 발생하였다.

1946년 10월 대구에서 미군정의 식량배급정책 실패로 인한 식량 부족과 친일파 등용에 항의하는 시위군중에 경찰이 총격을 가하여 사망자가 발생하였다. 여기에 좌익 세력이 가세하면서 사태가 경북 지역으로 확산되어 흥분한 시민들이 경찰서를 습격하여 무기를 탈취한 후 경찰과 총격전을 벌였다('대구10월사건'). 이때 경찰의 총에 맞아 사망한 대구 지역 좌익 지도자인 박상희는 15년 후 쿠데타를 일으켜 대통령이 된 박정희의 친형이다. 곧이어 전국 각지의 경찰서와 파출소가 습격받고 경찰서장을 비롯한 경찰관들이 살해당하였다. 이 사태는 미군정 당국에 의하여 두 달 만에 진압되었는데 그동안에 전국적으로 수백 명의 시민과 수십 명의 경찰이 사망하였다.

1947년 3월 1일 제주도 각지에서 좌파단체 주최로 삼일절 28주년 기념집회가 열렸다. 이때 기념식을 마친 군중들이 가두시위에 돌입하면서 경찰의 발포로 6명이 사망하고 6명이 중상을 입는 사건이 발생했다. 5개월 전에 일어났던 대구10월사건과 마찬가지로 미군정의 식량정책 실패로 인한 식량 부족과 생필품 부족에다 콜레라 창궐로 고통을 받고 있던 주민들이 참여하면서 시위가 확산되었다.

남조선노동당 제주도위원회는 이를 계기로 미군정에 반대하는 투쟁에 나서고, 제주도청 공무원들을 시작으로 민관 총파업이 확산되어 제주도 전체 직장의 95%에 달하는 166개 기관 및 단체 직원들이 파업에 동참하였다. 1948년 4월 3일 새벽에 무장한 공산당원들이 경찰지서와 우익단체 간부들의 숙소를 습격하여 경찰 4명과 우익 8명, 좌익 2명이 사망하였다('제주4 · 3사건'). 좌익 세력은 경찰과 우익청년단의 탄압 중지, 남한 단독정부 수립 반대, 반미 구국투쟁을 무장봉기의 기치로 내세웠다. 그러던 중 진압군 41명이 탈영하여 좌익에 가담하였으며 진압군 연대장이 피살당하는 사건이 발생하였다.

제주도에서 유혈사태가 계속되고 있던 1948년 5월 10일 남한 지역에 유엔감시하의 선거가 실시되었고, 8월 15일에 대한민국 정부 수립과 함께 초대 대통령에 이승만이 취임하였다. 그로부터 24일 후 북한의 김일성도 소련의 지원 아래 '조선민주주의인민공화국'을 수립하였다(1948년 9월 9일).

그런데 대한민국 정부 수립 후 여수에 주둔하고 있던 14연대가 제주사태 진압명령을 받고 여수항에서 제주행 수송선에 오르기 전에 부대 내 좌익 세력이 주동이 된 반란이 일어나 반란군들이 여수와 순천 일대를 점령한 사건이 일어났다(1948년 10월 19일, '여수순천사건'). 반란군이 3일 만에 광양 남원 구례 곡성 고흥 보성까지 점령하면서 각 지역의 공산주의자들이 가세하여 인민재판으로 친일파와 경찰 및 우익인사들을 처형하였다. 이 반란은 정부군에 의하여 진압되었는데(10월 27일), 며칠 후 대구에 주둔하고 있던 6연대에서도 좌익분자들이 반란을 일으켜 장교 10여 명을 살해하였으나 곧 진압되었다('대구반란사건', 11월 2일). 당시 국군 내에 공산주의자가 많았는데 이 두 사건을 계기로 정부는 대대적인 좌익색출작업에 착수하여 박정희를 비롯한 많은 장교와 사병들이 체포되었다.

이승만 대통령이 11월 17일 제주도 전역에 계엄령을 선포한 후 정부군의 무자비한 진압작전으로 두 달 동안에 중산간 마을의 95% 이상이 불에 타고 무차별 학살로 수많은 주민들이 희생되었다. 김대중 대통령 때 '제주4 · 3사건 진상 규명 및 희생자 명예 회복을 위한 특별법'이 제정되어 진상 조사가 이루어졌는데 희생자 신고 접수 결과 1만 4,028명으로 집계되었지만 실제로는 훨씬 많을 것으로 추정된다. 한편 군인과 경찰 전사자는 300명 이상이며 좌익에 살해당한 우익인사도 수백 명에 달하였다. 제주4 · 3사건은 좌익 세력의 선동으로 시작되었지만 무자비한 강경 진압으로 수만 명의 무고한 제주도민이 학살당한 비극이었다.

그 무렵 1949년 6월 26일 김구 암살사건이 일어났다. 현장에서 체포된 암살범은 현역 육군 소위였던 안두희인데, 헌병대로 연행된 후 특별대우를 받으며 지냈고 그 후 재판에서 단독 범행으로 결론이 나면서 종신형을 선고받았다.

그런데 안두희는 불과 1년 남짓 복역하다가 석방된 후 현역에 복귀하여 대위까지 승진하였고, 전역한 후에는 이승만 정권의 비호 아래 강원도에서 군납공장을 경영하며 부유하게 살았다. 4 · 19 혁명 후에 밝혀진 바로는 그가 원래 미국 정보기관의 요원이었고 그의 범행은 육군 방첩대장 김창룡의 지시와 신성모 국방장관 및 장택상 수도경찰청장 등 이승만 정권의 고위층에 포진해 있는 친일파들의 공모에 의한 것이었다. 이승만 대통령이 사전에 일개 육군 소위인 그를 집무실로 불러 격려한 적이 있었고 범행 직후 수사책임자인 헌병사령관 장흥을 해임하고 부사령관 전봉덕을 승진 발령한 것을 보면, 이승만이 안두희의 범행 모의를 사전에 알고 있었던 것이 틀림없다. 장흥은 중국군 출신으로 김구와 가까운 사이이고 전봉덕은 일제강점기 시절 경찰 고위간부를 지낸 친일파이다.

4 · 19 혁명 이후에 안두희는 많은 국민들에게 쫓기는 신세가 되어 죽을 때까지 숨어 살다가 결국 몽둥이에 맞아 죽었다. 곽태영이라는 청년이 내려친 돌에 머리를 맞고 옆구리를 칼에 찔려 중상을 입은 적이 있었고, 40년 이상 그를 추적해 온 김용희(광복군 출신으로 반민특위 조사관 역임)와 권중희에게 납치당하여 동아일보와 MBC 기자에게 배

후를 실토하였다. 권중희는 이 사건에 대하여 자신이 조사한 내용을 엮어 『역사의 심판에는 시효가 없다』라는 저서를 남겼다.

안두희는 결국 80세에 병석에서 한 시민의 몽둥이에 맞아 사망하였다. 범인은 부천의 버스기사 박기서였는데 '정의봉'이라고 쓴 몽둥이로 안두희를 살해하였다. 김영삼 대통령 당시 사회 각계 인사 9,200명의 명의로 박기서를 위한 탄원서가 법원에 제출되어 살인죄로는 이례적으로 가벼운 형량인 징역 3년형을 선고받고 복역하다가 1년 5개월 만인 1998년 3월 김대중 대통령의 삼일절 특사에 포함되어 석방되었다. 민족지도자 암살범을 역대 정권이 처벌하지 않으니까 평범한 시민들이 나서 체포하여 수사하고 끝내 처형까지 한 셈이다. 박기서는 수감 중에 수많은 시민들로부터 격려 편지와 상당한 성금을 받았는데 민족지도자 암살범을 처단한 공로에 대하여 일반 시민들이 나서서 보상을 해 준 모양새가 되었다.

처음부터 미국 정부에서 볼 때 김구는 고분고분하지 않아서 제거 대상이었고 이승만은 미국계 기독교 신자인 데다 미국의 명문대학에서 박사 학위를 받은 인물이어서 미국 정부가 선호한 것은 자연스런 일이다. 당시 미국 정부 기록에 의하면 김구는 '블랙 타이거'라는 암호명으로 부르고 있어 제거 대상임을 암시하고 있었던 반면에 이승만은 '그 프린스터니언'이라고 지칭하였다. '프린스터니언'은 명문 프린스턴 출신을 일컫는 말이지만 '잘난 체하는 고집쟁이'를 지칭하기도 한다.

9개월 동안에 세상이 네 번 바뀐 서울

남한에 주둔하던 미군이 남조선국방경비대에 임무를 인계하고

1948년 1월 8일 철수를 완료하였고, 대한민국 정부 수립 후 남조선 국방경비대는 대한민국 국군으로 전환되었다.

중국에서는 태평양전쟁이 끝난 직후부터 마오쩌둥이 이끄는 공산당과 장제스가 이끄는 국민당이 사활을 건 내전을 치르다가 공산당이 승리하여 장제스의 국민당은 대만으로 건너가고 마오쩌둥은 1949년 10월 1일 중화인민공화국 수립을 선포하였다.

2차 대전의 최대 전승국인 소련은 동유럽을 석권하고 여러 나라에 공산정권을 세웠으며 1949년 원자폭탄 개발에 성공하였다.

그런데 미국 국무장관 애치슨은 1950년 1월 12일 미국신문기자협회에서 행한 연설에서 소련과 중공에 대한 미국 방위선을 알류산열도 – 일본 – 오키나와 – 필리핀을 연결하는 선('애치슨라인')으로 정한다고 발표하였다. 이에 따라 미국의 극동 방위선에서 한국과 타이완이 제외된다는 것이 기정사실화되었다.

이와 같은 한반도의 주변 정세 속에서 북한의 김일성은 적화통일을 위한 기회가 왔다고 판단하고 약관 38세의 나이에 모스크바로 가서 71세의 스탈린을 만나 남침 계획을 설명하고 전투기와 탱크를 무상 제공받기로 하였다. 소련은 2차 대전이 끝난 후 많은 전투기와 탱크가 남아 있었다.

1950년 6월 25일 새벽 4시 북한 공산군이 소련에서 얻어 온 전투기와 탱크를 앞세우고 38선에서 전면 남침을 감행하였다. 나치독일군의 폴란드 침공(1939년)과 비슷한 양상이었다. 국군은 후퇴하고 공산군은 남침 3일 만에 서울을 함락하였다.

급히 서울을 떠난 이승만 대통령과 정부는 대전으로 이동하였다가 다시 대구로 이동하여 미국에 지원을 요청하였다. 마치 임진왜란 때 선조가 압록강변 의주에서 명나라 군대를 애타게 기다리던 장면을 연상케 한다.

이승만 대통령과 정부가 한강대교를 건넌 직후 국군이 공산군의 남하를 막기 위하여 한강대교를 폭파함으로써 시민 5백여 명이 사망하고 수많은 시민들의 피난길이 막혔다. 그 후 폭파 책임자인 육군 공병감은 사형당하였으나 나중에 총참모장 채병덕의 지시에 의한 것으로 밝혀졌다. 채병덕은 패전 책임으로 총참모장에서 해임된 후 영남지구 사령관으로 강등되었다가 하동전투에서 전사하였다.

서울 함락 이틀째인 29일 일본 점령군 최고사령관 겸 미국의 극동지역 총사령관이던 맥아더 원수는 전용기를 타고 전투기 4대의 엄호를 받으며 수원비행장에 도착했다. 이승만 대통령과 미국대사 무초의 영접을 받은 맥아더는 곧바로 전방지휘소로 이동하여 브리핑을 받은 후 참모들의 만류에도 곧바로 한강 방어선 시찰에 나섰다. 미국의 육군 원수 계급장을 단 70세의 노장이 노량진 한강변 언덕에서 쌍안경으로 불바다가 된 서울과 북한군을 관찰하는 모습은 보는 사람들에게 깊은 감명을 주었다. 도쿄로 돌아간 맥아더는 즉시 트루먼 대통령에게 급박한 한국 전황을 보고하고 미군 파병을 건의하였으며 트루먼은 바로 파병 명령을 내렸다.

그런데 6 · 25 전에 한국에 근무하던 미군 첩보장교들이 북한의 남침에 관한 정보를 한국군과 도쿄의 맥아더 사령부에 여러 차례 보고했기 때문에 맥아더와 트루먼 대통령은 사전에 알고 있었을 것이라는 추측이 있다. 이는 9년 전의 진주만 기습을 미국 루스벨트 대통령이 사전에 알고 있었다는 설을 상기시키는 상황이다. 북한의 기습공격에 대한 정보를 사전에 보고받고도 미리 대비하지 않은 이유에 대해서는 루스벨트 대통령의 속셈과 같았을 것이라는 추측이 있을 뿐이다.

북한군의 전면 남침 당일 미국의 트루먼 대통령의 요구로 소집된 유엔 안전보장이사회는 북한에 대하여 즉시 38선 이북으로 철수할 것을 촉구하는 결의안을 채택하였다. 이때 거부권을 가진 상임이사국인 소련은 안보리에서 대만 국민당 정부를 축출하고 공산당 정부의 참석을 요구하면서 유엔 활동을 보이콧하고 있던 중이어서 불참하였다. 이 결의안에 대한 북한의 반응이 없고 남침을 계속하자 6월 27일 다시 안보리는 결의문 제83호를 채택하여 회원국들이 한국에 대해 필요한 원조를 할 것을 권고하였다.

이에 따라 1950년 6월 29일 회원국 중 최초로 영국이 항공모함 1척, 순양함 2척, 구축함 2척, 프리깃함 3척을 한국에 파견하였다. 그 후 미국을 필두로 영국, 캐나다, 터키, 프랑스, 네덜란드, 벨기에, 그리스, 룩셈부르크, 콜롬비아, 호주, 뉴질랜드, 필리핀, 태국, 남아프리카공화국, 에티오피아 등 16개국이 유엔이 요구하는 최소 규모인 1개 대대 병력인 1,200명 이상을 파견하였다. 미국 다음으로 많은 병력을 파견한 나라는 영국 약 1만 4천명, 캐나다 약 6천 명, 터키 약 5천 명 순이다.

미국 트루먼 대통령은 유엔군 총사령관에 맥아더를 임명하고 38선 이북의 군사목표를 폭격할 수 있는 권한을 부여함에 따라 맥아더는 즉시 일본에 주둔 중이던 제24사단에 한국 이동을 명하였다. 미군 선발대인 스미스 대대가 7월 1일 수송기편으로 부산에 도착한 후 바로

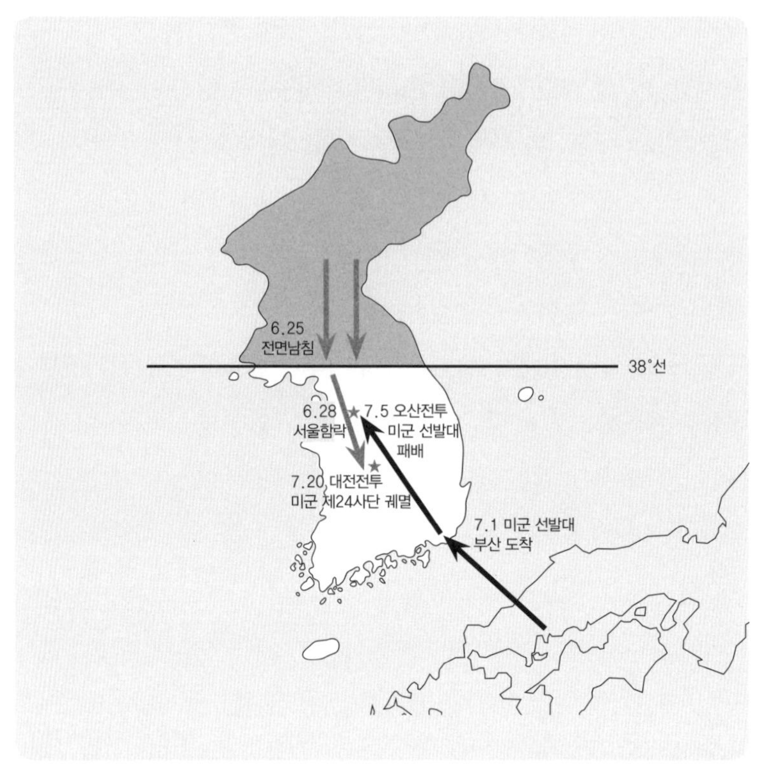

▶ 1950년 6월 25일 북한 공산군의 전면 남침

오산으로 가서 북한군과 첫 교전을 하였는데 패하였고(7월 5일), 다음 날 평택전투에서도 미군이 북한군에 패하였다. 그 후 대전전투(7월 20일)에서는 제24사단 전체가 궤멸되어 사단장 딘 소장은 산으로 탈출하였다가 한 달 후 전북 진안에서 북한군에 붙잡혀 포로가 됨으로써 미국은 큰 망신을 당하였고 신생국인 북한은 사기충천하였다.

공산군은 7월 말 목포와 진주, 8월 초 김천과 포항을 함락시키고 대구 북쪽 20㎞까지 쳐들어왔다. 8월 다부동전투에서 국군과 미군이

한 달 동안 필사적으로 공산군을 막아냄으로써 낙동강 전선을 사수할 수 있다는 자신감을 갖게 되었다. 8월 18일 새벽에 북한군이 쏜 박격포탄이 대구역 앞에 떨어지자 대구는 일대 혼란에 휩싸였고 이날 정부는 부산으로 이동하였다.

이승만은 2차 대전 때 됭케르크 작전처럼 국군 10만 명을 이끌고 일본에 망명정부를 설치하는 계획을 미국 정부와 협의하였다. 당시 일본은 미국의 통치하에 있었고 군정사령관은 이승만과 친한 맥아더였다.

서울을 빼앗긴 지 석 달 만인 9월 15일 맥아더가 직접 이끄는 미군 8만 명이 인천상륙작전에 성공하여 13일 만에 서울을 수복하였다(9 · 28 서울수복). 같은 시기에 낙동강 전선에서도 국군과 유엔군이 일제히 반격에 나서자 공산군은 북으로 달아나기 시작하였는데 약 10만 명이 탈영하고 북으로 넘어간 병력은 3만 명에 불과하였다. 38선을 돌파하여 북진하라는 이승만 대통령의 명령에 따라 서울 수복 3일 만에 국군 제3사단이 강원도 양양에서 최초로 38선을 넘어 북쪽으로 진격하였다(1950년 10월 1일).

정부는 이날을 기념하기 위하여 나중에 육해공군의 날을 통합하여 국군의 날로 제정하였다. 원래 육해공군의 날이 각각 따로 있었지만 38선 돌파 기념일을 국군의 날로 통합하였다. 서부전선인 경기도 북부에서도 국군과 유엔군은 38선을 돌파하고 평양을 향하여 진격하였다. 아군의 파죽지세 북진은 3개월 전 공산군의 전면 남침에 대한 극적인 역전이었다.

10월 9일 김일성은 평양을 떠나 압록강에 접한 강계에 임시수도를

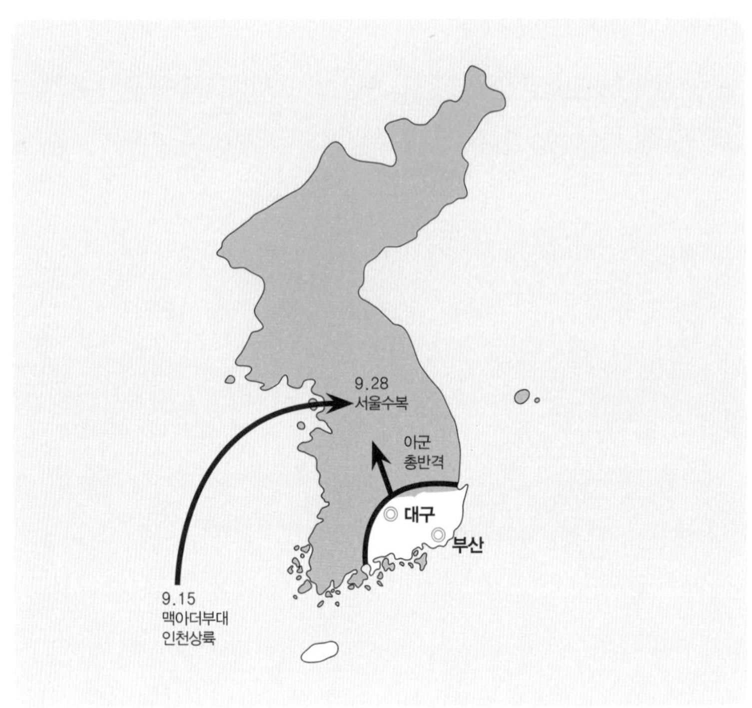

▶ 1950년 9월 15일 인천상륙작전

차렸다. 10월 12일 스탈린은 북한 내 소련 대사와 군사고문단에 철수를 명하여 사실상 북한을 포기하였다. 이때 생긴 소련에 대한 배신감이 지금도 북한 지도층의 러시아에 대한 불신으로 뿌리 깊게 남아 있다.

국군 1사단이 10월 19일 평양에 입성하였는데 사단장 백선엽은 평양사범학교 출신이어서 감회가 남달랐다. 국군과 유엔군은 계속 북진하여 평양을 함락한 지 1주일 만인 10월 26일 국군 6사단이 북한군 8사단을 격파하고 드디어 압록강변 초산에 도달하여 태극기를 꽂고

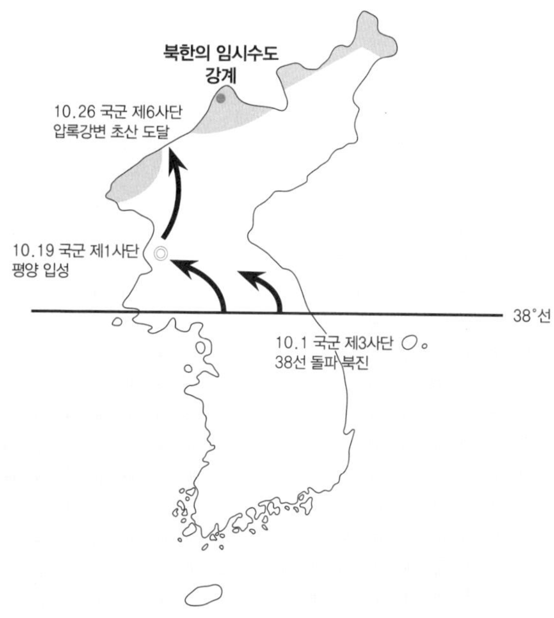

▶ 1950년 10월 1일 국군 북진

감격의 눈물을 흘렸다. 사단장은 압록강 물을 수통에 담아 이승만 대통령에게 보냈고 이 뉴스는 전 국민에 벅찬 감격을 안겨 주었다. 인천상륙작전 이후 한 달 만에 서울 수복, 38선 돌파 북진, 평양 입성을 거쳐 압록강에 도달함으로써 통일이 눈앞에 다가온 것이다. 이 한 달 동안 국민들은 눈만 뜨면 라디오와 신문이 전해 주는 승전보를 접하면서 살았다.

소련의 스탈린이 북한을 포기하자, 이제 믿을 데라고는 마오쩌둥밖에 없게 된 김일성은 즉시 중국으로 가서 지원을 부탁하였다. 중국 공산당은 항일전쟁과 국공내전에서 승리하여 중국을 통일한 지 불과 1년이 지난 때여서 공산당 지도층에서는 미국을 상대로 한 전쟁에 반대가 많았다. 1년 전 분루를 삼키고 대만으로 건너간 장제스의 국민당 군대가 본토 수복을 위하여 쳐들어올 가능성과 본토에 남아 있는 국민당 세력이 반란을 일으킬 가능성이 큰 데다 5년 전 일본처럼 미국의 원자폭탄을 맞을 우려도 컸다.

그러나 마오쩌둥은 미군이 한반도에서 중공군과 싸우게 되면 장제스 군대의 본토 상륙을 지원하기 어려울 것으로 보고 해안 방비만 철저히 하면 상륙을 막아 낼 수 있다는 판단으로 파병을 감행하는 도박을 한 셈인데 결국 큰 희생을 치르고 북한이라는 혈맹을 얻게 되었다.

압록강 건너 만주와 마주하고 있는 강계에서 중국 공산군의 참전만을 애타게 기다리는 김일성의 처지는 3개월 전 서울을 버리고 부산에 임시수도를 차리고 애타게 미국의 참전을 기다리던 이승만이나 358년 전 압록강에 접한 의주에서 명나라의 도움을 기다리던 선조와 같았다. 김일성은 선조처럼 중국의 지원군이 도착하기 전에 최후 거점인 임시수도까지 함락되면 중국으로 망명할 작정이었다. 변방의 작은 도시 강계는 북한 정부가 들어오면서 북새통이 되었는데, 당시 북한 지도부의 모습이 허근욱의 자전소설인『내가 설 땅은 어디냐』에 생생하게 나와 있다.

10월 19일 국군과 유엔군이 평양에 입성하던 날, 중공군 선발대가 이미 압록강을 건너 한반도에 들어왔고 후속 부대가 잇달아 들어왔다. 마오쩌둥이 이끄는 중국 공산당 정부는 유엔군을 상대로 선전포고를 할 수 없어 '의용군'이라는 이름으로 비밀리에 침입하였다. 10월

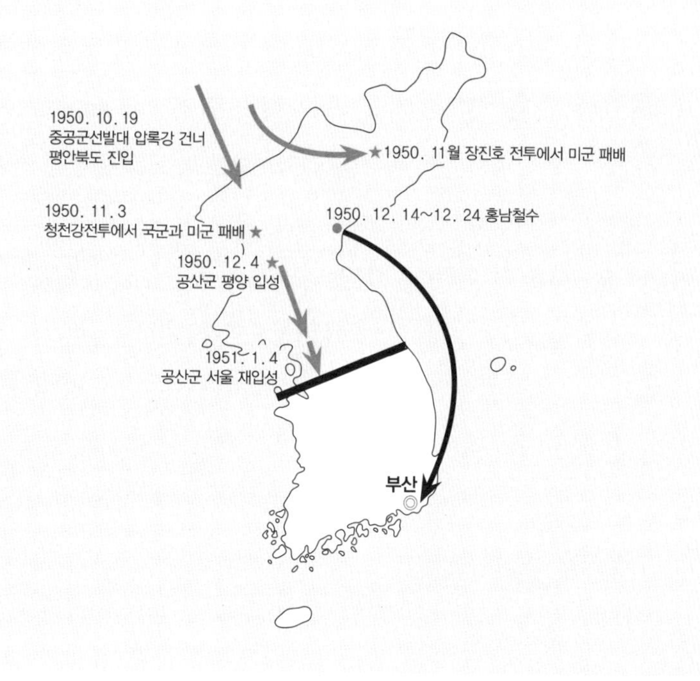

▶ 중공군의 침입과 1.4 후퇴

25일 국군이 청천강 상류 지역에서 중공군을 처음 만나 교전하다가 후퇴하였고 11월 3일과 26일 청천강전투에서 미군이 중공군 대부대의 기습을 받아 큰 손실을 입고 퇴각하기 시작하였다.

개마고원의 장진호 일대에서 미군 3만 명이 중공군 12만 명과 17일간 벌인 전투에서도 패하여 미 해병 1사단이 중공군 7개 사단에 포위되었다가 필사적인 탈출에 성공하였다. 이 전투에서 중공군도 5만 명에 달하는 큰 피해를 입고 후방으로 철수하였다. 개마고원은 평균고도 1천 미터가 넘는 산악지형으로 이미 겨울에 접어든 12월의 낮 기온이 영하 20도, 밤 기온은 영하 32도까지 내려가 양측 모두 동사자와 동상 환자가 속출하였다. 중공군은 바로 전까지 수십 년 동안 항일전쟁과 국공내전을 동시에 치렀기 때문에 전투 경험이 풍부하고 사기도 높았다. 특히 총사령관 펑더화이(彭德懷)를 비롯한 중공군 지휘관들은 백전노장들이었다.

국군과 유엔군은 북진통일을 눈앞에 두고 중공군에 밀려 후퇴하기 시작하였고 12월 4일 중공군이 평양에 입성하였다. 기사회생한 김일성은 바로 다음 날 평양에 복귀하였다. 강계로 후퇴한지 57일 만이었다.

유엔군은 북한 지역에서 모두 철수하기로 하고 12월 14일부터 10일간 흥남 철수를 단행하였다. 이때 유엔군 12만 명과 피난민 10만 명이 미국 군함으로 탈출하여 부산에 도착하였다.

국군이 압록강에 도달한 후 중공군에 밀려 두 달여 만에 다시 서울을 빼앗기고(1951년 1 · 4 후퇴) 정부는 또 부산으로 이동하였다. 아군은 평택–안성까지 후퇴하여 전열을 재정비하고 총반격에 나서 3월 16일에 다시 서울을 수복하고 북진에 나섰다. 그러나 38선 근처에서 중공군의 방어에 막혀 더 이상의 진격이 어려워지면서 전선이 교착 상태가 되었다.

그동안 서울은 폐허가 되어 최소한의 발전시설과 급수시설을 복구하는 데도 2개월 이상 소요되었고, 전쟁 전 1백만 명의 서울 인구 중 남아 있는 인구는 20만 명에 불과하였으며 식량과 생필품이 부족하여 시민들은 큰 고통을 겪었다.

세계전쟁사에서도 양측 각각 백만 대군이 싸우면서 9개월 동안에 4차례나 수도의 주인이 바뀐 예는 없다. 서울에 남아 있던 시민들은 극한 상황을 겪으면서 극심한 혼란 속에 살았다. 특히 지식층에서는 양쪽에 친척이나 학교 동문 등 지인이 많아서 큰 고초를 겪었다. 처음 공산군의 파죽지세에 서울이 함락되자 이제는 영영 공산주의 세상이 되었구나 생각하고 있는데 불과 석 달 만에 국군이 수복하여 다시 대한민국이 되었고 다시 석 달도 못 되어 공산군이 들어와 도로 공산주의 세상이 되었다가 또 석 달 만에 국군이 재수복하였으니 언제 또 바뀔지 하루 앞을 내다볼 수 없는 예측 불허 상황에서 정신적 혼란이 얼마나 극심했는지 짐작하기조차 어렵다.

이 전쟁에서 중국 공산당 정부의 최고지도자인 마오쩌둥의 아들과 유엔군 총사령관 제임스 밴플리트의 아들이 전사하였다. 마오쩌둥의 아들은 미국 공군의 폭격으로 사망하였고, 밴플리트의 아들은 공군 조종사로 폭격임무를 수행하다가 실종되었다. 미국 중앙정보국(CIA) 국장의 아들도 한국 땅에서 전사하였다. 1952년 대통령 후보였던 아이젠하워의 아들은 최전방 대대장으로 싸웠다. 아이젠하워가 대통령에 당선된 후 아들에게 미국 대통령의 아들이 포로가 되면 전쟁 수행에 심각한 영향을 끼치게 되므로 후방으로 전속시키겠다고 설득하였으나 아들은 포로가 될 위험에 처하면 자결하겠다고 아버지에게 말하고 끝까지 최전방에서 공산군과 싸웠다.

100명이 넘는 미군 장성 아들들이 한국전선에서 싸웠는데 이 중 30여 명이 전사하였다. 해방 후 정부 수립한 지 2년이 갓 지난 신생 대한민국은 미국에 너무 큰 신세를 진 것이다.

한편, 중공군 대병력이 한국전쟁에 참전하자 대만의 장제스는 본토 수복을 위하여 상륙작전을 준비하였으나 마오쩌둥의 예상대로 미국이 저지하였다. 트루먼 대통령은 이 전쟁이 중국과의 전면전으로 비화할 위험을 경계하고 있었다.

맥아더는 중공군의 보급선 차단을 위해 압록강 북쪽 중국 영토인 만주 지역에 대한 원자폭탄 폭격을 트루먼 대통령에 건의하였다. 트루먼도 기자회견에서 원자폭탄 사용을 검토하고 있다고 밝히기도 하였으나 소련도 당시 원자폭탄을 보유하고 있었기 때문에 한반도에서 핵전쟁이 일어날 것을 우려하여 맥아더의 건의를 받아들이지 않았다. 트루먼은 1951년 4월 12일 맥아더를 해임하고 후임에 리지웨이를 임명하였다. 그런데 리지웨이 사령관도 원자폭탄 폭격을 대통령에게 건의하였었다.

그 후 양측이 38선을 사이에 두고 치열한 공방전을 벌였으나 일진일퇴를 거듭하면서 양측 모두 희생자가 늘어 가는 상황이 지속되자 미국과 중국 양측은 휴전협상을 시작하였다. 1951년 7월 개성에서 휴전회담이 시작되었는데 그 후 협상이 진행되는 동안에도 고지쟁탈전이 거의 2년이나 계속되었지만 결정적인 승패 없이 양측 사상자만 늘어 갔다.

1952년 미국의 공화당 대통령 후보 아이젠하워는 한국전쟁 휴전을 선거공약으로 내걸고 당선된 후 1953년 1월 취임하자 곧바로 휴전을 추진하였다. 3월 5일 스탈린의 사망을 계기로 중국 공산당 정부도 적극적으로 휴전회담에 임하였지만 이승만 대통령은 휴전을 극력 반대하면서 북진통일 방침을 천명하였다. 전국 주요도시에서 연일 휴전 반대 군중대회가 열리고 대부분의 언론이 북진통일론을 부추기는 중에 국회에서 휴전 반대 결의안이 채택되었다.

그러나 북진통일론은 현실과는 거리가 먼 공론에 불과하였다. 국군만으로 북한군과 중공군을 물리치고 통일을 이룬다는 것은 불가능한 실정이었기 때문에 미국이 끝까지 도와 달라는 것인데, 미군이 공산군과 치열한 격전을 치르면서도 북진을 못한 채 사상자만 늘어 가는 전선 교착 상황에서 휴전을 선거공약으로 내걸고 당선된 미국의 아이젠하워 대통령이 이승만 대통령의 요구를 들어줄 리 없었다. 이승만 대통령이나 국회의원들이나 언론인들 모두 북진통일에 대한 간절한 염원 때문에 미국에 터무니없는 요구를 한 것이다.

1953년 6월 18일 이승만 대통령은 미국과 협의 없이 유엔군이 관할하고 있던 8개 포로수용소에 국군 헌병들을 투입하여 3만 5천여 명의 포로 중 북한으로의 송환을 거부하고 남한에 남기를 원하는 2만 7천여 명의 반공포로들을 석방함으로써 미국과 영국의 격분을 샀다.

우여곡절 끝에 1953년 7월 27일 유엔군 총사령관 마크 클라크와 북한 인민군 총사령관 김일성 및 중국 인민지원군 사령관 펑더화이는 현 전선에서 모든 군대를 각각 2㎞ 후방으로 철수시키고 전투를 중단하는 정전합의문에 서명함으로써 세계전쟁사에서 유례를 찾기 어려운 긴 협상 끝에 휴전이 이루어졌다.

태평양전쟁이 끝난 후 중국, 한국, 베트남은 동족상잔의 남북전쟁을 치렀는데 공통점은 북쪽의 공산당과 남쪽의 친미정권 간의 통일전쟁이었다는 점이다. 중국과 베트남에서는 공산당이 승리하였고 한국은 전쟁 전과 거의 비슷한 남북 분단 상황이 지속되고 있다. 한국의 남북전쟁은 끝나지 않았다. 70년이 넘도록 지금까지 남북이 대치하면서 잠시 전쟁을 멈추고 있는 '휴전 상태'인 것이다.

5장

대한민국의 기적과 통일 전망

1 | 기적적인 경제 발전
2 | 세 명의 독재자와 국민의 승리
3 | 한국의 미래

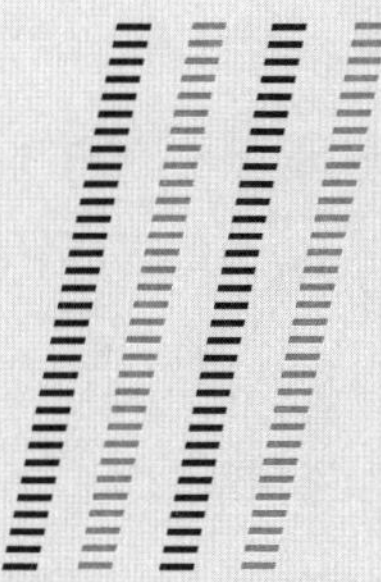

1 기적적인 경제 발전

오늘날의 한국 경제

한국의 장구한 역사에서 수많은 이민족의 침입으로 나라가 멸망하거나 속국이 된 적이 여러 번 있었으나 일제강점기를 겪고 나서 1945년 해방 후 3년 만에 한국은 남북 두 개의 나라로 부활하였다.

그 후 남북이 3년 동안 참혹한 전쟁을 치렀고 이승만의 12년 독재와 4 · 19 혁명(1960년), 박정희의 쿠데타(1961년)와 18년 독재, 국제 석유파동으로 인한 경제 위기와 박정희 피살(1979년), 전두환 쿠데타(1979년)와 5 · 18 광주항쟁(1980년), 6월 항쟁과 민주주의 쟁취(1987년), 국가 부도 위기(1997년) 등 파란만장한 격동의 시대를 겪어 오면서도 한국은 경제 성장을 지속하여 남한 반쪽만 가지고 세계 6위의 수출국이자 세계 12위(2017년 국내총생산)의 경제 대국이 되었다.

1인당 국민소득(GNI)은 2018년에 3만 달러를 돌파하여 인구 5천만 명 이상인 나라 중에서는 미국, 독일, 프랑스, 영국, 일본, 이탈리아 등 강대국들의 바로 다음인 7위가 되었다. 각종 통계수치는 물론, 외관상 생활수준이 이미 선진국 수준에 도달하여 서민들의 해외여행이 일반화되었다. 건강보험제도는 세계 최고 수준으로서 국민들이 저렴한 비용으로 고급 의료서비스를 받을 수 있는데, 초고령화 사회가 되면서 의료 과소비가 문제 되는 세계 유일의 국가가 되었다.

한국의 경제에서 가장 특이한 점은 석유가 한 방울도 나지 않지만 세계 6위의 석유화학제품 생산국이며 조강 생산량도 세계 6위인데 원료인 철광석 대부분을 수입에 의존하고 있고 세계 6위의 원자력발전국이지만 핵연료 전량을 수입에 의존하고 있다는 점이다.

1930년대 일본은 당시 한국인들이 상상할 수도 없는 세계 최대의 전함과 20척이 넘는 항공모함을 비롯하여 수많은 군함을 건조하였지만 그로부터 70년이 지난 후 일본의 조선산업은 한국에 역전 당하였다. 20세기 말인 1999년 세계 최대의 조선업체는 한국의 현대중공업이며 10대 업체에 한국 기업이 7개나 포진하면서 한국은 세계 1위의 선박 수출국이 되었는데 그 후 중국의 추격이 거세지고 있다.

2차 대전 후 세계 최고의 전자업체인 일본의 소니와 파나소닉은 한국의 삼성과 LG에 역전당하여 세계 최고의 지위를 넘겨준 지 오래다. 한국의 메모리반도체 산업은 타의 추종을 불허하는 세계 1위이며 휴대폰도 세계 1위이다. 선진국이건 후진국이건 어디를 가도 한국산 휴대폰이 흔하다. 한국은 세계 굴지의 IT 강국이 되어 모든 분야의 정보화 수준이 세계 최고 수준에 도달하였다.

현대기아차그룹은 자동차산업의 대명사였던 미국의 포드를 제치고 도요타, 폭스바겐, GM, 르노닛산에 이어 세계 5위의 자동차기업이 되었다.

한국은 경제 발전과 더불어 1988서울올림픽, 2002월드컵축구(일본과 공동개최), 2018평창동계올림픽을 주최하고 1988서울올림픽 4위, 2002월드컵(일본과 공동개최) 4강, 2018평창동계올림픽 7위를 기록하였으며 특히 여자 골프 실력은 타의 추종을 불허하는 세계 최고이다.

이러한 모든 성과가 남북 대치 상황에서 막대한 군사비 부담과 병역의무를 지고 있는 어려운 여건에서 이룩한 것이어서 가히 기적이라고 할 수 있다.

한국에서 해방둥이인 1945년생들은 서른 살 무렵까지 라오스나 캄보디아와 비슷한 나라에서 살았는데, 1995년생들은 프랑스나 독일과 비슷한 생활수준을 가진 나라에서 태어났다.

경제 발전의 요인

대한민국의 경제 발전 요인으로는 전통적인 교육열, 신분제도 소멸, 기업인들의 창의와 열정, 박정희와 노태우와 김대중 등 대통령들의 경제정책 등을 꼽을 수 있다.

먼저 한국인의 교육열을 보여 주는 대학 진학률이 2005년 82퍼센트를 정점으로 하향 추세에 있으나 2017년에도 69퍼센트로 경제협력개발기구(OECD) 회원국 중 단연 1위이다. OECD 비회원국 중에서는 대만이 한국보다 대학 진학률이 높다. 이 교육열이야말로 한국의 경제 발전에 일등공신이 되었다고 자타가 공인한다. 지금은 대학 진학률이 과도하게 높아서 대졸 실업자 문제가 심각하지만 기업들은 고급 인력을 싼값에 채용할 수 있다. 한 나라에서 대학 졸업 학력이 필요한 일자리는 30~40퍼센트 정도인데 한국에서는 대학 졸업자의 공급 과잉이 계속되고 있다.

교육열은 미국 유학 붐으로 이어져 1990년대 말 미국 대학의 대학원에 재학 중인 외국인 유학생 중 한국인이 1위로 인도인이나 중국인보다 많았고 박사 학위 취득자의 출신 대학으로는 외국 대학 중에서 서울대학교가 1위였다. 미국 유학을 다녀온 과학기술인과 경제관료들은 한국의 경제 성장에 크게 기여하였다. 특히 반도체산업과 정보기술 분야에서 한국이 세계적인 강국으로 발전하게 된 것은 미국 유학파들의 활약 덕분이다.

한편, 6 · 25전쟁을 겪으면서 전통적인 신분사회가 붕괴되었는데 전체 인구의 60퍼센트 이상을 차지했던 서얼, 중인, 상민, 천민 출신들의 신분 상승을 위한 성취동기가 그들 개인은 물론 국가 경제 발전의 큰 원동력이 되었다. 조선시대의 신분제도가 일제강점기와 해방 후까지 많이 남아 있었는데, 상민 출신들이 6 · 25전쟁 중에 무공을 세워 장교가 되고 가난한 양반 출신이 부하병사가 되는 일이 흔해졌다. 그리고 전쟁이 끝난 후 상민 출신들이 사업으로 돈을 벌어 자식 교육에 투자하고 그 자식들이 상류층에 진입하는 경우가 많아졌다.

오늘날 명문대 학생 중 양반 출신과 서얼이나 상민 천민 출신을 구분하는 것은 거의 불가능하다. 가난한 양반 출신이 하층민으로 전락하여 족보가 없는 집이 태반이고, 족보를 가지고 있다 하더라도 신분사회가 붕괴되는 과정에서 서얼도 구분 없이 등재된 경우가 많았으며, 출세한 상민 출신이 명문가에 기부금을 내고 족보에 편입하는 일이 다반사였다.

한국 경제 발전의 주역은 가전산업의 개척자인 구인회, 자동차산업과 조선업을 시작한 정주영, 반도체산업을 시작한 이병철, 철강산업을 일으킨 박태준 등 세계적인 기업가들이며 이들의 공로는 고용 창출, 세계시장 진출, 국가 이미지 제고, 스포츠 육성 등 한국 사회 전반에 걸쳐 있다. 미국 주요 명문대학의 경영대학원에서 한국 기업인들의 성공 사례가 록펠러나 카네기처럼 연구대상이 되었다.

역대 대통령 중에서 경제 발전에 크게 기여한 사람으로는 중화학공업을 일으킨 박정희, 북방정책 및 200만 호 신도시 건설을 추진한 노태우, 외환 위기 극복 및 정보화 정책을 추진한 김대중을 들 수 있다.

쿠데타로 집권한 박정희는 일본군 장교, 비밀 공산당원 등 떳떳하지 못한 인생 역정과 영구 집권을 획책한 독재정치에도 불구하고 고속도로 건설, 중화학공업 육성, 수출증대, 한국과학기술연구소(KIST) 및 한국과학원(KAIST) 설립 등으로 경제 성장의 기반을 구축하였다. 박정희 집권 직전 연도인 1960년 한국의 국내총생산(GDP)이 세계 39위였는데 박정희가 피살된 다음 해인 1980년에는 27위가 되었다. 같은 기간 중 필리핀은 1960년 20위에서 1980년 38위로 추락하여 한국에 역전당하였다.

그러나 박정희 정권의 마지막 해인 1979년에도 주거 환경을 비롯한 서민들의 삶의 질은 20년 전과 비슷하였다. 서울에도 아파트가 많지 않아서 서울시민의 반 이상이 재래식 화장실을 사용하였으며 대졸 신혼부부들이 단칸 셋방에서 신접살림을 시작하는 경우가 흔하였다. '한강의 기적'은 박정희 정권 시기에 일어난 것이 아니라 한참 후에 완성되었다. 한편 박정희의 공업화 정책에 따라 급격한 도시 집중이 가속화되면서 농촌이 붕괴되어 무작정 상경한 도시 빈민 폭증이 큰 사회문제가 되었다.

전두환 쿠데타 세력의 2인자인 노태우는 1987년 6월 민주항쟁으로 개정된 대통령직선제 헌법에 의하여 실시된 선거를 통하여 합법적으로 집권한 후, 88서울올림픽의 성공적인 개최를 바탕으로 '북방정책'을 추진하여 소련을 비롯한 공산국가들과 수교함으로써 한국 경제의 외연을 전 세계로 확대하였다. 더불어 신도시 200만 호 건설로 서민들의 주거 환경을 획기적으로 향상시켰다.

1988년 서울에서 열린 24회 올림픽은 뮌헨올림픽(1972년) 이후 16년 만에 대부분의 나라가 참가하면서 동서냉전 해빙의 계기가 되었다. 1976년 몬트리올대회 때는 아프리카의 26개국이 집단 불참하였고 1980년 모스크바대회 때는 미국을 비롯한 자유진영 66개국이 불참하였으며 1984년 로스앤젤레스대회 때는 소련을 비롯한 공산권 15개국이 불참하였다. 서울올림픽에는 소련과 중국 등 대부분의 공산국가들이 참가하였으나 북한은 불참함으로써 국제적 고립을 자초하였다.

88서울올림픽은 한국의 발전상을 세계에 알리는 기회가 되었고 소련을 비롯한 공산권 해체를 가속화시키는 계기가 되었다. 한국이 세계 역사를 바꾼 것이다.

88올림픽 이듬해인 1989년 한국은 헝가리를 필두로 공산국가들과 수교하기 시작하였는데, 1990년에는 소련과 수교하였고 이듬해 소련의 고르바초프 대통령이 한국을 방문하였다. 한국이 공산주의 종주국과 수교하고 공산권의 최고지도자가 한국을 방문하였다는 것은 당시로서는 상상할 수 없었던 사건이었다. 그 무렵 동독이 붕괴되어 독일통일이 이루어졌으며 1991년에는 소련이 해체되고 러시아가 주도하는 독립국가연합이 결성되었다. 1992년에 한국은 대만과 단교하고 중국 공산당 정부와 수교하였으며 사회주의 국가로 통일된 베트남과도 수교하였다.

노태우 정부 마지막 해인 1992년 국내총생산(GDP)은 세계 14위로 도약하였다. 노태우는 퇴임 후 군사반란과 뇌물죄로 징역 17년을 선고받아 재임 시의 업적이 가려진 측면이 있지만, 그의 88올림픽과 북방외교 성공으로 한국은 크게 도약하여 중진국을 넘어 선진국 대열 진입을 꿈꾸게 되었다.

김영삼 대통령의 임기 마지막 해인 1997년에는 GDP가 세계 11위가 되었고 1인당 국민소득은 2만 달러를 돌파하였으며 경제협력개발기구(OECD)의 29번째 회원국으로 가입하였다. 그러나 1997년 국제 외환위기 때 경제관료들의 안이한 대처 때문에 외환보유고가 바닥나면서 국가 부도 위기에 처하게 되어 전쟁이 아닌데도 6 · 25 전쟁 이후 최대의 국난을 맞이하게 되었다.

수많은 기업이 도산하고 수백만 명의 실업자가 발생하여 가족이 해체되고 노숙자가 폭증하는 등 사회 기반이 무너지면서 국가 경제가 거의 마비 상태가 되었다. 국가신용이 추락함으로써 전량 수입에 의존하고 있는 석유와 가스의 안정적 확보가 위협받는 상황이 되자, 온 국민이 주택 난방과 엘리베이터 가동까지 걱정해야 할 지경이 되었고 전투기와 군함의 임무수행도 축소하여 국방에도 심각한 차질이 생길 우려가 있었다.

1997년 12월 절체절명의 국가위기 속에 실시된 대통령선거에서 김영삼의 평생 경쟁자인 김대중이 대통령에 당선됨으로써 대한민국 정부 수립 후 50년 만에 최초의 평화적 정권 교체가 이루어졌다. 김대중 대통령은 국회 다수당인 보수 야당의 끈질긴 방해 속에서도 다각도의 정책을 추진하여 불과 1년 만에 국가 존망의 경제 위기를 극복하고 새로운 성장 동력인 정보기술산업을 전략적으로 육성하여 한국의 경제와 정치가 선진국 대열에 진입하게 되는 기반을 구축하였다. 김대중 정부의 마지막 해인 2002년 국내총생산(GDP)이 세계 11위에 복귀하였고 노무현 대통령 때인 2005년에는 10위를 기록하였는데 이는 전무후한 기록이 될 전망이다.

이명박 대통령 임기 마지막 해인 2012년 순위는 14위로 밀려났다가 박근혜 대통령 탄핵열풍이 일었던 2017년 말에 다시 12위로 복귀하였는데 한국 앞에 있는 나라들은 미국, 중국, 일본, 독일, 프랑스, 영국, 러시아, 이탈리아 등 강대국들과 국토 면적이 한국(남한)의 100배에 이르는 캐나다, 인구가 한국의 26배나 되는 인도와 4배인 브라질 등이다.

2 세 명의 독재자와 국민의 승리

이승만 독재와 4 · 19 학생혁명

1948년 8월 15일 대한민국 정부 수립과 동시에 초대 대통령에 취임한 이승만은 일제강점기의 친일부역자들을 대거 중용하고 특별법에 의하여 설치된 '반민족행위특별조사위원회'를 탄압함으로써 스스로 반민족 행위를 자행하였다. 그 후 집권 연장을 위한 두 번의 개헌(1952년 발췌개헌, 1954년 사사오입개헌)을 강행하고 두 번의 대통령 선거(1952년 제2대, 1956년 제3대)에서 공무원과 경찰은 물론 폭력배들까지 총동원한 부정선거를 행하여 12년 동안 독재정권을 유지하였다. 그러다가 이승만의 나이가 86세가 된 1960년 3월 15일 제4대 대통령 및 부통령 선거에서 이승만 정권은 이기붕을 부통령에 당선시켜 이승만의 후계자로 만들기 위하여 더욱 파렴치하고 악랄한 부정선거를 자행하였다.

선거 당일 마산에서 부정선거 현장을 적발한 민주당 간부들과 학생들의 시위에 시민들이 합세하자 경찰이 시위대열에 총격을 가하여 6명이 사망하고 수백 명이 부상을 입었는데, 4월 11일 마산 앞바다에서 왼쪽 눈에 최루탄이 박힌 고교생 김주열의 시신이 발견되자 전국적으로 격렬한 시위가 일어났다. 이승만 대통령은 마산 시위가 공산주의자들에 의하여 조종된 것이라는 담화를 발표하였다.

4월 18일 고려대생들의 부정선거규탄 시위에 경찰의 비호를 받는 폭력배들이 난입하여 많은 학생들이 부상을 입었다. 이에 다음 날인 4월 19일에는 서울과 전국 주요도시에서 수만 명의 대학생과 고교생들이 시위에 나섰고, 정부청사와 대통령 관저로 몰려드는 시위대열에 경찰이 무차별 총격을 가하여 당일 자정까지 전국적으로 130여 명의 학생이 사망하고 1천 명이 넘는 학생들이 부상당하였다.

이승만 대통령은 전국에 계엄령을 선포하였는데 계엄사령관 송요찬은 한국군에 대한 작전지휘권을 가진 주한미군 사령관 매그루더의 입장 표명에 따라 정치적 중립을 지켰다. 4월 21일 내각이 총사퇴하였고 4월 23일에는 야당 출신인 장면 부통령이 이승만 대통령의 사임을 촉구하면서 부통령직 사임을 발표한 후 차기 부통령 당선자인 이기붕까지 사퇴 의사를 표명하자 이승만은 오랜 측근인 허정을 불러 사태 수습을 부탁하고 외무장관에 임명하였다. 이승만 대통령이 사임할 경우 부통령이 공석이고 국무총리 직제가 없던 때여서 외무장관이 대통령 권한 대행을 맡게 되는 상황이었다. 허정은 일제 강점기 때 미국에서 독립운동을 하면서 이승만의 측근이 되었는데 정부 수립 후 교통부 장관, 국무총리 서리, 서울시장을 역임한 바 있다.

4월 25일에는 전국 27개 대학의 교수 259명이 서울대학교 교수회관에 모여 이승만 대통령의 사퇴와 재선거를 촉구하는 시국선언문을 발표하고 시가행진을 하자, 다음 날 이승만은 사임을 발표하고 국회에 대통령직 사임서를 제출하였다. 이 무렵 주한 미국대사 매카나기와 중앙정보국(CIA) 한국지부장이 매그루더 사령관과 함께 이승만 대통령을 찾아가 하야를 권고했다는 사실이 추후에 밝혀졌다.

3 · 15 부정선거에서 부통령에 당선된 이기붕은 성난 시민들이 집으로 몰려오자 가족들과 함께 대통령 관저인 경무대로 피신했는데, 이승만 대통령이 사임한 다음 날 일가족 4명이 총에 맞은 시신으로 발견되었다. 육군소위였던 아들 이강석이 권총으로 부모와 동생을 쏜 후 자신도 자살한 것이다.

이기붕의 아내 박마리아는 이화여대 부총장으로 재임하면서 고위층 인사를 좌지우지하는 등 이승만 정권 내내 국정농단을 일삼고 남편을 이승만의 후계자로 만들었다. 박마리아는 일제강점기 때 입지전적인 신여성으로 유명하였다. 그는 구한말 강릉에서 태어나 어려서 부모를 잃어 고아가 되었지만 목사의 도움으로 서울의 교회에서 자랐고 독지가의 도움으로 이화여전까지 졸업하여 교사로 근무하다가 미국인 선교사의 도움으로 미국 유학을 떠나 석사 학위를 받고 귀국하였다. 그 후 모교 강사로 재직 중 역시 미국 유학을 다녀온 이기

붕과 결혼하였다.

해방 후 남편이 이승만의 비서가 되자 한국어를 못하는 프란체스카(이승만의 부인, 오스트리아 출신)를 지근거리에서 보좌하면서 국정에 깊이 개입하기 시작하였고, 아들 이강석을 아들이 없는 이승만의 양자로 입적시킴으로써 온 국민이 다 아는 비선실세가 되었다. 이강석은 서울대 법대에 입학하였다가 부정입학에 항의하는 학생들의 동맹휴학으로 자퇴하고 육군사관학교에 입학하여 졸업 후 장교가 되었는데, 혁명이 나자 일가족 자살이라는 비극적인 최후를 선택하였다.

이승만의 사임으로 대통령 권한대행이 된 허정은 과도내각을 구성하여 국회의 결정에 따라 혼란을 수습하였으며 미국의 협조를 얻어 이승만을 하와이로 망명 보냈다. 이승만은 그의 고향이나 다름없는 하와이에서 교포들의 도움으로 근근이 지내면서 귀국을 희망하였으나 제2공화국의 장면 총리와 쿠데타로 정권을 잡은 박정희의 거부로 귀국하지 못하고 5년 후 91세의 나이로 현지에서 사망하였다.

그의 유해가 미군 수송기편으로 돌아오자 장례식 문제로 큰 논란이 일어났다. 박정희 대통령은 국민장을 결정하였으나 국민의 세금이 들어가는 국민장에 반대하는 주장과 국장으로 격을 높여야 한다는 주장이 팽팽하게 맞선 것이다. 결국 가족과 전주이씨 문중의 뜻에 따라 가족장으로 장례를 치른 후 국립묘지에 안장되었다.

박정희와 전두환의 독재에 항거한 민주항쟁

1960년 4 · 19 혁명 후 허정이 이끄는 과도정부 때 국회에서 의원내각제 개헌이 이루어져(6월 15일) 제2공화국이 성립되었고 과도내각의 수반이자 대통령 권한대행이던 허정이 임시 국무총리로 선출되었다. 6월 23일 공포된 새로운 선거법에 의하여 총선거가 실시되었고(7월 29일) 의원내각제 헌법에 따라 명목상의 국가원수인 대통령에 윤보선, 국정의 실권을 가진 국무총리에는 장면이 선출되었다(8월 12일). 3 · 15 부정선거 후 4개월여 만에 다시 총선거가 실시되어 새 정부가 구성된 것이다.

장면은 구한말 서울의 천주교 집안에서 태어나 일제강점기 때 3 · 1 만세운동에 참여하였고 천주교의 후원으로 미국 유학을 다녀온 후 교사와 교장으로 근무하면서 천주교 활동에 주력하다가 해방이 되자 미군정의 입법기관인 과도입법의원을 거쳐 제헌국회의원에 당선되었다. 정부 수립 후 이승만 대통령에 의하여 유엔총회 한국 대표와 초대 주미대사로 임명되어 신생 대한민국이 국제적 승인을 얻는 데 크게 공헌하였으며 그 후 제2대 국무총리와 제4대 부통령을 역임한 민주당의 지도자였다.

장면 내각이 출범한 후 민주화에 따른 사회 혼란이 계속되었는데 이 틈을 타 육군 소장이던 박정희가 1961년 5월 16일 쿠데타를 일으켜 정권을 탈취하였다.

박정희는 일제강점기 일본 육군사관학교를 졸업하고 일본군 휘하의 만주군 장교로 근무하다 해방 후 귀국하여 국군장교가 되었는데 좌익 거물인 친형 박상희의 영향으로 공산당(당시 남조선 노동당)의 비밀당원이 되었다. 박상희는 1946년 10월 대구시위(대구10월사건) 때 경찰의 총에 맞아 사망하였는데, 박정희는 육군 소령으로 근무하던 중 1948년 11월 간첩죄로 체포되어 사형당할 위기에 처하였다. 이때 육군 정보국장 백선엽 대령과 수사관 김창용 대위의 설득으로 공산당 조직명단을 제공하고 그 대가로 사형을 면하고 무기징역을 선고받아 파면당하였다.

그 후 백선엽의 배려로 정보국 군무원으로 특채되었다가 장교로 복직되어 정보국에 근무하였다. 당시 박정희의 부하장교인 김종필은 박정희의 조카딸 박영옥과 결혼하여 박정희의 조카사위가 되었다. 박영옥은 박상희의 딸인데 아버지가 대구10월사건 때 경찰의 총에 맞아 사망한 후 숙부인 박정희의 보호 아래 숙명여대를 졸업하고 교사로 근무하고 있었다.

쿠데타로 정권을 장악한 박정희는 대통령중심제 개헌을 통하여 제3공화국의 대통령이 된 후 이승만의 전철을 밟아 집권 연장을 위한 개헌('3선개헌')을 강행하고 1972년 10월에는 영구 집권을 위한 반민주적 헌법('유신헌법')을 제정하여 제4공화국의 종신대통령이 되었는데, 1979년 10월 26일 밀실 만찬석상에서 측근이었던 중앙정보부장 김재규의 총에 맞아 사망하였다.

박정희 독재 시절 수많은 민주투사들이 경찰이나 정보기관에 끌려가 고문을 당하거나 의문사 또는 사법살인당했다. 서울대 법대 최종길 교수는 학생들의 체포에 항의하다가 중앙정보부에 끌려가 조사를 받던 중 사망하였는데(1973년) 중앙정보부에서는 투신자살로 발표하였으나 나중에 전기고문 도중 사망한 것으로 밝혀졌다. 공교롭게도 최종길 교수의 동생이 당시 중앙정보부에 근무하고 있었는데 목숨을 걸고 형의 사망 경위를 기록하여 비밀리에 천주교 정의구현사제단에 제출하였다.

일제강점기 때 일본군에 학병으로 끌려갔다가 탈출하여 광복군에 입대하였던 장준하는 이승만 독재와 박정희 독재에 줄기차게 항거하다가 경기도 포천 야산에서 시신으로 발견되었다(1975년).

박정희 정권이 저지른 만행 중 가장 잔인한 사건은 '인민혁명당 사법살인 사건'(1975년)이다. 중앙정보부가 학생시위의 배후로 지목한 인사들을 고문하여 북한 간첩으로 조작하였는데, 1심과 2심 판사들이 중앙정보부의 수사 결과를 그대로 인정하였고 대법원장 민복기와 대법관들이 확정판결을 내렸다. 그중 사형선고를 받은 8명에 대하여 선고통지서가 구치소에 접수되기도 전에 형이 집행되었다. 이 사건이 해외에 알려지자 미국과 영국의 주요 신문과 저명인사들이 박정희 정권을 북한 정권과 다를 바 없는 포악한 독재정권이라고 격렬히 비난하였다.

정권 핵심부 인사 중에서도 박정희의 뜻을 거스르는 사람은 지위고하를 막론하고 정보기관에 끌려가 고문을 당했는데 김성곤이 대표적인 사례이다.

1971년 선거에서 박정희와 대결한 김대중은 여러 차례 의문의 사고를 당하였는데 1972년 박정희가 두 번째 쿠데타('10월 유신')를 일으키자 미국으로 망명한 후 1973년 8월 일본에 들렀다가 중앙정보부 간부들에 의하여 납치되어 바다에 수장될 뻔하였다. 당시 김대중 납치음모에 관한 첩보를 입수한 주한 미국대사 하비브의 긴급보고에 따라 미국 정보기관의 헬리콥터와 일본 해상자위대 함정이 출동하여 납치선박을 감시하면서 경고를 계속하자 납치범들은 범행을 포기하였다. 당시 중앙정보부장 이후락은 쥐도 새도 모르게 김대중을 살해하려 하였지만 김대중은 바다에 던져지기 직전에 미국과 일본의 도움으로 아슬아슬하게 목숨을 건지고 며칠 후 새벽에 자택 부근 골목길에서 발견되었다. 그 후 김대중은 불법적으로 가택연금 되었다.

김대중이 가택연금 상태에 있을 때 신민당 총재 김영삼은 박정희 독재정권에 대한 저항운동을 이끌고 있었는데, 박정희 정권의 친위부대인 여당 국회의원들이 김영삼의 외신기자와의 회견 내용을 문제삼아 의원직 제명을 강행하였다(1979년 10월 4일). 김영삼은 뉴욕타임스 기자와의 회견에서 미국 정부가 박정희 정권에 압력을 가해야 한다고 주장했었다. 의원직 제명파동 때 "나를 제명하면 박정희는 죽는다.", "이 암흑적인 살인정치를 자행하는 이 정권은 머지않아서 반드시 쓰러질 것이다. 쓰러지는 방법도 무참히 쓰러질 것이다."고 저주를 퍼부었는데 기이하게도 의원직 제명으로부터 22일 후에 그의 예언대로 박정희는 죽었다. 그것도 측근의 총에 맞아 무참히 죽었다. 의원직에서 제명된 후 김영삼은 "닭의 모가지를 비틀어도 새벽은 온다."는 명언을 남겼다.

한편, 박정희의 최측근이었던 김형욱은 중앙정보부장으로 6년 동안 재임하면서 무소불위의 권력을 휘두르다가 밀려나자 1973년 4월 미국으로 망명하였는데 의회 청문회에 출석하여 증언을 하고 회고록을 내는 등 박정희 정권의 내막을 폭로하고 다녔다. 그는 1979년 10월초 파리에서 주프랑스 대사관 간부를 만난 후 실종되었는데, 그의 실종에 관하여 여러 추측이 있지만 중앙정보부에 의한 살해설이 유력하다. 며칠 후에 박정희 대통령은 만찬장에서 박정희 정권의 마지막 중앙정보부장인 김재규의 총에 맞아 사망하였다.

1979년 제2차 국제석유파동으로 국내 경제가 위기에 처하여 많은 기업들이 도산하는 등 경기가 심상치 않았다. 이때 김영삼의 의원직 제명으로 인하여 그의 지역 기반인 부산 마산 지역에서 독재정권 타도를 외치는 대규모 시위(부마민주항쟁)가 일어났다. 이 때문에 독재자 주변의 권력 다툼이 표면화되면서 18년 동안 유지되어 온 박정희 독재정권은 자멸하였다.

박정희 대통령 시해사건이 일어난 후 47일 만에 군사반란(12 · 12 사태)을 일으켜 정권을 장악한 전두환 보안사령관 일당은 이듬해인 1980년 5월 17일 비상계엄령을 전국으로 확대하여 군사독재정권 수립 작업에 착수하였다. 다음 날 광주에서 일어난 민주화시위(5 · 18 민주화운동)를 무자비하게 진압한 후 박정희의 '유신헌법'을 모방한 반민주적인 헌법을 제정하여 제5공화국의 대통령이 된 전두환은 7년 동안 박정희 독재정권과 다름없는 공포정치로 정권을 유지하였다.

김대중은 5 · 18광주항쟁의 주모자로 지목되어 사형선고를 받았으나 로마 교황 요한 바오로 2세, 독일의 수상을 지낸 빌리 브란트와 하원 부의장 폰 바이츠제커(후일 독일 대통령), 미국 상원의원 에드워드 케네디 등 세계 각국 지도자들의 구명운동과 미국 레이건 행정부의 강경한 압력으로 사형집행을 면하였다. 그 후 미국에 체류하던 김대중이 1985년 귀국할 때 전두환 정권에 의한 암살을 막기 위하여 미국의 저명인사들이 에워싸고 비행기에서 내려 입국장에 들어갔다. 바로 2년 전 필리핀의 반독재 지도자 베니그노 아키노가 미국에서 귀국하다가 마닐라 공항에서 암살당하였기 때문이다. 김대중은 귀국 후 김영삼과 함께 본격적인 민주화투쟁을 전개하였다.

1980년 5월 17일 이후 가택연금 상태에 있다가 풀려난 김영삼은 1983년 5월 18일에 광주민주화운동 3주기를 맞이하여 전두환 정권의 독재에 항의하는 단식투쟁을 23일간 감행하였다.

1987년 1월 14일 서울대생 박종철 군 고문치사 사건을 계기로 민주화운동이 거세게 일어났는데, 전두환은 임기 만료를 앞두고 노태우에게 대통령을 물려준 후 자기가 계속 영향력을 행사할 속셈으로 독재헌법을 그대로 유지하겠다고 선언(4월 13일)하였다. 민주화를 갈망해 온 국민들이 전두환 독재정권 타도에 나서 6월 10일 '고문살인 은폐 규탄 및 호헌 철폐 국민대회'를 열기로 하였는데, 바로 전날 연세대생 시위에서 전투경찰이 쏜 최루탄에 맞아 머리에 피를 흘리며 친구의 부축을 받는 이한열 군의 사진이 국내외 신문에 실리자 전국적인 시위는 더욱 격화되었다. 이한열 열사는 결국 7월 5일 사망하였고, 전국적으로 수백만 명의 추모인파가 그의 희생을 애도하였다.

국민들의 민주화투쟁이 그치지 않고 계속되자 전두환 군사독재정권의 2인자이자 독재헌법에 의하여 차기 대통령으로 지명된 노태우는 전격적으로 국민들의 개헌 요구를 수용한다고 선언하였다('6 · 29 선언'). 곧바로 여야가 공동으로 개헌 작업에 착수하여 5년 단임의 대통령 직선제를 근간으로 하는 제6공화국 헌법이 제정되었다. 1987년 12월 16일에 대통령 선거가 실시되었는데, 이는 1971년에 대통령 선거를 치른 후 16년 만에 치러진 대통령선거였다. 1972년 10월 박정희의 영구 집권을 위한 '제4공화국 헌법'과 1980년 전두환 군사독재를 위한 '제5공화국 헌법'으로 그동안 민주주의가 거의 정지된 상태였다.

새 헌법에 따라 치러진 직선제 대통령선거에서 전두환 군사독재정권의 2인자인 노태우를 낙선시키고 민주진영이 승리하기 위해서 김영삼과 김대중이 후보단일화를 해야 한다는 국민적 요구가 있었다. 그러나 후보단일화에 실패하여 노태우가 어부지리를 얻음으로써 불과 36.7%의 득표율로 당선되었다. 민주화 지도자인 김영삼은 28%, 김대중은 27.1%였기 때문에 두 사람이 후보단일화에 성공하였다면 56%로 압승하였을 가능성이 높았다. 그러나 그 후 노태우의 뒤를 이어 김영삼과 김대중이 우여곡절 끝에 차례로 대통령이 됨으로써 민주화는 점진적으로 발전하였다.

노태우 정권 5년(1988년 2월~1993년 2월)은 대한민국 정부 수립 이래 4 · 19혁명으로 민주당이 집권한 1년을 제외하고 38년 동안 지속되어 온 독재시대를 종식시키고 민주화시대로 진입하는 가교 역할을 수행한 시기였다.

이 시기에 야당 지도자인 김영삼은 노태우 대통령의 제의에 따라 또 다른 야당 지도자인 김종필과 함께 기형적인 3당 합당을 하여 다음 대통령이 되었다. 그는 박정희와 전두환의 쿠데타를 군사반란이라고 선언하고도 전두환 일당에 대한 처벌은 역사의 심판에 맡기자고 하였다. 그러나 국민들의 거센 단죄 요구에 따라 국회에서 5 · 18 특별법이 제정되어 전두환과 노태우를 비롯한 쿠데타 세력이 모두 사법 처리되었는데 전두환은 반란수괴죄와 뇌물죄 등 13가지 죄목으로 1심에서 사형, 항소심에서 무기징역을 선고받은 후 대법원에서 항소심대로 확정되었고 노태우는 1심에서 징역 22년, 항소심에서 징역 17년을 선고 받은 후 역시 대법원에서 항소심대로 확정되었다(1997년 4월).

1997년 대통령선거 정국에서 이회창, 김대중, 이인제 등 유력 후보 3인이 모두 전두환 노태우에 대한 사면의사를 밝혔는데, 이는 그들의 출신 지역인 대구경북 유권자들의 표를 얻기 위한 전략이었다. 임기 만료를 앞둔 김영삼 대통령이 차기 대통령이 된 김대중의 동의를 얻어 국민 화합 명분으로 사면을 행함으로써 두 사람은 2년여 만에 석방되었다.

김영삼은 박정희 쿠데타 후 30년 이상 계속되어 온 군사독재 사조직 세력을 뿌리 뽑고 역사 바로 세우기, 금융실명제, 지방자치제, 공직자 재산공개 등 획기적인 정책을 과감하게 추진하여 민주주의 기반 구축에 기여하였다.

김영삼의 뒤를 이은 김대중도 김영삼과 마찬가지로 박정희 군사독재정권의 2인자였던 김종필과 연합하여 대통령이 되었다. 박정희, 전두환, 노태우는 대구 출신이고 육영수의 고향은 충북이며 김종필의 고향은 충남이다. 두 차례의 쿠데타로 많은 혜택을 입은 대구경북 지역과 충청남북도 유권자들이 기득권층이 되어 보수 세력을 형성하고 있었기 때문에 부산경남 지역을 기반으로 하는 김영삼에 이어 호남 지역을 기반으로 하는 김대중도 그 세력과의 연대 없이는 당선이 어렵다고 판단한 것이다.

무능한 대통령 탄핵

박정희의 딸인 박근혜는 아버지의 후광으로 보수정당의 지도자가 되었고 대통령까지 되었으나 최순실의 국정농단이 드러나면서 뇌물죄로 탄핵당하였다. 대한민국 임시정부의 초대 임시대통령 이승만이 독단적인 국제연맹 위임통치론 때문에 탄핵당한 적이 있지만 해방 후 수립된 정부에서는 최초로 탄핵당한 대통령이라는 불명예를 안게 되었다. 어머니와 아버지의 비극적인 최후에 이어 치욕스런 노후를 맞이한 것이다. 세월호 침몰사고(2014년)로 304명이 사망한 당시 7시간 동안 행적이 모호한 근무 태만도 국민들의 지탄을 받았다.

박근혜의 측근이었던 최순실의 국정농단은 이승만 정권 시절 박마리아를 연상케 한다. 최순실의 딸 정유라의 부정입학에 항의하는 2016년 이화여대생들의 시위는 1953년 박마리아의 아들 이강석의 부정입학에 항의한 서울대 법대생들의 시위가 63년 만에 재현된 것이다.

박근혜 대통령의 탄핵은 압도적 다수 국민들의 강력한 뜻에 따라 여당 내에서도 많은 국회의원들이 동참하여 국회를 통과하였고 헌법재판소의 만장일치 판결로 최종 결정되었다. 전국적으로 일어난 촛불시위가 평화적으로 질서 있게 진행되었으며 모든 탄핵 절차가 헌법과 법률에 의하여 진행되었다. 보수 진영에서 격렬한 반대 시위가 있었고 이 과정에 소수의 사상자가 발생한 것이 옥에 티였다. 추운 겨울 5개월 동안 전국적으로 1천만 명 이상이 참가하였는데 재미동포 노부부까지 일부러 귀국하여 참가하기도 하였다.

2017년 3월 10일 박근혜 대통령이 파면당함에 따라 실시된 대통령 선거에서 평화적인 정권 교체가 이루어지면서 한국의 민주주의와 법치주의는 완성된 모습을 보였다. 정부 수립 후 70년 동안에 세 명의 독재자를 모두 외세의 도움 없이 국민들의 힘만으로 타도하고 무능한 대통령을 파면함으로써 선진국 수준의 민주주의를 이룩한 나라는 한국이 유일하다.

1961년 4 · 19 혁명이 나자 영국의 한 신문에 "한국에서 민주주의를 기대한다는 것은 쓰레기통에서 장미가 피어나기를 기대하는 것과 같다."는 글이 실린 적도 있지만 한국인들은 기적을 쟁취하였다. 그리고 세계 최고의 민주주의 선진국들처럼 보수정당과 진보정당이 번갈아 가면서 정권 교체를 하는 이상적인 정당정치도 정착되었다.

3 .... 한국의 미래

한국인들의 남북통일에 대한 생각

한국인들의 남북통일에 대한 생각은 다음과 같이 크게 네 부류로 나뉜다.

1. 독일통일의 사례처럼 북한이 붕괴될 때 흡수통일 한다.
2. 남북경제협력 확대 후에 평화통일 방안을 모색한다.
3. 남북통일 필요 없고 현상을 유지해야 한다.
4. 한미연합군이 북한을 선제공격하여 무력통일 한다.

그런데 위 네 가지 외에 북한의 꿈은 적화통일이다.

먼저 첫 번째 의견을 검토하여 보면 북한 주민들이 식량과 의약품 부족으로 고통받는 등 생활수준이 대한민국과 너무 벌어져 탈북자가 줄을 잇고 있지만, 북한에서 군부쿠데타나 민중혁명 등 정변이 일어날 가능성은 크지 않다. 남한에서 대한민국 정부가 수립된 후 지금까지 70년 동안 두 차례의 쿠데타와 다섯 차례의 민주항쟁, 대통령 피살, 대통령 탄핵 등으로 정권이 여섯 번이나 바뀌는 동안 북한에서는 쿠데타나 민중봉기가 한 번도 일어나지 않고 3대 세습정권이 강고하게 유지되고 있다.

북한 경제가 붕괴위험에 처하면 중국이 도와줄 것이고 군부쿠데타가 일어나더라도 친중국계 정권이 들어설 가능성이 크며 한국군이 북한 지역으로 진격하는 것은 미국이 반대할 것이다. 따라서 독일처럼 북한 정권의 붕괴로 인한 흡수통일 가능성은 희박하다고 볼 수 있는데, 만약에 그런 경우가 발생한다면 한국은 경제적 재앙을 각오해야 한다. 탄탄한 경제력을 지녔던 서독도 동독을 흡수할 때 큰 어려움을 겪었는데 현재 북한은 당시 동독에 비하여 훨씬 어려운 처지여서 한국의 경제력이 감당하기에는 너무 큰 부담이다.

두 번째 주장은 김대중의 햇볕정책 이후 진보정권의 일관된 정책인데 실현 가능성을 중시하고 있다. 김대중 정부 때 남북 관계 개선으로 경제 위기 극복과 평화 정착에 큰 성과가 있었고 이명박·박근혜 정부 때 남북 대치 상황이 살벌해지면서 경제가 어려워진 것은 국민 모두가 확인한 사실이다. 한국의 보수진영은 햇볕정책에 대한 거부감이 심한데, 보수 세력의 뿌리는 이승만 정권과 박정희 정권 때 득세한 친일파와 반공세력이어서 체질적으로 공산당에 대한 적개심이 강하고 북한과의 대화나 경제 교류에 부정적이며 남북 대화를 하더라도 북한의 무조건 굴복을 전제로 하기 때문에 현실성과는 거리가 멀다.

이런 주장에는 내심 남북 화해를 원치 않고 남북 대치 상황을 이용하여 정치적 이득을 취하려는 불순한 저의가 숨어 있을 수도 있다. 특히 이명박 · 박근혜 정부에서 3대 정보기관들이 벌인 불법적인 여론조작은 햇볕정책의 성과인 남북 화해를 부정하고 남북 대치를 부추기는 데 혈안이 되어 벌인 정권 차원의 조직적인 범죄였음이 모두 밝혀졌다. 촛불혁명으로 집권한 문재인 대통령이 남북정상회담에 이어 북미정상회담을 중재하는 등 적극적인 남북화해정책을 추진하자 지지율이 86%에 달하고 2018년 6 · 13 지방선거에서 기록적인 압승을 거둔 것을 보면, 국민 대다수가 남북 화해를 진심으로 원하고 있다는 것을 알 수 있다. 그 후 남북 관계와 북미 관계 진전이 부진하자 경제정책에 대한 불만이 겹쳐 석 달 후에는 문재인 대통령의 지지율이 49%까지 추락하였다.

세 번째 생각은 최근 젊은 세대들 사이에서 생겨나고 있는데 북한이 워낙 가난하니까 통일되면 세금을 많이 내야 하고 취업난이 가중될 것을 우려하는 심리이다.

네 번째 주장을 하는 국민은 극소수에 불과하다. 그러나 1994년과 2017년 두 차례 미국이 북한의 핵시설을 공격하려고 한 일이 있다. 그럴 경우 북한이 장사정포나 중거리 미사일로 한국에 보복공격을 하면 전면전으로 비화할 가능성이 있는데 그러면 한미연합군이 압도적인 공군력과 해군력으로 북한 지역을 초토화시킨 다음 한국의 해병대와 공수부대를 필두로 북한을 점령한다는 생각이다. 그러나 미국 정부나 군부의 여러 사람들이 경고한 바와 같이 북한의 군사력이 만만치 않아서 막대한 희생을 치르고도 북한을 점령하기는 쉽지 않다. 그리고 중국이 개입할 가능성을 무시할 수 없다. 이와 같은 전면

전이 일어난다면 한국은 군인과 민간인 모두 엄청난 인명 피해를 입고 경제는 파탄 상태에 이를 수 있다. 한국에서 어느 진영이 정권을 잡아도 이와 같이 경제 파탄을 초래하는 무모한 전쟁을 일으킬 가능성이 없고, 한국군이 미군의 지원 없이 단독으로 북진하여 전면전을 벌이는 것도 불가능한 실정이다. 더구나 미국이 남북통일을 원하지도 않고 6 · 25 전쟁 때처럼 중국과의 전면전을 각오해야 하기 때문에 한국군의 선제공격을 지원할 가능성은 거의 없다.

마지막으로 북한 공산군의 남침에 의한 적화통일의 가능성은 전혀 없다고 볼 수 있다. 6 · 25 때처럼 북한 단독으로 전면 남침할 능력이 없고 중국과 러시아는 북한보다는 한국과의 교역이 훨씬 많아서 북한의 전쟁 도발을 지원해 줄 이유가 없다. 북한이 장사정포와 미사일로 일회성 도발을 할 수는 있겠지만 그럴 경우 한미연합군에 대공습의 빌미를 제공할 수 있다. 김일성도 생전에 일본 기자와의 인터뷰에서 "가데나는 우리의 모든 것을 알고 있다."고 한 바 있는데 오키나와에 있는 미국공군의 가데나 기지에 대한 두려움을 드러낸 것이다.

결국 남과 북의 경제력과 국제적 위상의 격차가 너무 벌어져 전쟁 가능성은 줄어들고 분단 상태 장기화 가능성이 크기 때문에 평화 공존의 필요성이 높아졌다. 북한이 핵무기 개발로 인한 국제적 제재와 고립을 견디기 힘든 상황에 처하자 2018년 평창동계올림픽을 계기로 남북 화해와 미국과의 화해에 나선 것이라고 미국의 트럼프 대통령이 주장하였다. 1988서울올림픽을 계기로 한국은 소련과 중국을 위시한 공산권 국가들과 수교한 역사가 있는데 2018평창올림픽은 남북관계는 물론 북한과 미국의 화해를 여는 계기가 되었다.

북한이 미국과 적대 관계를 청산하려고 하자 미국, 중국, 러시아, 일본 등 4대 강대국이 경쟁적으로 북한에 접근하였고 한국 역시 네 나라와 상호 유익한 경제 관계를 증진시킬 수 있는 역사적인 기회를 맞이할 수 있었다.

한국을 둘러싼 강대국들의 이해관계

한국과 동맹 관계인 미국과 남북한을 둘러싸고 있는 중국, 일본, 러시아 등 네 나라는 공교롭게도 세계 4대 강대국이다. 이들 네 나라가 한반도의 통일에 대하여 각자 이해관계가 다르기 때문에 그만큼 남북 관계는 복잡하다.

먼저 중국은 북한의 유일한 혈맹이자 보호자이지만 한국은 중국의 수출대상국 중 3위이며 수입국 중 1위로서 3대 교역국 관계이기 때문에 남북과 등거리 외교를 즐기고 있다. 따라서 중국은 한국의 통일을 적극적으로 도와줄 이유가 별로 없다.

미국은 한국과 혈맹 관계이고 북한과는 적대 관계이므로 한국이 통일되면 무기 수출의 대폭 감소가 예상된다. 미국의 군산복합체는 북한의 도발로 군사적 긴장이 높아져야 무기 수출이 증가하기 때문에 현재의 남북 긴장 상태를 선호할 수밖에 없다.

또한 통일한국은 북한의 저렴한 인력과 지하자원을 활용하여 수출 경쟁력이 향상될 것이므로 미국의 무역수지 적자가 더욱 늘어날 가능성이 크다. 안보 전략에서도 통일한국은 미국과 중국 사이에서 균형 외교 노선을 택할 가능성이 크기 때문에 미국으로서는 한국에 대한 영향력이 감소하고 일본의 전략적 중요성이 더욱 커지면서 일본이 미국에 오만하게 나올 가능성도 우려한다. 한국이 통일되더라도 중국의 압력에 대항하기 위하여 미국의 군사력을 필요로 하겠지만 그 의존도는 남북 대치 상황에 비하여 감소할 것이다. 이와 같이 미국은 한국의 통일이 전반적으로 국익에 불리하기 때문에 한국의 통일을 도와줄 이유가 없다.

일본의 입장에서는 한국이 통일되면 현재의 대한민국보다 훨씬 강력한 경쟁자가 될 것이므로 좋아할 이유가 전혀 없다.

러시아는 6 · 25 전쟁 이후 지금까지 북한과의 관계가 소원하고 경제대국인 한국과의 관계가 훨씬 밀접하기 때문에 한국 주도로 통일된다면 러시아는 동아시아에서 새로운 기회를 모색할 수 있을 것이다. 이런 이유로 러시아가 한국의 평화통일을 위하여 적극 노력해야 한다는 러시아 국책연구기관의 연구도 있었다.

김대중 정부의 햇볕정책이 가시화되자 러시아는 시베리아 횡단철도의 남북한 연결 프로젝트를 위하여 서울과 평양에 고위층 여성관리를 보내 공개세미나를 여는 등 기대를 보이기도 하였다. 그러자 중국도 경쟁적으로 경의선 철도연결사업을 제안하였다.

남북통일이 아니더라도 화해를 통한 경제 협력만 확대되어도 남북한의 위상이 함께 높아지고 양측에 경제적 기회가 많아지면서 안보 불안은 크게 줄어들 것이다.

북한의 핵무기 개발 이유

북한이 핵미사일 개발에 집착해 온 이유는 크게 네 가지다.

첫째, 휴전 후 한국에 있는 미군 기지에 핵무기('전술핵')가 배치되어 있었기 때문에 미국의 핵무기에 대한 공포에서 벗어날 수 없었다.

둘째, 공산주의 종주국인 러시아와 북한의 혈맹인 중국이 한국과 수교한 후 북한은 두 나라의 핵우산을 기대할 수 없게 되었기 때문에 자체 개발을 추진하였다.

셋째, 북한은 재정난으로 고가의 신형 전투기와 군함을 구입하지 못하여 무기현대화가 부진하고 연료 부족으로 해군과 공군의 훈련량도 충분치 못하여 도저히 한미연합군에 대적할 수 없으므로 비교적 저렴한 예산으로 군사력 열세를 만회할 수 있는 핵무기 개발에 매달리게 되었다.

넷째, 북한은 세계 최대의 우라늄 매장량을 보유하고 있어 핵무기 개발의 유혹을 뿌리치기 어렵다.

그런데 북한이 대륙간탄도탄 개발을 완료하더라도 미국에 위협은 될 수 없고 미국이 주도하는 국제사회의 전방위적인 제재로 궁지에 몰리게 되었다. 중거리 핵미사일이 한국이나 일본에 대한 위협은 될 수 있지만 그 때문에 한국은 미국의 핵우산에 의지해야 하므로 한미동맹이 더욱 견고해지면서 북한은 중국의 불만을 야기할 수 있다.

만약에 북한의 핵미사일이 실전 배치된다면 압도적인 한미연합군이 북한 지도부 제거 작전에 돌입할 것임은 리비아의 카다피와 이라크의 후세인 사례가 말해 주고 있다. 더구나 리비아나 이라크가 멀리서 온 미국과 영국의 공격에 무너진 것과는 달리 북한 내 핵시설들은 한국 내의 한미 공군기지에서 초음속 전투기로 불과 10분 내에 도달할 수 있는 거리에 있으며 가까운 일본에 있는 미국 7함대 소속 항공모함들의 목표물이 되어 있다. 따라서 북한의 핵무기 개발은 체제 붕괴와 흡수통일의 위험에 대한 불안감 때문에 고육지책으로 추진하는 정권 유지용의 성격이 강하다.

북한의 핵무기 개발은 전두환 정권 시절인 1980년대에 시작되었는데 한국이 88서울올림픽을 계기로 공산국가들과 잇달아 수교한 반면 북한은 88올림픽 불참과 미국 및 일본과의 수교 포기로 국제적 고립이 심화되자 핵무기 개발을 추진하였다. 그러던 중 노태우 대통령 주도로 남북이 합의하여 '한반도 비핵화 공동선언(1991년 12월 31일)'을 발표하고 국제원자력기구(IAEA)의 사찰을 받아들이기로 하였다.

그러나 북한은 비밀리에 핵무기 개발을 계속 추진하다가 IAEA의 임시사찰에서 드러난 의혹에 대한 특별사찰 요구에 반발하고 1993년 3월에 한미연합군의 팀스피리트 훈련이 실시되자 1993년 3월 12일 핵확산금지조약(NPT) 탈퇴를 선언하였다(1차 북핵 위기, 1993년).

보수 세력은 김대중이 남북정상회담의 대가로 준 자금과 햇볕정책에 의한 경제 교류로 번 자금으로 북한이 핵무기 개발을 추진하였다고 비난하지만, 김영삼 대통령 시절인 1994년 초 국제원자력기구(IAEA)와 미국 CIA는 북한의 핵 개발이 완성 단계에 도달하였다고 발표한 바 있다.

이에 따라 5월 미국 대통령 클린턴은 영변 핵시설에 대한 폭격을 결심하고 항공모함 2척과 군함 33척을 원산 인근 동해에 집결시켰다. 서울에서는 라면 사재기 열풍이 일어났다. 그러자 전직 대통령인 카터가 클린턴을 설득하여 대통령 특사 자격으로 서울을 거쳐 북한에 가서 김일성에게 클린턴의 폭격 결심을 전하자 김일성이 굴복함으로써 북한은 NPT 탈퇴를 유보하고 핵 개발을 포기하는 대신 미국은 북한에 한국형 원자력발전소('경수로') 2기를 건설해 주기로 합의하였다(북미간 제네바합의, 1994년). 이에 따라 1995년 3월 한국, 미국, 일본 3개국으로 구성된 한반도에너지 개발기구(KEDO)가 출범하여 1996년 북한 신포지구 원자력발전소 건설공사를 착공하였다.

김대중 정부 출범 후인 1998년 미국 언론에서 '금창리 지하시설 핵의혹'을 제기하였는데 이에 대하여 북한이 미국 조사단의 방문 조사를 허용함에 따라 미국의 실무대표단이 현장 조사를 실시하여 금창리 시설이 핵 개발과 무관한 시설임을 공식 발표함으로써 의혹은 해소되었고, 미국은 이에 대한 대가로 세계식량계획(WFP)을 통해 북한에 50만 톤의 식량을 지원하였다.

2000년 6월 13일 김대중 대통령은 남북 분단 이후 55년 만에 최초로 북한으로 가서 김정일 국방위원장과 정상회담을 하고 6 · 15공동선언을 발표함으로써 남북 간에 화해 분위기가 조성되고 금강산 관광, 개성공단 건설, 원자력발전소 건설 등 경제 협력이 확대되면서 북한의 김정일은 핵무기 개발 중단을 시사하는 발언을 하였다.

그 후 2001년 1월 미국 대통령에 당선된 공화당의 부시는 김대중 대통령의 남북화해 정책에 노골적으로 불만을 표출하였는데 9 · 11 테러사건을 계기로 2002년 연두교서에서 이라크, 이란, 북한을 '악의 축(axis of evil)'으로 규정하면서 북한에 싸움을 걸기 시작하였다. 북한 측은 그해 10월에 평양을 방문한 부시 대통령의 특사에게 고농축 우라늄 프로그램(HEU) 개발 의혹을 시인하고 미국의 협정위반을 주장하며 제네바합의(1994년) 이후 북한의 핵동결 상태를 감시해 온 IAEA(국제원자력기구) 사찰단을 추방하고(2차 북핵 위기, 2002년) 2003

년 1월에는 핵확산금지조약(NPT) 탈퇴를 선언하였다.

그 무렵 취임한 노무현 대통령의 대북송금특검 수용으로 김대중 정부의 남북 대화 핵심 인사들이 모두 구속되자 남북 관계는 악화되고 북한은 본격적으로 핵 개발을 재개하였다. 노무현 정부 때인 2006년 북한은 최초의 핵실험을 하였다. 노무현 대통령은 뒤늦게 2007년 10월 평양으로 가서 남북정상회담을 가졌으나 대통령 임기가 1년밖에 남지 않은 시기여서 실질적인 성과를 얻기에는 시간이 부족하였다.

이명박 정부 때 남북 관계는 다시 강경대치 국면으로 바뀌었다. 북한은 베이징 6자회담의 합의에 따라 2008년 6월 27일 각국의 취재진이 참석한 가운데 영변 핵시설을 공개 폭파하였으나 2009년 4월 5일 장거리 로켓을 발사하였고 5월 25일에는 제2차 핵실험을 실시하였다. 보수 세력이 집권한 이명박, 박근혜 정부 9년 동안 북한은 미국을 비롯한 국제사회의 제재를 무릅쓰고 여섯 번의 핵실험과 대륙간탄도탄 개발을 강행하였다.

북한은 한국과 미국에서는 대통령이 바뀌면 정책이 180도 바뀔 수 있다는 사실을 경험한 후, 믿을 것은 독자적인 핵 개발밖에 없다고 판단했던 것이다. 그러나 2018년 남북정상회담과 북미정상회담으로 핵무기 개발을 포기하고 국제적인 제재를 벗어남으로써 중국이나 베트남처럼 공산정권을 유지하면서 시장경제를 도입할 구상을 하고 있는 것으로 보인다.

한국의 미래에 대한 비전

한국 기업들은 반세기 동안 기적적인 성장을 기록하였으나 더 이상의 성장은 한계에 봉착하였다. 주요 업종에서 이미 세계 최고 수준에 도달하였고 세계시장도 포화상태가 되었으며 중국 기업들의 거센 도전을 받고 있기 때문이다. 정부와 기업들이 새로운 성장 동력을 찾는 노력을 많이 하고 있으나 쉽지 않은 실정이다.

그런데 남북경제협력은 한국 경제의 새로운 돌파구가 될 수 있다. 도로, 철도, 항만, 비행장, 발전소, 공업단지, 관광레저시설 등 엄청난 건설 수요와 외국인 투자 증대는 물론 모든 기업들의 시장 확대와 북한산 지하자원 도입으로 양측이 함께 경제적 실리를 얻을 수 있다는 것은 김대중 정부의 햇볕정책으로 확인한 바 있다.

중국과 베트남처럼 공산당 정권이 한국을 전쟁으로 적화통일 할 가능성은 없고 독일처럼 평화적인 흡수통일 가능성도 크지 않지만 분단 시절 서독을 본받아 상호 적대 행위를 자제하고 경제 교류를 확대해야 한다. 당시 서독은 분단경계선에 군대를 배치하지 않고 경찰을 배치함으로써 군사적 대치를 피하였고 서독군대의 군복을 동독에서 조달하기도 하였다. 동독 지역의 고속도로 중 상당 부분을 서독 정부가 무상원조 방식으로 건설해 주었는데 동독 정부는 그 고속도로를 이용하여 고향을 방문하는 서독인들에게 통행료를 징수하였다. 그 당시 동독도 핵무기 개발을 추진하고 있었는데 1인당 국민소득이 공산권 국가 중 1위였다.

지금 대한민국은 쌀의 과잉 생산과 젊은 세대들의 식생활 서구화에 따른 소비 감소로 매년 쌀 재고가 늘어나서 정부가 골머리를 앓고 있지만 식량 부족을 겪고 있는 북한 주민에게 보내 줄 수 없어 가축사료용까지 검토할 지경이 되었다.

지금까지 정권이 바뀔 때마다 국민들이 보아 온 것처럼 남북 관계가 악화되면 미국, 중국, 일본, 러시아 등 한반도에 이해관계를 가진 네 나라가 끼어들어 복잡한 양상이 되지만 남북 화해로 나아가면 한반도 운명 결정의 주인공이 당사자인 남과 북이 되고 양측 모두에게 막대한 경제적 기회가 다가올 수 있다.

일제강점기 동안 미국에서 독립운동을 하던 이승만의 국가 비전은 '미국 영향하의 한국 중립론(프린스턴 대 박사학위 논문)'이었는데 중국에서 가난한 임시정부를 이끌었던 김구는 해방 후 새로운 나라의 모습을 꿈꾸었다. 이승만의 국가 비전이 현실적이라면 김구는 이상국가의 비전을 제시하고 있다. 미국 명문대학 출신 철학박사인 이승만의 비전에는 철학이 없는데 정규교육을 받지 못한 김구의 비전에는 원대한 철학이 담겨 있다.

나의 소원(1947, 백범 김구)

나는 우리나라가 세계에서 가장 아름다운 나라가 되기를 원한다.
가장 부강한 나라가 되기를 원하는 것은 아니다.
내가 남의 침략에 가슴 아팠으니 내 나라가 남을 침략하는 것은 원치 아니한다.
우리의 경제는 우리의 생활을 풍족히 할 만하고
우리의 힘은 남의 침략을 충분히 막을 만하면 족하다.
오직 한없이 가지고 싶은 것은 높은 문화의 힘이다.
문화의 힘은 우리 자신을 행복하게 하고

나아가서 남에게까지 행복을 주기 때문이다.

인류가 현재 불행한 근본 이유는
인의가 부족하고(공자 가르침을 안 지키고)
자비가 부족하고(부처의 가르침을 안 지키고)
사랑이 부족하기 때문이다(예수의 가르침을 안 지키기 때문).

인류의 정신을 높이는 것은 오직 문화이다.

나는 우리나라가 남의 것을 모방하는 나라가 되지 말고
이러한 높고 새로운 문화의 근원이 되고
목표가 되고
모범이 되기를 원한다.

그래서 진정한 세계의 평화가 우리나라에서,
우리나라로 말미암아서,
세계에 실현되기를 원한다.

(일부 원문을 현대어로 바꾸었음)